一带一路双向投资丛书

2016中国双向投资发展报告

徐绍史　主编

何立峰　宁吉喆　王晓涛　副主编

图书在版编目（CIP）数据

2016 中国双向投资发展报告 / 徐绍史主编 . —北京：机械工业出版社，2017.4

（一带一路双向投资丛书）

ISBN 978-7-111-56353-2

Ⅰ . ① 2…　Ⅱ . ①徐…　Ⅲ . ①投资—研究报告—中国—2016　Ⅳ . ① F832.48

中国版本图书馆 CIP 数据核字（2017）第 052704 号

机械工业出版社（北京市百万庄大街 22 号　邮政编码 100037）
责任编辑：徐明煜　闫洪庆　　责任校对：陈　越
封面设计：饶　薇　　　　　　责任印制：李　飞
北京新华印刷有限公司印刷
2017 年 4 月第 1 版第 1 次印刷
170mm × 242mm · 24.25 印张 · 308 千字
标准书号：ISBN 978-7-111-56353-2
定价：120.00 元

凡购本书，如有缺页、倒页、脱页，由本社发行部调换

电话服务
服务咨询热线：010-88361066
读者购书热线：010-68326294
　　　　　　　010-88379203

网络服务
机 工 官 网：www.cmpbook.com
机 工 官 博：weibo.com/cmp1952
金 书 网：www.golden-book.com
教育服务网：www.cmpedu.com

编委会

序言

对外开放是我国的基本国策。开放是国家繁荣的必由之路。开放带来进步，封闭导致落后，这已为世界和我国发展实践所证明。党的十八届五中全会公报把开放作为五大发展理念的重要内容之一，指出“坚持开放发展，必须顺应我国经济深度融入世界经济的趋势，奉行互利共赢的开放战略，发展更高层次的开放型经济”。《中华人民共和国国民经济和社会发展第十三个五年规划纲要》提出，“十三五”时期要“全面推进双向开放，促进国内国际要素有序流动、资源高效配置、市场深度融合，加快培育国际竞争新优势”。推进双向开放，特别是加快促进双向投资，不断提升利用外资和对外投资，是新时期构建全方位开放新格局的重要内容。

2015 年，在世界经济普遍不景气的大环境下，中国经济仍保持了 6.9% 的中高速增长，对世界经济增长做出了应有的贡献。其中，中国的双向投资不仅交上了一份令人满意的答卷，而且呈现出六大新的发展格局。

新格局之一：中国双向投资总规模都位居全球第二，对外直接投资规模首次超过实际使用外资规模，并保持了快速增长势头。

2015 年，中国实际使用外资金额为 1355.77 亿美元，同比 2014 年增长 5.51%，比 2014 年增速快 1.8

个百分点；与此同时，中国对外直接投资为1456.7亿美元，同比2014年增长18.3%，比2014年增速快4.1个百分点，投资额是2002年的54倍，不仅实现连续13年的增长，而且年均增速高达35.9%。2015年，中国对外直接投资规模仅次于美国，实际使用外资规模位列全球第三，且“走出去”比“引进来”多100.7亿美元，首次成为资本的净输出国。

“十二五”时期，中国利用外资与对外直接投资总规模分别是“十一五”时期的1.5倍和2.4倍，这表明中国的开放程度与国际化发展能力水平都进入了一个新阶段。

新格局之二：在服务业已成为中国双向投资的重点领域的同时，出现了利用外资产业结构中第三产业持续增加，对外直接投资产业结构中第二产业比重增加的新特点。

2015年，中国利用外资的三个产业构成比为1.13 : 32.16 : 66.71。与2014年相比，第一、第二产业分别下降0.05、2.04个百分点，第三产业相应增加2.09个百分点。投资金额最多的主要产业领域依次排名是制造业、房地产业、金融业及批发零售业，共计占利用外资金额总量的77.34%。国内产业结构变动与利用外资产业结构变动的吻合，充分表明利用外资对推动中国产业结构升级起了重要的积极作用。

2015年中国对外直接投资已涵盖了国民经济的18个大类，对外直接投资金额的三个产业构成比为1.74 : 27.5 : 70.76。与2014年相比，第一、第二产业分别提升了0.44和2.2个百分点，相应第三产业下降了2.64个百分点。投资金额最多的主要产业领域依次排名是制造业199.9亿美元，同比增长108.5%，其中流向装备制造业100.5亿美元，占制造业的50.3%；金融业242.5亿美元，同比增长52.3%；信息传输软件和信息服务业68.2亿美元，同比增长115.2%。

新格局之三：香港仍是内地双向投资最大和最稳定的来源地与投资目的地，发达经济体在中国双向投资中出现了分化的新特点。

2015年，中国境内利用外资的来源地与对外直接投资地仍主要是亚洲，实际使用外资金额与对外直接投资流量都占七成以上（分别为82.32%和74.4%），其中来自香港的投资与内地对香港的投资都高达六成以上（分别为

63.7% 和 61.7%），基本与 2014 年持平，保持了稳定的态势。

2015 年，在外商投资来源地中，来自美国与欧盟 15 国的企业数量分别增长 5.53% 和 11.9%，但来自美国的实际投资金额同比下降了 11.8%，欧盟则增长了 3.55%。2015 年，在中国对外直接投资中，对美国的投资仅增长 5.7%，对欧盟、澳大利亚的投资则分别下降了 44% 和 16%，都大大低于去年同期增长两位数以上的水平。这表明，尽管随着中国经济综合实力的不断增强，以及中国企业发展经营实力的不断壮大，中国参与高端产业国际分工合作与竞争的能力正在大大提高，但对外投资的政治风险、市场风险、环境风险等也在逐步加大，成为影响着中国对外投资稳定发展的重要因素。

新格局之四：在中国双向投资的国内区域分布中，“东重中西轻”的格局没有根本变化，但中西部地区的作用正在逐步增强。

2015 年，东部地区仍是中国双向投资的主要地区，外商投资企业数量与投资金额占总量之比分别约为 88.41% 和 78.09%。相比之下，中部分别约为 7.04% 和 7.7%，西部分别约为 4.52% 和 7.34%，比重都仍较低，但一些中西部省份已经出现了较快发展的好势头。如中部的安徽省和湖南省，实际使用外资分别为 136.2 亿美元和 115.6 亿美元，分别增长 10.4% 和 12.7%；对外直接投资分别为 9.7 亿美元和 14.8 亿美元，分别增长 1.1 倍和 55.9%，均大大高于全国平均增速。又如西部的云南省和新疆维吾尔自治区，实际使用外资分别为 29.9 亿美元和 4.5 亿美元，分别增长 10.6% 和 8.5%；对外直接投资分别为 13.44 亿美元和 11.02 亿美元，分别增长 30.4% 和 37%，也均大大高于全国平均增速。这表明“一带一路”倡议带动的中西部大开发正在逐步形成中国新的经济增长极。

新格局之五：投资主体与投资方式的多元化已经成为中国双向投资的主要发展格局。

2015 年，外商独资、中外合资、中外合作及股份制等已成为中国利用外资的主要企业类型，但其中外商独资和中外合资占有九成，已成为主导。2015 年，在对外投资中，已形成了以有限责任公司为主导的，包括民营、股份制、个体、集体等多元化的投资主体。中国国有企业在对外直接投资中占比为 50.4%，较 2014 年同期下降了 3.2 个百分点，与此同时，非国有企业的比重持续上升为49.6%，表明非国有企业在“走出去”方面已成为重要的生力军。同时，中国对外投资已形成了并购投资、股权投资、收益再投资、债务工具投资等多种投资方式并存的多元化格局。

新格局之六：中国与“一带一路”沿线国家的双向投资跨入新阶段，国际产能与装备制造合作已成为中国对外投资的新亮点。

2015年，我国企业共对“一带一路”相关的49个国家进行了直接投资，投资额合计189.3亿美元，同比增长38.6%，投资主要流向新加坡、俄罗斯、印度尼西亚、阿联酋、印度、土耳其、越南、老挝、马来西亚、柬埔寨等国家。我国企业在“一带一路”相关的60个国家新签对外承包工程项目合同3987份，新签合同额926.4亿美元，占同期我国对外承包工程新签合同额的44.1%，同比增长7.4%；完成营业额692.6亿美元，占同期总额的45%，同比增长7.6%。2015年，“一带一路”沿线国家在华设立外商企业2164家，比2014年同期增长18.32%；实际使用外资金额77.89亿美元，比2014年同期增长25.34%，均大大高于同期全国的水平。这充分表明在全面推进建设“一带一路”的带动下，中国对“一带一路”沿线国家的投资正显示出强劲的发展势头与广阔的发展空间。

2015年中国企业在交通运输、电力、通信等优势产业的对外直接投资累计约116.6亿美元，同比增长80.2%。截至2015年年底，我国企业正在推进的境外经济合作区共计75个，其中一半以上是与产能合作密切相关的加工制造类园区，建区企业累计投资70.5亿美元；入区企业1209家；合作区累计总产值420.9亿美元，上缴东道国税费14.2亿美元，带动了纺织、服装、轻工、家电等优势传统行业优势富余产能向境外转移。境外投资、工程承包带动装备出口快速增长，大型成套设备出口额同比增长超过10%。中资企业通过国际产能合作优化全球布局，带动国内装备、技术、服务、标准和品牌走出去，促进了我国经济结构调整优化。这充分表明，中国积极推进国际产能和装备制造业合作的成效正在持续显现，国际产能与装备制造业合作正成为我国对外投资的新亮点。

在取得成绩的同时也应清醒看到，中国的双向投资仍存在诸多问题。就“引进来”方面，要进一步改善国内投资环境，提升外资的质量与水平，吸引与指导外资更好地为促进中国经济增长方式转变、产业结构转型升级服务。就“走出去”方面，由于中国企业“走出去”的时间相对较短，发展经验还有待进一步积累。特别是由于对外投资面临的国家多、领域宽，情况复杂多变，政治、经济、市场、文化、外交及人才等风险因素交错，更增加了中国企业对外投资的不确定性与难度。同时，在今后的对外投资发展中中国企业也还将要面临许多新形势、新问题，因此，特别需要加强对投资国国情、法律、市场等方面的深入了解与认识，不断积累经验，增强国际化运营能力，才能更好适应对外投资发展的新形势。

由国家发展和改革委员会国际合作中心组织编写的“一带一路双向投资丛书”，是一套为推动中国“引进来”与“走出去”双向投资良好发展，以信息服务指导为主要内容的工具书。丛书的主要特点：一是收集了 2015 年中国国家与各地方双向投资的发展情况，为全面了解中国双向投资发展情况提供了大量信息；二是汇集了最新推进国际产能和装备制造合作的相关政策，向境内外投资者展示中国开放的新政策及投资导向；三是提供了国际产能和装备制造合作重点国别研究报告，对境内外投资者深入了解投资国国情，把握市场动向，进行投资决策提供一定的帮助；四是收集了推进国际产能和装备制造合作的典型案例，包括地方案例和企业案例，以及重点行业研究报告，对境内外投资者进一步系统了解相关情况提供了多层面的大量信息。

我相信，丛书的出版将对各方面更加全面完整了解中国的双向投资提供有益的信息与情况，有助于更好推进“一带一路”建设，有助于推进国际产能和装备制造合作健康有序发展，促进中国企业的国际化进程和与世界各国的经贸合作交流。

徐绍史

（时任国家发展和改革委员会主任）

目录

第二篇　基础数据篇

第三篇　大事记录篇

第一篇

发展概况篇

一、2015年中国双向投资分析报告

（一）中国外商投资分析报告

1.中国外商投资概况

近年来，在全球外商直接投资（FDI）发生较大波动的背景下，中国利用外资基本保持了稳定增长趋势。

从外商直接投资项目数量看，2002年为3.4万个，2003~2006年每年保持在4万个以上，2008~2011年年约2.7万个，2013年约2.3万个，2014年约2.4万个，2015年约2.7万个，同比2014年增加约11%。

实际使用外资金额从2002年的527.43亿美元增至2015年的1355.77亿美元，比2014年的1285.02亿美元同比增长5.51%。其中，2015年外资企业使用外资金额达到952.85亿美元，占比70.28%，较2014年上升0.58%；中外合资企业258.85亿美元，占比19.09%，同比上升18.86%；中外合作企业18.45亿美元，占外资总额的1.36%（见表1-1）。

表1-1　2015年外商直接投资类型统计

方　式	企业数		实际使用外资金额	
	数量（个）	比重（%）	金额（亿美元）	比重（%）
总计	26584	100	1355.77	100
外资企业	20398	76.73	952.85	70.28
中外合资企业	5989	22.53	258.85	19.09
外商投资股份制	78	0.29	32.51	2.40
中外合作企业	110	0.41	18.45	1.36
其他	9	0.03	93.10	6.87

资料来源：商务部外资统计。

1979~2015年底，到中国投资的外商企业累计达836595家，使用外资金额达17409.06亿美元。其中，外资企业数累计458125家，占外商投资企业总数的54.76%；实际使用外资金额累计10669.30亿美元，占使用外资金额总数的61.29%；中外合资企业数累计316803家，占比37.87%；实际使用外资金额累计4383.28亿美元，占比25.18%；中外合作企业数累计60662家，占比7.25%；实际使用外资金额累计1100.07亿美元，占比6.32%（见表1-2）。

表1–2　1979~2015年累计外商直接投资类型统计

企业类型	企业数		实际使用外资金额	
	数量（个）	比重（%）	金额（亿美元）	比重（%）
总计	836595	100	17409.06	100
外资企业	458125	54.76	10669.30	61.29
中外合资企业	316803	37.87	4383.28	25.18
中外合作企业	60662	7.25	1100.07	6.32
外商投资股份制	591	0.07	186.48	1.07
其他	414	0.05	1069.93	6.14

资料来源：商务部外资统计。

1992~2014年，外商投资企业税收额逐年增加，从1992年的122.26亿元增加到2014年的24920.60亿元人民币，比2013年增长10.39%，占全国税收总额比重从3.96%上升到21.42%；2015年外商投资企业税收额24817.2亿元人民币，比2014年下降0.41%，占全国税收总额比重的19.87%（见表1-3）。

表1–3　1992~2015年以外商直接投资税收为主的涉外税收统计表

年份	全国税收收入（亿元人民币）	增幅（%）	其中：涉外税收总额（亿元人民币）	增幅（%）	占全国比重（%）
1992	3084.16	—	122.26	—	3.96
1993	3998.83	29.66	226.56	85.31	5.67
1994	4854.20	21.39	402.64	77.72	8.29
1995	5746.21	18.38	604.46	50.12	10.52
1996	6607.98	15.00	764.06	26.40	11.56

（续）

年份	全国税收收入（亿元人民币）	增幅（%）	其中：涉外税收总额（亿元人民币）	增幅（%）	占全国比重（%）
1997	7914.55	19.77	993.00	29.96	12.55
1998	8949.76	13.08	1230.00	23.87	13.74
1999	10120.35	13.08	1648.86	34.05	16.29
2000	11831.03	16.90	2217.00	34.46	18.74
2001	14460.86	22.23	2883.00	30.04	19.94
2002	16932.18	17.09	3487.00	20.95	20.59
2003	19094.18	12.77	4268.00	22.40	22.35
2004	23121.91	21.09	5355.00	25.47	23.16
2005	27712.37	19.85	6391.34	19.35	23.06
2006	33662.57	21.47	7976.94	24.81	23.70
2007	44189.40	31.27	9972.60	25.02	22.57
2008	52453.84	18.70	12118.93	21.52	23.10
2009	58037.78	10.65	13615.22	12.35	23.46
2010	71182.96	22.65	16389.91	20.38	23.03
2011	87179.27	22.47	19638.10	19.82	22.53
2012	97830.35	12.22	21768.81	10.85	22.25
2013	107900.09	10.29	22574.93	3.7	20.92
2014	116331.90	7.81	24920.60	10.39	21.42
2015	124892.00	7.36	24817.20	−0.41	19.87

资料来源：商务部外资统计。

注：来源于外商投资企业的税收占涉外税收的98%以上。不包括关税和土地费。

2.外商投资来源地分布

从全球地区分布来看，2015年，亚洲十国／地区（中国香港、印尼、日本、中国澳门、马来西亚、菲律宾、新加坡、韩国、泰国、中国台湾）对华投资企业20399家，同比增长12.61%，比重76.73%；实际投入外资金额1036.13亿美元，同比增长5.35%，比重76.42%。美国对华投资企业1241家，同比增长5.53%，实际投入外资金额20.89亿美元，同比下降11.89%。欧盟15国对华投资企业1612家，同比增长11.79%，实际投入外资金额63.96亿美元，同比上升3.55%。

2015年，对华投资前10位国家/地区（以实际投入外资金额计）依次为中国香港（863.87亿美元）、英属维尔京群岛（73.88亿美元）、新加坡（69.04亿美元）、韩国（40.34亿美元）、日本（31.95亿美元）、美国（20.89亿美元）、萨摩亚（19.91亿美元）、德国（15.56亿美元）、中国台湾（15.37亿美元）和开曼群岛（14.44亿美元），前10位国家/地区实际投入外资金额（1165.25亿美元）占全国实际使用外资金额的85.95%。

上述国家/地区对华投资数据包括这些国家/地区通过英属维尔京群岛、萨摩亚、开曼群岛等自由港对华投资。

部分自由港，如毛里求斯、巴巴多斯、开曼群岛、英属维尔京群岛、萨摩亚等在华投资企业数850家，比重3.20%，实际投资112.08亿美元，比重8.27%。其他国家在华投资企业家2104家，比重7.91%，实际投资120.46亿美元，比重8.89%。

从国别分布看，2015年对华实际投资金额名列前15位的国家/地区实际投资额总计约1207.27亿美元，占中国当年实际使用外资金额的89.05%。在华实际投资前15位的国家/地区分别是中国香港、英属维尔京群岛、新加坡、韩国、日本、美国、萨摩亚、德国、中国台湾、开曼群岛、法国、中国澳门、荷兰、百慕大、卢森堡（见表1-4和图1-1）。

表1-4　2015年对华投资前15位国家/地区统计

国别/地区	企业数		实际使用外资金额	
	数量（个）	比重（%）	金额（亿美元）	比重（%）
总计	26584	100	1355.77	100
中国香港	13146	49.45	863.87	63.72
英属维尔京群岛	373	1.40	73.88	5.45

（续）

国别/地区	企业数		实际使用外资金额	
	数量（个）	比重（%）	金额（亿美元）	比重（%）
新加坡	762	2.87	69.04	5.09
韩国	1958	7.37	40.34	2.98
日本	643	2.42	31.95	2.36
美国	1241	4.67	20.89	1.54
萨摩亚	340	1.28	19.91	1.47
德国	425	1.60	15.56	1.15
中国台湾	2962	11.14	15.37	1.13
开曼群岛	112	0.42	14.44	1.07
法国	208	0.78	12.24	0.90
中国澳门	566	2.13	8.85	0.65
荷兰	121	0.46	7.52	0.55
百慕大	9	0.03	7.10	0.52
卢森堡	26	0.10	6.30	0.46
其他	3692	13.89	148.51	10.95

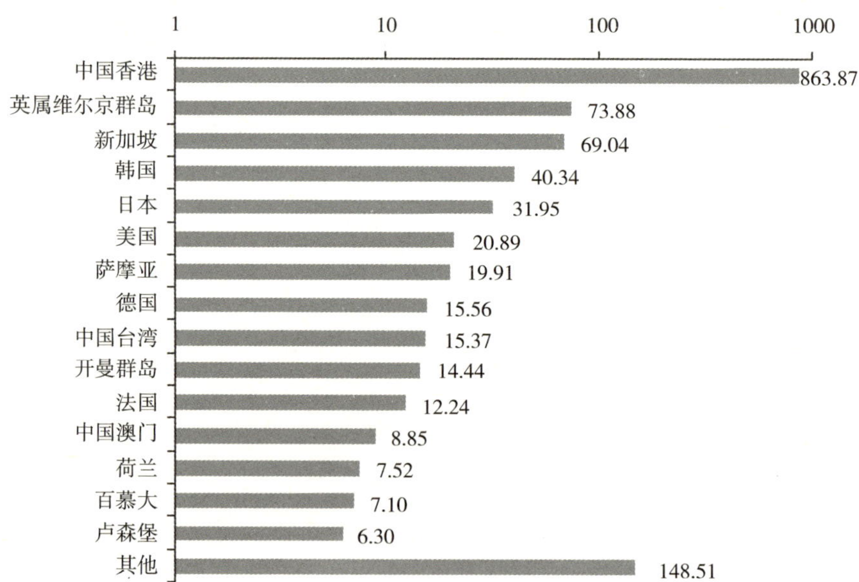

图1-1　2015年在华实际投资额前15位国家和地区（单位:亿美元）

（1）中国香港

中国香港是全球外商直接投资（FDI）流出的重要地区。2015年，中国香港对外FDI流出金额551.43亿美元，占全球总流出量（14742.42亿美元）的3.74%，同比下降126.88%。

中国香港一直是内地境外投资最大和最稳定的来源地，其对内地的投资企业数和金额一直居于外资来源地的首位。1979~2015年，香港累计对内地投资企业数386213家，实际使用外资总额8333.25亿美元，比重47.87%。2015年，香港对内地直接投资企业数13146家，比重49.45%；实际投资金额达到863.87亿美元，比重63.72%，比2014年上升3.78%。

（2）英属维尔京群岛

英属维尔京群岛是全球重要的FDI自由港。2015年，在华投资额73.88亿美元，占中国吸收FDI的5.45%。

截至2015年，英属维尔京群岛对华累计投资企业数25583家，比重3.06%；实际投资累计1491.74亿美元，比重8.57%。2015年，英属维尔京群岛对华投资企业数373家，占比1.40%；实际投资金额73.88亿美元，占比5.45%。

（3）新加坡

2015年，新加坡对全球的投资总量为354.85亿美元，同比下降10.27%，占全球FDI总流量（14742.42亿美元）的2.41%。在华投资额69.04亿美元，占中国吸收FDI的5.09%，占其对外投资额19.46%。

2015年，新加坡对华直接投资企业数762家，占比2.87%，同比上升0.66%；实际投资金额上升15.60%。截至2015年，新加坡对华投资企业累计达到22481家，占比2.69%；实际投资总额792.21亿美元，占比4.55%。

（4）韩国

2015年，韩国在全球对外直接投资输出额276.40亿美元，在华投资额40.34亿美元，占中国吸收FDI的2.98%，占韩国对外投资额14.59%。在华投资企业数1958家，占比7.37%，同比增长20.43%；实际投资额较2014年的39.66亿美元略有增长，同比上升1.69%。

截至2015年，韩国累计对华投资企业数59740家，实际投资总金额599.46亿美元。韩国对华投资企业数从2002年的4008家、占比11.7%，降至2015年的1958家、占比7.37%；实际投资金额从2002年的27.2亿美元、占比5.2%，增至2004年的峰值62.5亿美元、占比10.3%，随后逐年降至2012年的30.4亿美元、占比2.7%，2013年实际投资额较2012年略有回升，投资额为30.54亿美元，占比2.46%；2015年实际投资额较2013年和2014年逐年有所回升，投资额为40.34亿美元，占比2.98%。

（5）日本

日本是全球重要的FDI输出国。2015年，日本对全球FDI流出量为1286.54亿美元，同比上升11.71%，占全球FDI流出总额的8.73%。

截至2015年，日本对华累计投资企业数49840家，比重5.96%；实际投资总额1018.25亿美元，比重5.85%。2015年，日本对华投资企业数643家，同比下降15.31%；实际投资金额31.95亿美元，同比下降26.13%。2015年，日本在华投资企业数占中国外资企业总数的比重为2.42%；实际投资金额31.95亿美元，比重为2.36%。

（6）美国

美国是世界第一大FDI流出国， 2015年，美国FDI流出2999.69亿美元，同比下降5.53%，占全球总流量的20.35%。

2015年，美国在华投资企业数1241家，占比4.67%，同比上升5.24%；在华实际投资金额20.89亿美元，占比1.54%，同比下降13.50%，占美国对外投资额0.70%。

截至2015年，美国累计对华投资企业数65847家，实际投资总额774.70亿美元。期间，美国对华投资额占中国外商投资流入总量的份额呈下降态势。企业数从2002年的3363家、占比9.84%，下降至2014年的1176家、占比4.94%；实际投资金额从2002年的54.24亿美元、占比10.28%，下降至2015年的20.89亿美元、占比1.54%。

（7）萨摩亚

萨摩亚是自由港之一， 2015年对华投资企业数340家，占比1.28%；实际投资额19.91亿美元，占比1.47%。

截至2015年，萨摩亚累计对华投资企业数8120家，占比0.97%；实际投资金额253.41亿美元，占比1.46%。

（8）德国

德国是全球重要的FDI输出国之一。2015年，德国FDI流出量为943.13亿美元，同比下降12.65%，占全球FDI流出总量的6.40%。2015年德国在华投资额15.56亿美元，占中国吸收FDI的1.15%，占德国对外投资额的1.65%。

2015年，德国对华投资企业数425家，占比1.60%；投资额15.56亿美元，占比1.15%。从实际投资金额看，德国对华投资近两年有所波动，其中2012年德国对华实际投资14.5亿美元，同比增长28.9%；2013年同比增长30.22%，2014年德国对华投资额较2013年持平，2015年对华投资额较2014年20.71亿美元有明显下降，约下降33.10%。而从投资项目数看，2012年德国对华直接投资项目小幅减少，由2011年的458家到2012年419家，同比减少8.52%，2013年降至373家，同比减少10.98%；2014年略有回升，同比上升2.86%；2015年企业数有较大增加，同比上升9.65%。

截至2015年，德国对华累计投资企业数9002家，占比1.08%；累计投资金额254.66亿美元，占比1.46%。

（9）中国台湾

2015年FDI流出147.73亿美元，同比上升13.96%，约占全球FDI流出总量的1.00%。

2015年，台湾对大陆直接投资企业数2962家，同比上升21.74%；实际投资额15.37亿美元，同比下降31.29%。

截至2015年，台湾累计对大陆投资企业数达到95298家，实际投资总额626.89亿美元，总体呈下降趋势。企业数从2002年的4853家，占比14.20%，降至2013年的2017家，占比8.84%；2014年和2015年企业数连续增加，分别为2318家和2962家，占比分别为9.74%和11.14%；实际投资额从2002年的39.71亿美元，占比7.53%，降至2013年的20.88亿美元，占比1.68%；2014年的20.18亿美元，占比1.57%；2015年的15.37亿美元，占比1.13%；相比2014年，企业数上升，投资额下降。

（10）开曼群岛

开曼群岛也是自由港之一，2015年在华投资企业数112家，占比0.42%；实际投资额14.44亿美元，占比1.07%。

截至2015年，开曼群岛累计对华投资企业数3168家，占比0.38%；实际投资总金额301.72亿美元，占比1.73%。

（11）“一带一路”沿线国家来华投资情况

2015年“一带一路”沿线国家来华投资企业数共2164家，比2014年同期增长18.32%；实际使用外资金额77.89亿美元，比2014年同期增长25.34%。

以上（1）~（11）的数据来源于《世界投资发展报告2016》、商务部外资统计。

3.外商投资国内地区分布

东部地区一直是中国吸收外商投资的主要地区，外商投资中部和西部地区相对较少。

2015年，东部地区外商投资企业数和实际使用外资金额占中国吸收外资总数的比重分别为88.41%和78.09%，中部地区为7.04%和7.70%，西部地区为4.52%和7.34%。

与2014年相比，2015年东部地区外商投资企业数23502家，同比上升12.92%，实际使用外资金额1058.68亿美元，同比上升7.51%；中部地区外商投资企业数和投资额均呈下降趋势，西部地区外商投资企业数呈上升趋势，但实际使用外资金额呈下降趋势，其中，中部地区外商投资企业数1872家，同比下降17.95%，实际使用外资金额104.44亿美元，同比下降3.99%；西部地区外商投资企业数1201家，同比上升6.58%，实际使用外资金额99.55亿美元，同比下降8.28%（见表1-5）。

表1-5　2015年东部、中部、西部地区外商直接投资统计

地区名称	企业数（家）	比重（%）	实际使用外资金额（亿美元）	比重（%）
总计	26584	100	1355.77	100
东部地区	23502	88.41	1058.68	78.09
中部地区	1872	7.04	104.44	7.70
西部地区	1201	4.52	99.55	7.34
有关部门	9	0.03	93.10	6.87

注：1.东部地区包括北京、天津、河北、辽宁、上海、江苏、浙江、福建、山东、广东、海南。

2.中部地区包括山西、吉林、黑龙江、安徽、江西、河南、湖北、湖南。

3.西部地区包括内蒙古、广西、四川、重庆、贵州、云南、陕西、甘肃、青海、宁夏、新疆、西藏。

4.有关部门：包括银行、证券、保险行业吸收外商直接投资数据。

5.资料来源：商务部外资统计。

截至2015年年末，东部地区外商投资企业数、实际使用外资金额占全国累计外商投资企业数和实际使用外资累计金额总数的比重分别

为83.74%和80.37%；中部地区为10.45%和7.69%；西部地区为5.78%和6.28%（见表1-6）。

表1-6 截至2015年东部、中部、西部地区外商直接投资统计

地区名称	企业数（家）	比重（%）	实际使用外资金额（亿美元）	比重（%）
总计	836595	100	17409.06	100
东部地区	700587	83.74	13991.19	80.37
中部地区	87443	10.45	1338.86	7.69
西部地区	48374	5.78	1093.14	6.28
有关部门	191	0.02	985.87	5.66

注：1.东部地区：北京、天津、河北、辽宁、上海、江苏、浙江、福建、山东、广东、海南。

2.中部地区：山西、吉林、黑龙江、安徽、江西、河南、湖北、湖南。

3.西部地区：内蒙古、广西、四川、重庆、贵州、云南、陕西、甘肃、青海、宁夏、新疆、西藏。

4.有关部门：包括银行、证券、保险行业吸收外商直接投资数据。

5.资料来源：商务部外资统计。

4.外商投资国内产业分布

2015年，中国外商直接投资企业排在前三位行业的分别是，批发和零售业9156家，占全国外资企业数的34.44%；制造业4507家，占比16.95%；租赁和商务服务业4465家，占比16.80%。

2015年，中国实际使用外资金额排在前四位的行业分别是，制造业395.43亿美元，占全国实际使用外资金额的29.17%；房地产业289.95亿美元，占比21.39%；金融业242.79亿美元，占比17.91%；批发和零售业120.23亿美元，占比8.87%（见表1-7）。

表1–7 2015年外商直接投资行业结构表

行业名称	企业数（家）	比重（%）	实际使用外资金额（亿美元）	比重（%）
总计	26584	100	1355.77	100
农、林、牧、渔业	609	2.29	15.34	1.13
采矿业	34	0.13	2.43	0.18
制造业	4507	16.95	395.43	29.17
电力、燃气及水的生产和供应业	264	0.99	22.50	1.66
建筑业	176	0.66	15.59	1.15
交通运输、仓储和邮政业	449	1.69	41.86	3.09
信息传输、计算机服务和软件业	1311	4.93	38.36	2.83
批发和零售业	9156	34.44	120.23	8.87
住宿和餐饮业	611	2.30	4.34	0.32
金融业	2012	7.57	242.79	17.91
房地产业	387	1.46	289.95	21.39
租赁和商务服务业	4465	16.80	100.50	7.41
科学研究、技术服务和地质勘查业	1970	7.41	45.29	3.34
水利、环境和公共设施管理业	84	0.32	4.33	0.32
居民服务和其他服务业	222	0.83	7.22	0.52
教育	38	0.14	0.29	0.02
卫生、社会保障和社会福利业	51	0.19	1.43	0.11
文化、体育和娱乐业	238	0.90	7.89	0.58

资料来源：商务部外资统计。

（1）农业㊀

中国农业吸收外商投资规模较小。2015年，外商投资农业企业数609家，占比2.29%；实际投资金额15.34亿美元，占比1.13%。

2002年以来，外商对农业投资额逐步下降，2006年为最低点，以后逐年增加至2012年最高点，2014年较2013年实际使用外资金额有所下降，2015年较2014年实际使用外资金额有所上升，投资额占全国FDI总额比重为1.13%（见图1-2）。

㊀ 本节中，农业涵盖农业、林业、畜牧业、渔业以及农、林、牧、渔服务业。

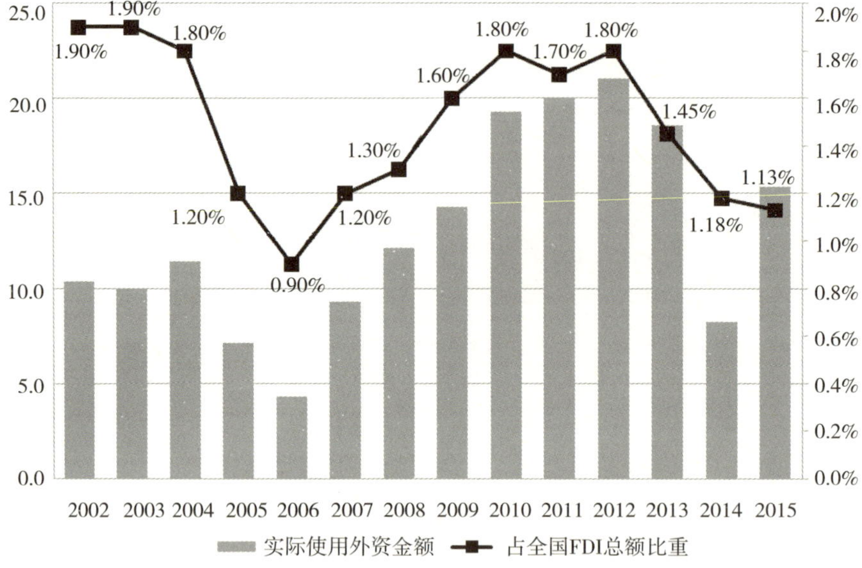

图1-2 农业实际使用外资金额及比重

资料来源：商务部外资统计。

（2）农副食品加工业

2015年外商投资农副食品加工业企业数154家，同比上升1.99%，实际使用外资金额11.05亿美元，同比上升9.19%。

2002~2015年，该行业累计外资项目数8993家，累计实际使用外资170.47美元。2011年以来，外商对农副食品加工业投资额逐年下降。2014年，该行业实际使用外资有所回升，但较2004年最高水平仍下降约40%。2015年，该行业实际使用外资较2014年继续回升，投资额占制造业投资总额比重为2.79%（见图1-3）。

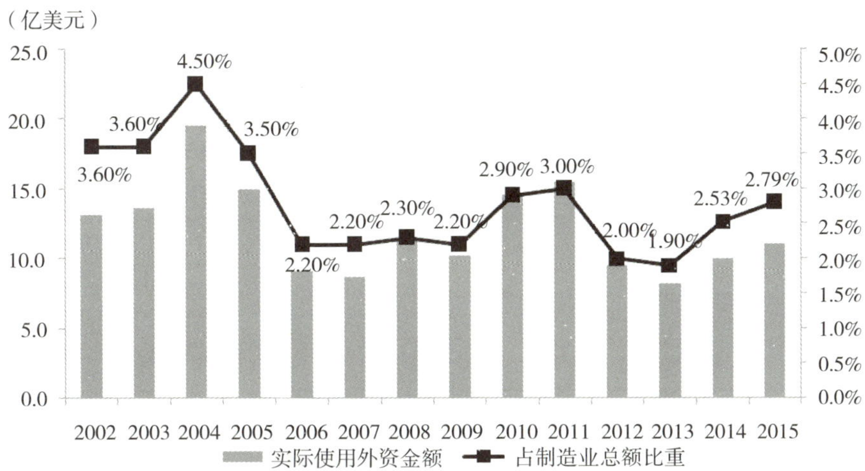

图1-3　农副食品加工业实际使用外资金额及所占比重

资料来源：商务部外资统计。

注：2015年制造业外商投资企业数4507家，同比下降21.18%；实际使用外资金额395.43亿美元，同比下降0.99%。

（3）化学原料及化学制品制造业

2015年，外商投资化学原料及化学制品制造业[㊀]企业数182家，同比下降22.22%；实际使用外资金额26.34亿美元，同比下降17.14%。

2002~2015年，化学原料及化学制品制造业累计外资项目数11413家，累计实际使用外资449.73亿美元。外商投资额自2008年以后基本稳定，2015年占制造业使用外资总额的比重为6.66%（见图1-4）。

㊀ 化学原料及化学制品制造业包括基础化学原料制造，肥料制造，农药制造，涂料、油墨、颜料及类似产品制造，合成材料制造，专用化学产品制造，日用化学产品制造等。

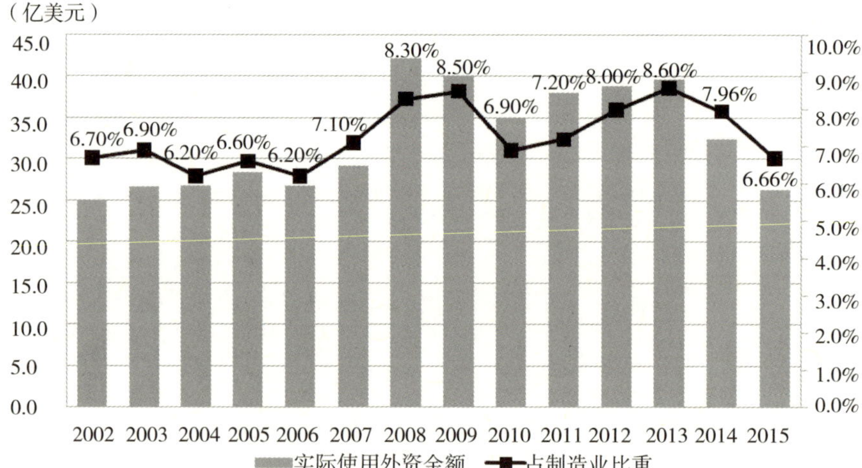

图1-4 化学原料及化学制品制造业实际使用外资金额及所占比重

资料来源：商务部外资统计。

（4）通用设备制造业

2015年通用设备制造业㊀实际使用外资额28.49亿美元，同比下降2.50%，外资企业数同比下降19.01%，降至2015年的443家。

2002~2015年，通用设备制造业累计外资企业数16433家，实际使用外资额累计378.36亿美元。从动态上看，近两年来实际投资金额及其占行业总额的比重基本稳定略有减少， 2015年占制造业使用外资总额的比重为7.20%（见图1-5）。

（5）专用设备制造业

2015年，外商投资专用设备制造业㊁企业数438家，同比下降6.01%；实际使用外资额25.02亿美元，同比上升8.69%。

㊀ 通用设备制造业主要包括金属加工机械制造，起重运输设备制造，轴承、齿轮、传动和驱动部件的制造，通用零部件制造及机械修理等。

㊁ 专用设备制造业主要包括食品、饮料、烟草及饲料生产专用设备，印刷、制药、日化生产专用设备，纺织、服装和皮革工业专用设备，电子和电工机械专用设备，农、林、牧、渔专用机械，医疗仪器设备及器械制造等。

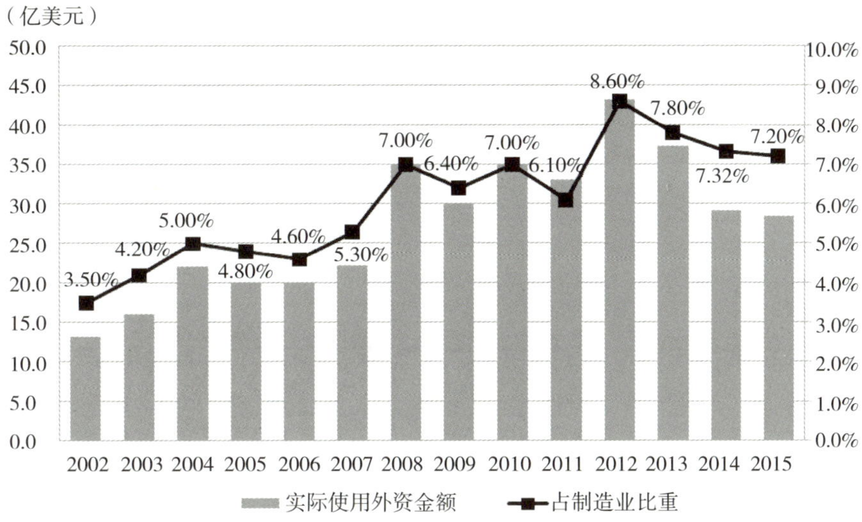

图1-5　通用设备制造业实际使用外资金额及占制造业比重

资料来源：商务部外资统计。

2002~2015年，专用设备制造业累计外资企业数15366家，实际使用外资金额累计达343.73亿美元。2006年以来，专用设备制造业外资企业数逐年减少，但实际使用外资金额却逐年增加，表明该行业单一项目投资规模逐渐增大。2015年投资规模较上一年有所增加，占制造业使用外资总额的比重为6.33%（见图1-6）。

（6）交通运输设备制造业

2015年，外商投资交通运输设备制造业㊀企业数322家，同比下降10.80%；实际使用外资额37.08亿美元，同比下降2.93%。

2002~2015年，交通运输设备制造业外商投资企业数累计10816家，实际使用外资额累计445.68美元。2009年来，交通运输设备制造业外商投资企业数有所下降，但其实际使用外资额却逐年增加，表明行业投资规模近年来逐年增大。2015年较2014年投资额有所下降，占制造业使用外

㊀　交通设备制造业主要包括铁路运输设备、汽车、摩托车、自行车、船舶及浮动装置、航空航天器、交通器材及其他交通运输设备制造等。

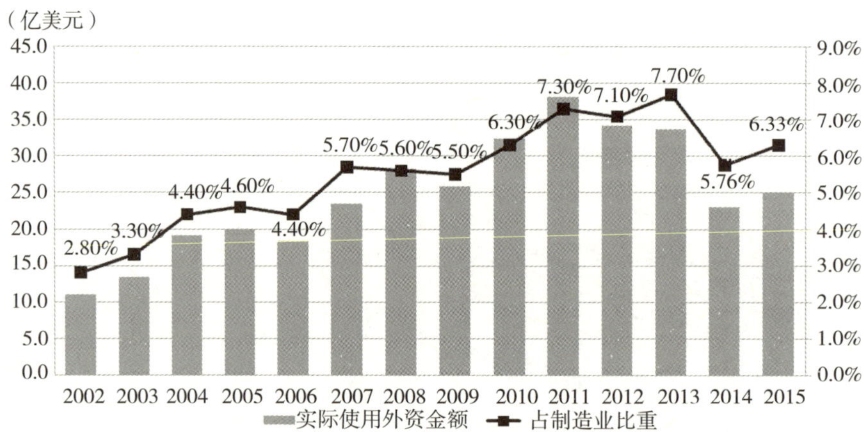

图1-6　专用设备制造业实际使用外资金额及占制造业比重

资料来源：商务部外资统计。

资总额的比重为9.38%（见图1-7）。

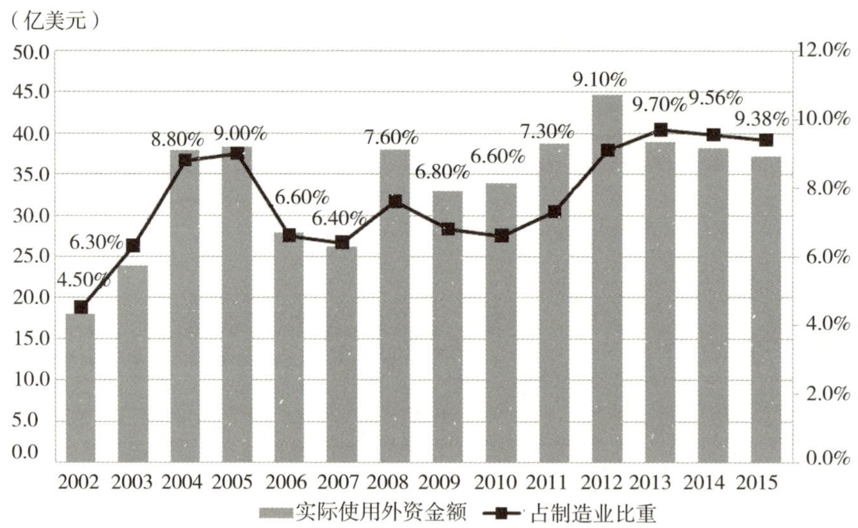

图1-7　交通运输设备制造业实际使用外资金额及占制造业比重

资料来源：商务部外资统计。

（7）通信设备、计算机及其他电子设备制造业

2015年，外商投资通信设备、计算机及其他电子设备制造业[㊀]企业数507家，同比下降13.92%，降至2002年来最低值；实际使用外资额68.55亿美元，同比上升11.51%。

2002~2015年，该行业累计外资企业数24339家，实际使用外资累计金额1024.69亿美元。2011年以来，通信设备、计算机及其他电子设备制造业外资企业数和实际使用外资额均有所下降，外资企业数下降趋势更为明显，但2015年较上一年实际使用外资额有所增加，为68.55亿美元。2015年此行业占制造业使用外资总额的比重为17.34%（见图1-8）。

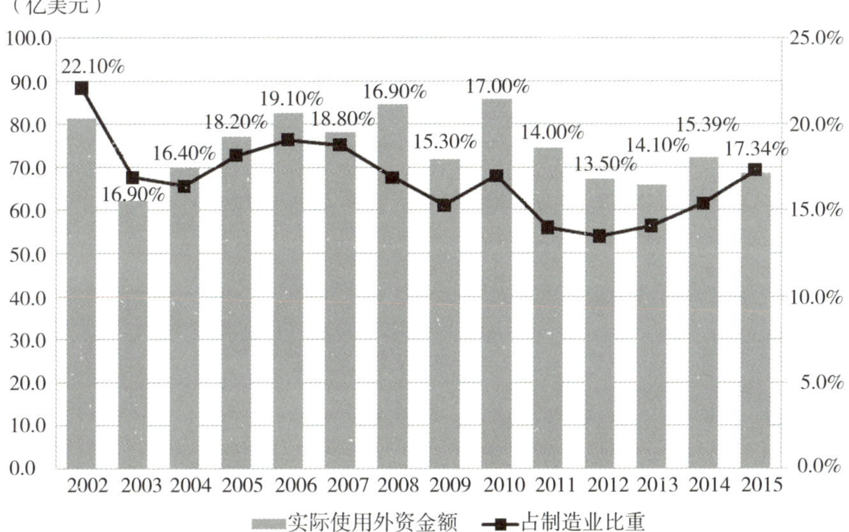

图1-8　通信设备、计算机及其他电子设备制造业实际使用外资金额及占制造业比重

资料来源：商务部外资统计。

㊀ 通信设备、计算机及其他电子设备制造业包括通信设备制造、雷达及配套设备制造、广播电视设备制造、电子计算机制造、电子器件制造、电子元件制造、家用视听设备制造及其他电子设备制造等。

（8）租赁和商务服务业

租赁和商务服务业㊀是外商投资的重要行业。2002~2015年，租赁和商务服务业累计外资企业数36896家，实际使用外资累计金额831.92亿美元。2002年，投资该行业的外资企业数及其占服务业外资企业总数的比重均显著上升。2002~2014年，该行业实际使用外资额也呈稳步增长趋势，占服务业实际使用外资总额的比重平均维持在15%左右。

2015年，租赁和商务服务业外资企业数4465家，同比上升12.67%，实际使用外资100.50亿美元，同比下降19.51%。2015年占当年服务业使用外资总额㊁的比重为8.81%（见图1-9）。

（9）批发和零售业

批发和零售业㊂近年来成为外商对华服务业投资的重要行业。2015年，批发和零售业外资企业数9156家，占服务业外资企业总数的47.30%，实际使用外资120.23亿美元，占服务业的比重为10.54%。

2002~2015年，批发和零售业累计外资企业数75918家，实际使用外

㊀ 租赁和商务服务业包括租赁业和商务服务业，具体包括机械设备租赁、文化及日用品出租、企业管理服务、法律服务、咨询与调查、广告业、知识产权服务、职业中介服务、市场管理、旅行社及其他商务服务等。其他商务服务涵盖会议及展览服务、包装服务、保安服务、办公服务等。

㊁ 服务业2015年企业数和实际使用外资金额总计，即交通运输仓储和邮政业、批发和零售业、住宿和餐饮业、旅游饭店业、金融业、房地产业、房地产开发经营业、租赁和商务服务业、科学研究/技术服务和地质勘查业、居民服务和其他服务业、教育、卫生/社会保障和社会福利业等企业数总计19547家，实际使用外资金额总计为1140.44亿美元。

㊂ 批发和零售业，即批发业和零售业，包括食品、饮料及烟草制品批发与零售，纺织、服装及日用品批发与零售，文化、体育用品及器材批发与零售，医药及医疗器材批发与零售，矿产品、建材及化工产品批发，机械设备、五金交电及电子产品批发，贸易经纪与代理，再生物资回收与批发，综合零售，汽车、摩托车、燃料及零配件专门零售，家用电器及电子产品专门零售，五金、家具及室内装修材料专门零售，无店铺及其他零售等。

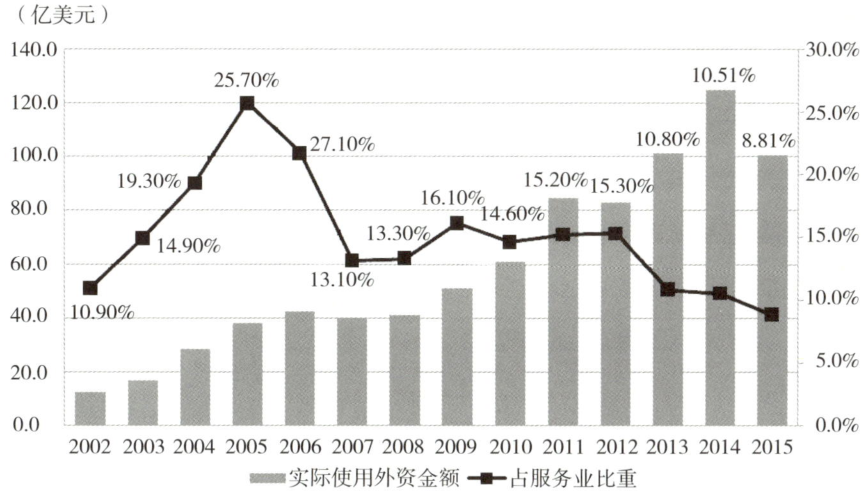

图1-9　租赁和商务服务业实际使用金额及所占比重

资料来源：商务部外资统计。

资总额755.97亿美元。自2004年至今，批发和零售业外资企业数占比与实际使用外资额占比都逐年稳步增长，均在2013年达到最大值；2014年有所下降，同比下降17.79%；2015年有所上升，同比上升21.29%（见图1-10）。

图1-10　批发和零售业实际使用金额及所占比重

资料来源：商务部外资统计。

（10）交通运输、仓储和邮政业

2002~2015年，外商投资交通运输、仓储和邮政业[㊀]企业累计数137593家，实际使用外资总额累计359.99亿美元。自2002~2008年，该行业实际使用外资金额逐年上升，2009~2010年调整，略有下降，从2010年起逐年上升至2014年最大值，达到44.56亿美元，2015年有所下降，为41.86亿美元。

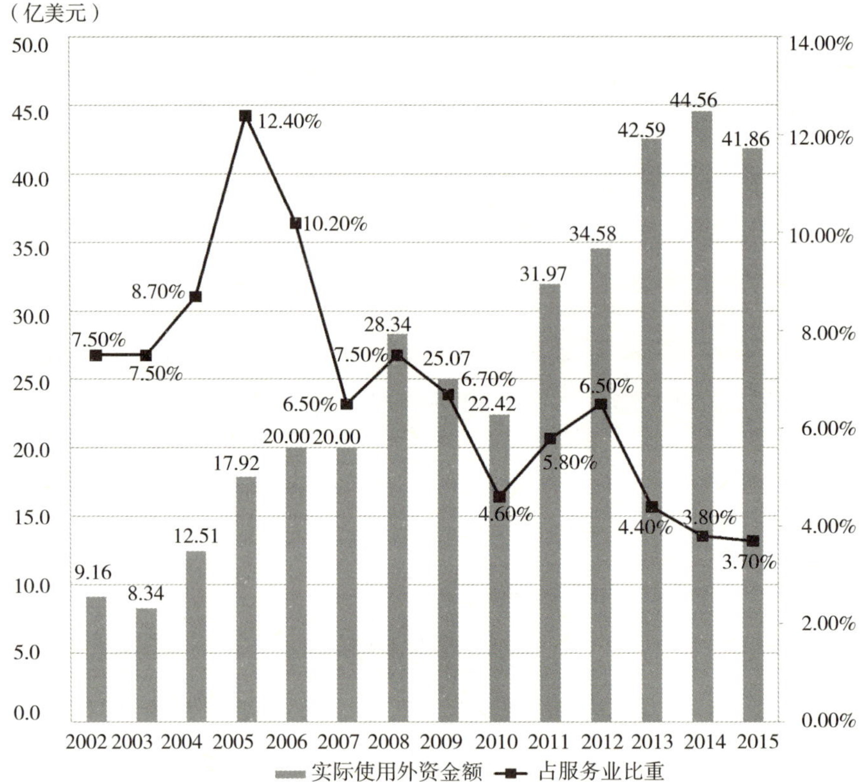

图1-11　交通运输、仓储和邮政业实际使用外资金额及所占比重

资料来源：商务部外资统计。

㊀ 交通运输、仓储和邮政业包括铁路运输业、道路运输业、城市公共交通业、水上运输业、航空运输业、管道运输业、装卸搬运和其他运输服务业、仓储业以及邮政业。

2015年，交通运输、仓储和邮政业外资企业同比上升16.26%，达到449家，实际使用外资为41.86亿美元，较2014年同比下降6.06%（见图1-11）。2015年该行业占当年服务业使用外资总额的比重为3.67%。

（11）卫生、社会保障和社会福利业

外商投资卫生、社会保障和社会福利业㊀较少。2002~2015年，卫生、社会保障和社会福利业累计外资企业数395家，实际使用外资总额10.52亿美元。2015年，卫生、社会保障和社会福利业外资企业数51家，同比上升131.82%；实际使用外资金额1.43亿美元，同比上升83.33%。到目前为止，该行业从2002年以来，2015年外商投资额为最高值，仅仅为1.43亿美元，2003~2007年外商投资本行业逐年下降，达到最低值，约为0.1亿美元；2007~2010年外商投资反弹逐年上升，而后2010~2012年又逐年下降；2013~2015年再逐年上升。2015年该行业使用外资占当年服务业总额的比重为0.12%（见图1-12）。

（12）金融业

金融业㊁是外商对华投资的重要行业之一，近年来，无论是企业数还是实际投资额都有显著增长。2002~2015年，金融业累计外资企业数4379家，实际使用外资总额535.96亿美元，在服务业的占比均呈现出长期增长态势；2009~2011年，增长率维持在50%以上。2012年，金融业外资企业数同比上升80.8%，达到282家，实际使用金额同比上升11%，达到21.2

㊀ 卫生、社会保障和社会福利业包括卫生和社会工作。其中，卫生业包括医院、社区医疗与卫生院、门诊部、计划生育技术服务活动、妇幼保健院（所、站）、疾病预防控制中心和其他卫生活动；社会工作包括提供住宿的干部休养所、护理机构服务、老年人、残疾人养护服务、孤残儿童收养和庇护服务以及其他提供住宿的社会救助和不提供住宿的社会看护与帮助服务及其他不提供住宿的社会工作。

㊁ 金融业包括银行业、保险业、证券业和其他金融活动，其他金融活动涵盖金融信托与管理、金融租赁、财务公司、邮政储蓄、典当等。

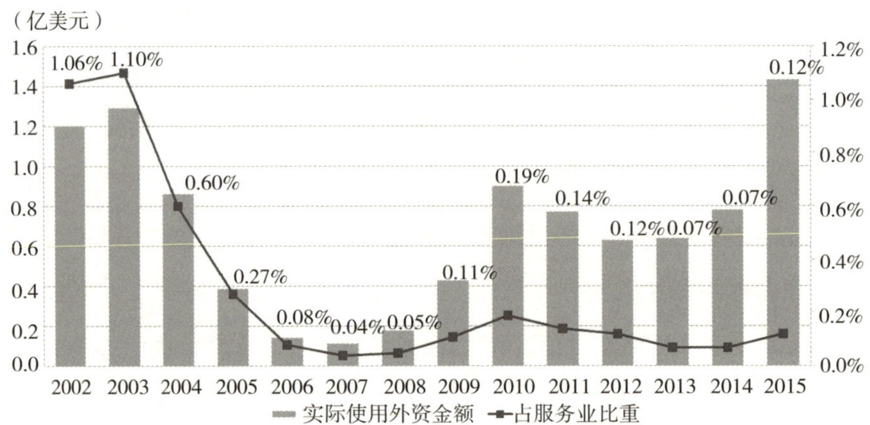

图1-12　卫生、社会保障和社会福利业实际利用外资金额及所占比重

资料来源：商务部外资统计。

亿美元；2013~2015年外资企业数和实际使用金额逐年显著上升，即从2013年的555家和86.55亿美元，上升到2014年的986家和131.22亿美元。2015年无论企业数还是实际使用外资金额迅猛增长，企业数达到2012家，同比上升104.06%；实际使用外资金额达到242.79亿美元，同比上升85.03%。2015

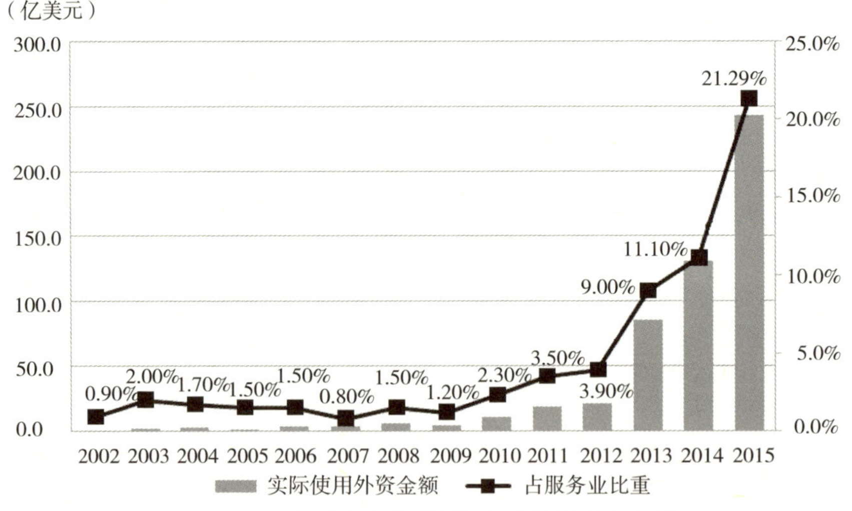

图1-13　金融业实际利用外资金额及所占比重

资料来源：商务部外资统计。

年该行业使用外资占当年服务业总额的比重为21.29%（见图1-13）。

（二）中国对外直接投资分析报告

2015年，全球外国直接投资强劲复苏，全球外国直接投资流出流量1.47万亿美元，同比增长11.8%。面对复杂多变的国际形势，中国政府积极推动“一带一路”建设，稳步开展国际产能合作，不断加快对外投资便利化进程，中国企业“走出去”的内在动力日益增强。2015年，中国对外直接投资实现历史性突破，创下1456.7亿美元的历史最高值，首次位列全球第二位，并超过同期吸引外资水平，首次实现双向直接投资项下的资本净输出。

1.中国对外直接投资概况

2015年，中国对外直接投资净额（以下简称流量）为1456.7亿美元，同比增长18.3%。其中， 新增股本投资967.1亿美元，占66.4%；当期收益再投资379.1亿美元，占26%；债务工具投资110.5亿美元，占7.6%。

截至2015年年末，中国2.02万家[一]境内投资者在国（境）外共设立对外直接投资企业[二]（以下简称境外企业）3.08万家，分布在全球188个国家（地区）[三]，年末境外企业资产总额4.37万亿美元。对外直接投资累计净额（以下简称存量）达10978.6亿美元，其中，股本投资4715.1亿美元，占43%；收益再投资4427.8亿美元，占40.3%；债务工具投资1835.7亿美元，占16.7%。2015年中国对外直接投资流量、存量分类构成情况见表1-8。

㊀ 2.02万家境内投资者指的是按境内一级投资主体（即母公司）作为统计单位的数量。

㊁ 对外直接投资企业指境内投资者直接拥有或控股10%或以上投票权或其他等价利益的境外企业。

㊂ 对外直接投资的国家（地区）按境内投资者投资的首个目的地国家（地区）进行统计。

表1-8　2015年中国对外直接投资流量、存量分类构成情况

分类	流量			存量	
	金额（亿美元）	同比（%）	比重（%）	金额（亿美元）	比重（%）
金融类	242.5	52.3	16.6	1596.6	14.5
非金融类	1214.2	13.3	83.4	9382	85.5
合计	**1456.7**	**65.6**	**100**	**10978.6**	**100**

注：1.金融类指境内投资者直接投向境外金融企业的投资；非金融类指境内投资者直接投向境外非金融企业的投资。

2.2015年非金融流量数据与商务部2015年快报数据（1180.2亿美元）差异主要为收益再投资部分。

2015年，对外金融类直接投资流量242.5亿美元，同比增长52.3%，其中货币金融服务类（原银行业）对外直接投资164亿美元，占67.6%。

2015年年末，对外金融类直接投资存量1596.6亿美元，其中对外货币金融服务类直接投资971.3亿美元，占60.8%；保险业21.9亿美元，占1.4%；资本市场服务（原证券业）68亿美元，占4.3%；其他金融业535.4亿美元，占33.5%。

截至2015年年末，中国国有商业银行[㊀]在美国、日本、英国等42个国家和地区共开设79家分行、57家附属机构，员工总人数达4.7万人，其中雇用外方员工4.5万人，占95.7%。2015年年末，中国在境外设立保险机构7家。

2015年，中国对外非金融类直接投资1214.2亿美元，同比增长13.3%；境外企业实现销售收入13863亿美元，较上年下降11.7%；境内投资者通过境外企业实现的进出口额为3132亿美元，其中，进口总值2045亿美元，同比下降39.5%；出口总值1087亿美元，同比下降1.4%。2015年年末，对外非金融类直接投资存量9382亿美元，境外企业资产总额2.44万

㊀ 中国国有商业银行包括中国银行、中国农业银行、中国工商银行、中国建设银行和交通银行。

亿美元。

2015年，境外企业向投资所在国家（地区）缴纳的各种税金总额311.9亿美元，同比增长62.9%；年末境外企业员工总数283.7万人，其中雇用外方员工122.5万人，占43.2%，较2014年年末增加39.2万人。

2.中国对外直接投资流量与存量

（1）2015年中国对外直接投资流量的特点

1）快速增长，流量首次位列世界第二

2015年，发达经济体经济复苏缓慢，发展中经济体增长放缓，世界经济整体复苏疲弱乏力，增长速度放缓。中国对外直接投资逆市上扬，创下1456.7亿美元的历史最高值，同比增长18.3%，高于全球增幅，流量规模仅次于美国的2999.6亿美元，超过日本跃居世界第二位。中国对外直接投资与中国吸引外资相比多100.9亿美元，首次超过吸引外资。自2003年中国有关部门权威发布年度数据以来，中国对外直接投资实现连续13年增长， 2015年流量是2002年的54倍，2002~2015年的年均增长速度高达35.9%（见图1-14）。“十二五”期间中国对外直接投资5390.8亿美

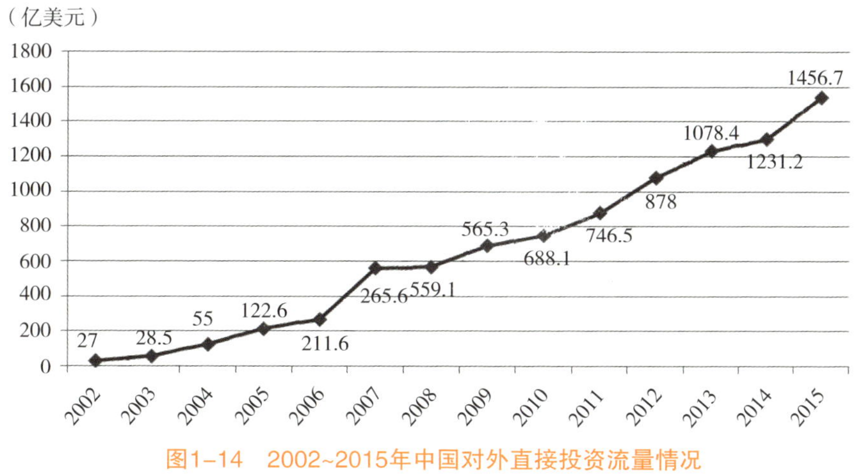

图1-14　2002~2015年中国对外直接投资流量情况

注：2002~2015年数据来源于中国商务部统计数据。

元，是“十一五”的2.4倍。

2）对外投资首超吸引外资，中国开始步入资本净输出阶段

2015年，中国实际使用外资金额1355.8亿美元，同比增长6%，位列世界第三位。中国对外直接投资1456.7亿美元，较同年吸收外资高出100.9亿美元，首次实现直接投资项下资本净输出。中国综合实力不断提升，“一带一路”建设和国际产能合作加快推进，对外投资政策体系不断完善，多双边务实合作深入推进等共同助力中国企业“走出去”，中国对外投资进入发展快车道（见图1-15）。

3）并购投资活跃，领域亮点突出、不断拓展

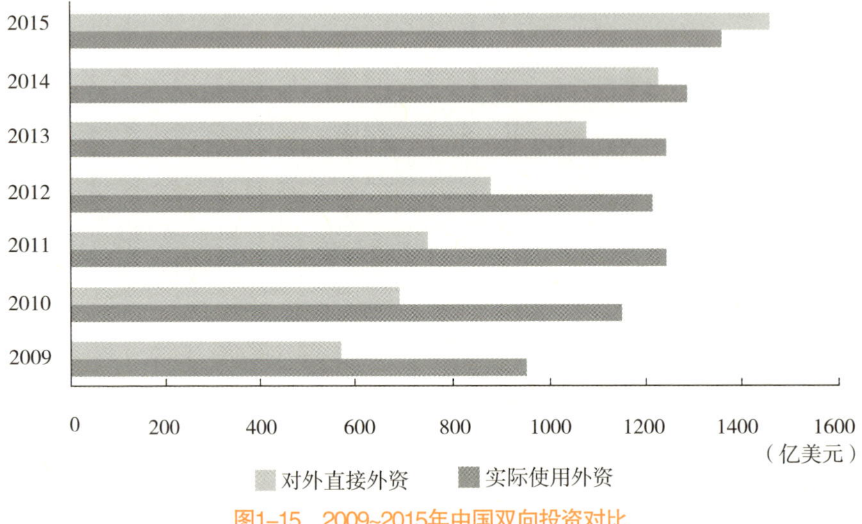

图1-15　2009~2015年中国双向投资对比

2015年中国企业共实施对外投资并购项目579起，涉及62个国家（地区），实际交易总额544.4亿美元，其中直接投资[㊀]372.8亿美元，约占并购交易总额的68.5%，占当年中国对外直接投资总额的25.6%；境外融资

㊀　指境内投资者或其境外企业收购项目的款项来源于境内投资者的自由资金、境内银行贷款（此部分纳入对外直接投资统计，但不包括境内投资者担保的境外贷款）。

171.6亿美元，占并购金额的31.5%。2015年中国企业对外投资并购涉及制造业、信息传输/软件和信息技术服务业、采矿业、文化/体育和娱乐业、租赁和商务服务业等18个行业大类。中国化工橡胶有限公司52.9亿美元收购意大利倍耐力集团公司近60%股份，是2015年中国企业实施的最大海外并购项目。相比2014年新增了水利/环境和公共设施管理类并购项目。从并购金额上看，制造业137.2亿美元，同比增长13.4%，位居首位，涉及137个项目；信息传输/软件和信息技术服务业84.1亿美元，同比增长135.6%，位列次席；金融业66.1亿美元，同比增长217.8%，近两年来继续保持显著增长；受全球大宗商品市场持续低迷等因素的影响，采矿业并购遇冷，金额较2014年（179.1亿美元）下降70.3%，为53.2亿美元。

2015年中国企业对“一带一路”相关国家并购项目101起，并购金额92.3亿美元，占并购总额的17%，其中以色列、哈萨克斯坦、新加坡、俄罗斯、老挝等国家吸引中国企业并购投资超过10亿美元（见表1-9、表1-10）。

表1-9　2015年中国对外投资并购行业构成

行　　业	数量（起）	实际交易金额（亿美元）	金融占比（%）
制造业	131	137.2	25.2
信息传输、软件和信息技术服务业	58	84.1	15.5
金融业	18	66.1	12.1
采矿业	24	53.2	9.8
文化、体育和娱乐业	21	32.3	5.9
租赁和商务服务业	77	31.3	5.7
住宿和餐饮业	11	27.1	5.0
批发和零售业	81	26.6	4.9
房地产业	21	20.7	3.8

（续）

行　业	数量（起）	实际交易金额（亿美元）	金融占比（%）
科学研究和技术服务业	43	17.6	3.2
交通运输、仓储和邮政业	11	16.1	3.0
建筑业	9	11.2	2.1
水利、环境和公共设施管理业	4	8.8	1.6
卫生和社会工作	10	4.3	0.8
电力、热力、燃气及水生产和供应业	5	3.8	0.7
农、林、牧、渔业	37	2.6	0.5
居民服务、维修和其他服务业	12	1.2	0.2
教育	6	0.2	—
合计	579	544.4	100

表1-10　2004~2015年中国对外直接投资并购情况

年份	并购金额（亿美元）	同比（%）	比重（%）
2004	30.0	—	54.5
2005	65.0	116.7	53.0
2006	82.5	26.9	39.0
2007	63.0	–23.6	23.8
2008	302.0	379.4	54.0
2009	192.0	–36.4	34.0
2010	297.0	54.7	43.2
2011	272.0	–8.4	36.4
2012	434.0	—	31.4
2013	529.0	21.9	31.3
2014	569.0	7.6	26.4
2015	544.4	–4.3	25.6

注：2012~2015年并购金额包括境外融资部分，比重为直接投资占当年流量的比重。

4）新增股权投资首超六成，债务工具投资占比创历史新低

2015年，新增股权投资967.1亿美元，占当年流量总额的66.4%，占

比较2014年上升21.1个百分点；收益再投资379.1亿美元，占26.0%，占比较2014年下降10.1个百分点；股权和收益再投资共计1346.2亿美元，占流量总额的92.4%；由于境外融资成本低于中国境内，因此中国企业通过中国香港等地境外融资再对外投资的活动日益增多，致使境内投资主体直接给境外企业提供的贷款减少，债务工具投资110.5亿美元，比重创历史新低，较2014年的229.9亿美元下降51.9%（见表1-11、图1-16）。

表1-11　2006~2015 年中国对外直接投资流量构成

年份	流量	新增股权		当期收益再投资		债务工具投资	
		金额（亿美元）	比重（%）	金额（亿美元）	比重（%）	金额（亿美元）	比重（%）
2006	211.6	51.7	24.4	66.5	31.4	93.4	44.2
2007	265.1	86.9	32.8	97.9	36.9	80.3	30.3
2008	559.1	283.6	50.7	98.9	17.7	176.6	31.6
2009	565.3	172.5	30.5	161.3	28.5	231.5	41.0
2010	688.1	206.4	30.0	240.1	34.9	241.6	35.1
2011	746.5	313.8	42.0	244.6	32.8	188.1	25.2
2012	878.0	311.4	35.5	224.7	25.6	341.9	38.9
2013	1078.4	307.3	28.5	383.2	35.5	387.9	36.0
2014	1231.2	557.3	45.3	444.0	36.1	229.9	18.6
2015	1456.7	967.1	66.4	379.1	26.0	110.5	7.6

注：2006~2015年为中国全行业对外直接投资统计数据。

5）行业分布广泛，三大产业投资大幅增长

2015年，中国对外直接投资涵盖了国民经济的18个行业大类。其中制造业、金融业、信息传输、软件和信息服务业等领域投资增长较快。

制造业 199.9亿美元，同比增长108.5%，占当年流量总额的13.7%；主要流向汽车制造业、计算机/通信及其他电子设备制造业、化学原料和

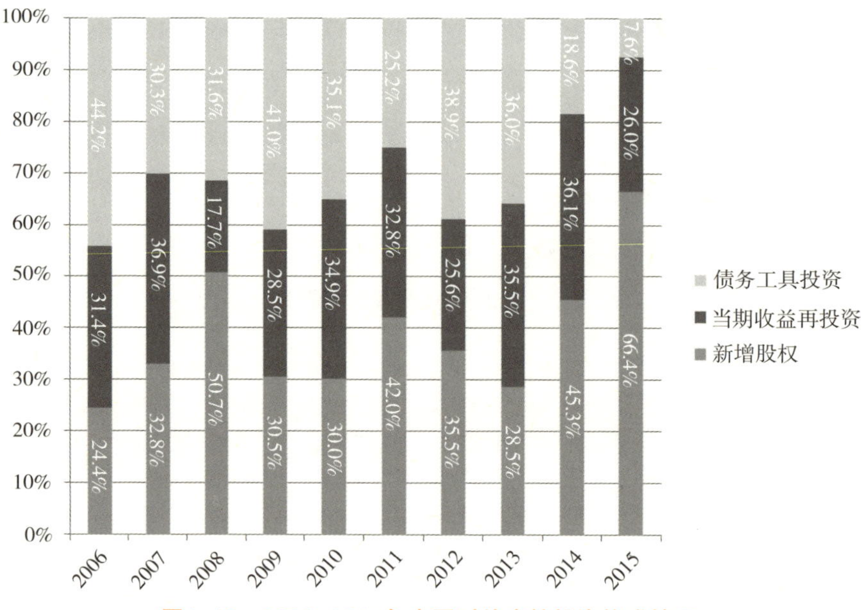

图1-16　2006~2015年中国对外直接投资构成情况

化学制品制造业、专业设备制造业、橡胶和塑料制品业、医药制造业、纺织业、铁路/船舶/航空航天和其他运输设备制造业、非金属矿物制品业等。其中流向装备制造业的投资100.5亿美元，同比增长158.4%，占制造业投资的50.3%。

金融业 242.5亿美元，同比增长52.3%，占16.6%。2015年中国金融机构对外直接投资活跃，累计实现对外直接投资244.3亿美元，其中流向境外金融类企业的直接投资237亿美元，流向境外非金融类企业的直接投资7.3亿美元；中国非金融机构流向境外金融企业的投资5.5亿美元。

信息传输、软件和信息技术服务业 68.2亿美元，同比增长115.2%，占4.7%。科学研究和技术服务业33.5亿美元，同比增长100.5%，占2.3%。文化、体育和娱乐业17.5亿美元，同比增长236.6%，占1.2%。水利、环境和公共设施管理业13.7亿美元，同比增长148.1%，占1.1%。住宿和餐饮业7.2亿美元，同比增长195.5%，占0.5%。

2015年，中国对外直接投资主要领域中的交通运输、仓储和邮政业

27.3亿美元，同比下降34.7%；采矿业112.5亿美元，同比下降32%；租赁和商务服务业（以控股为主）362.6亿美元，同比下降1.6%（见表1-12、图1-17）。

表1–12　2015年中国对外直接投资流量行业分布情况

行业	流量（亿美元）	同比（%）	比重（%）
租赁和商务服务业	362.6	–1.6	24.9
金融业	242.5	52.3	16.6
制造业	199.9	108.5	13.7
批发和零售业	192.2	5.1	13.2
采矿业	112.5	–32.0	7.7
房地产业	77.9	17.9	5.3
信息传输、软件和信息技术服务业	68.2	115.2	4.7
建筑业	37.4	10.0	2.6
科学研究和技术服务业	33.5	100.5	2.3
交通运输、仓储和邮政业	27.3	–34.7	1.9
农、林、牧、渔业	25.7	26.4	1.8
电力、热力、燃气及水生产和供应业	21.3	21.0	1.5
文化、体育和娱乐业	17.5	236.6	1.2
居民服务、维修和其他服务业	16.0	–3.2	0.9
水利、环境和公共设施管理业	13.7	148.1	1.1
住宿和餐饮业	7.2	195.5	0.5
其他	1.3	—	0.1
合计	1456.7	18.3	100

6）对亚洲和美洲地区投资快速增长，对其他地区的投资则有不同程度的减少

2015年，中国企业对外直接投资流向**亚洲地区**流量1083.7亿美元，同比增长27.5%，占当年对外直接投资流量的74.4%。其中对中国香港的投资897.9亿美元，同比增长26.7%，占对亚洲投资的82.9%；对东盟10国

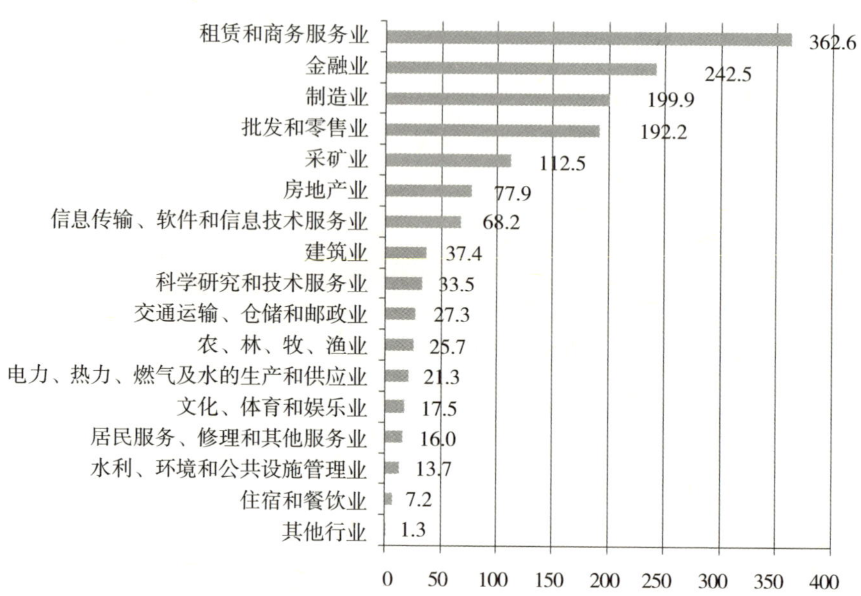

图1–17　2015年中国对外直接投资流量行业分布（单位：亿美元）

的投资146亿美元，同比增长87%，占对亚洲投资的13.5%。

2015年，中国企业对**拉丁美洲**地区的投资126.1亿美元，同比增长19.6%，占当年流量的8.6%；其中流向开曼群岛102.1亿美元、英属维尔京群岛18.5亿美元、委内瑞拉2.9亿美元、厄瓜多尔1.2亿美元等。

2015年，中国企业对**北美洲**地区的投资107.2亿美元，同比增长16.4%；占当年对外直接投资流量的7.4%。其中对百慕大群岛投资11.3亿美元，同比增长59.2%；加拿大15.6万美元，同比增长72.9%；美国80.3亿美元，同比增长5.7%。

2015年，中国企业对外投资流向**欧洲**71.2亿美元，同比下降34.3%，占当年对外直接投资流量的4.9%。主要流向荷兰、俄罗斯、英国、德国、法国等国家。对欧盟投资54.8亿美元，同比下降44%。流向**大洋洲**38.7亿美元，同比下降10.7%，占当年对外直接投资流量的2.7%。主要流向澳大利亚、新西兰、萨摩亚等国家。流向**非洲**29.8亿美元，同比下降7%，占当年对外直接投资流量的2%。主要流向加纳、肯尼亚、南非、坦桑尼亚、刚果（金）、阿尔及利亚、乌干达等国家（见表1-13）。

表1–13　2015年中国对外直接投资流量地区构成情况

经济体	金额（亿美元）	同比（%）	比重（%）
亚洲	1083.7	27.5	74.4
拉丁美洲	126.1	19.6	8.6
北美洲	107.2	16.4	7.4
欧洲	71.2	–34.3	4.9
大洋洲	38.7	–10.7	2.7
非洲	29.8	–7.0	2.0
合计	1456.7	11.5	100

注：来源于联合国贸发会议《2016世界投资报告》。

7）国家地区高度集中，对"一带一路"相关国家投资快速增长

2015年，中国对外直接投资近八成流向中国香港、荷兰、开曼群岛、英属维尔京群岛、百慕大群岛，投资共计1164.4亿美元，占设立的境外企业当年流量总额的79.9%。中国企业在上述国家（地区）设立的境外企业以商务服务业为主，当年对外投资并购项目的六成通过这些境外企业再投资完成。

对中国香港投资897.9亿美元，占当年流量的61.6%，主要流向租赁和商务服务业、批发和零售业、金融业、采矿业、制造业、房地产业、信息传输/软件和信息技术服务业等。

对荷兰投资134.6亿美元，占9.2%，主要流向采矿业、批发和零售业、商务服务业、制造业等。

对开曼群岛投资102.1亿美元，占7%，主要流向商务服务业等。

对英属维尔京群岛投资18.5亿美元，占1.3%，主要流向商务服务业等。

对百慕大群岛投资11.3亿美元，占0.8%，主要流向商务服务业等。

2015年，中国企业对"一带一路"相关国家投资流量189.3亿美元，同比增长38.6%，是对全球投资增幅的2倍，占当年流量总额的13%。流量列前10位的国家有新加坡、俄罗斯、印度尼西亚、阿联酋、印度、土耳其、越南、老挝、马来西亚、柬埔寨等。

8）地方对外投资稳步增长，近八成来自地方企业，上海、北京、广东位列前三

2015年，中国地方企业非金融类对外直接投资流量达936亿美元，同比增长71.0%，占全国非金融类对外直接投资流量的77%，是2015年中国对外直接投资的主要力量。其中，东部地区798.2亿美元，占地方投资流量的85.2%，同比增长78.2%；西部地区74.5亿美元，占8.0%，同比增长14.2%；中部地区63.3亿美元，占6.8%，同比增长84.7%。上海、北京、广东、江苏、山东、浙江、福建、天津、辽宁、安徽列地方对外直接投资流量前10位，合计786. 7亿美元，占地方对外投资流量的84%。上海、北京和广东2015年流量分别突破百亿美元，位列地方对外投资前3位（见表1-14、表1-15）。

表1–14　2015年地方对外直接投资流量按区域分布情况

地区	流量（亿美元）	比重（%）	同比（%）
东部地区	798.2	85.2	78.2
中部地区	63.3	6.8	84.7
西部地区	74.5	8.0	14.2
合计	936	100	71.0

注：1.中部地区包括山西、安徽、江西、河南、湖北、湖南等6省。
2.西部地区包括内蒙古、广西、四川、重庆、贵州、云南、陕西、甘肃、青海、宁夏、新疆、西藏等12省区市。

表1-15　2015年地方对外直接投资流量前10位的省区市

序号	省市区名称	流量（亿美元）	同比（%）
1	上海	231.8	364.4
2	北京	122.8	68.8
3	广东	122.6	12.5
4	江苏	72.5	78.1
5	山东	71.1	81.7
6	浙江	71.1	84.0
7	福建	27.6	162.3
8	天津	25.3	-39.0
9	辽宁	21.2	43.5
10	安徽	20.7	443.9
	合计	786.7	—

（2）2015年年末中国对外直接投资存量特点

1）中国在全球的位置和比重逐步提升

2015年年末，中国对外直接投资存量10978.6亿美元，较2014年年末增加2152.2亿美元，是2002年年末存量的36.7倍，占全球外国直接投资流出存量的份额由2002年的0.4%提升至4.4%，排名由第25位上升至第8位。中国对外直接投资起步较晚，2010年以后进入快速发展期，但存量规模仍远不及发达国家，2015年年末存量仅相当于同期美国的18.3%，德国的60.6%，英国的71.4%（见图1-18、表1-16）。

表1-16　2015年年末全球对外直接投资存量前10位的国家（地区）

位次	国家（地区）	2015年年末存量（亿美元）	中国存量占比（%）
1	美国	59827.9	23.9
2	德国	18124.7	7.2

（续）

位次	国家（地区）	2015年年末存量（亿美元）	中国存量占比（%）
3	英国	15381.3	6.2
4	中国香港	14856.6	5.9
5	法国	13141.6	5.3
6	日本	12265.5	4.9
7	瑞士	11381.8	4.5
8	中国	10978.6	4.4
9	加拿大	10783.3	4.3
10	荷兰	10742.9	4.3
	合计	**177484.2**	**70.9**

注：2015年中国对外直接投资存量来源于中国商务部统计数据，其他国家（地区）统计数据来源于联合国贸发会议《2016世界投资报告》。

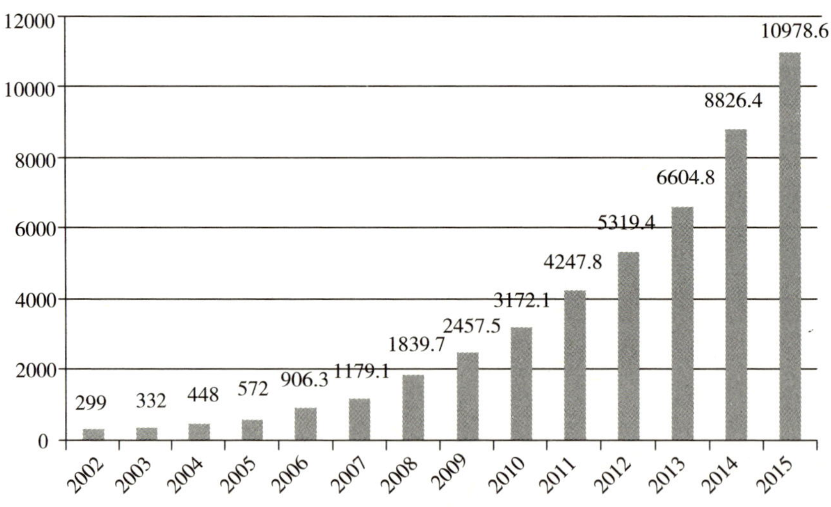

图1-18　2002~2015年中国对外直接投资存量情况（单位：亿美元）

2）国家地区分布上，亚洲地区占七成，八成分布在发展中经济体

2015 年年末，中国对外直接投资存量分布在全球六大洲的188个国家（地区），占全球国家（地区）总数的80.7%，2015年较2014年新增了对冰岛、圣卢西亚和英属安圭拉的投资，撤销了布基纳法索的投资。

2015年年末，中国在**亚洲地区**的投资存量为7689亿美元，占70%，主要分布在中国香港、新加坡、印度尼西亚、中国澳门、哈萨克斯坦、老挝、阿联酋、缅甸、巴基斯坦、印度、蒙古、韩国、柬埔寨、泰国、日本、伊朗等；中国香港占到亚洲存量的85.4%。

在拉丁美洲的投资存量为1263.2亿美元，占11.5%，主要分布在开曼群岛、英属维尔京群岛、委内瑞拉、巴西、阿根廷、厄瓜多尔、秘鲁、特立尼达和多巴哥、哥伦比亚、墨西哥等。其中开曼群岛和英属维尔京群岛累计存量1140.7亿美元，占对拉美地区投资存量的90.3%。

在欧洲的投资存量为836.8亿美元，占7.6%，主要分布在荷兰、英国、俄罗斯、卢森堡、德国、法国、挪威、瑞典、意大利等国家。

在北美洲的投资存量为521.8亿美元，占4.8%，主要分布在美国、加拿大等国家。

在非洲的投资存量为346.9亿美元，占3.2%，主要分布在南非、刚果（金）、阿尔及利亚、尼日利亚、赞比亚、苏丹、津巴布韦、加纳、安哥拉、坦桑尼亚、埃塞俄比亚、肯尼亚、刚果（布）、毛里求斯等国家。

在大洋洲的投资存量为320.9亿美元，占2.9%，主要分布在澳大利亚、巴布亚新几内亚、新西兰、萨摩亚、斐济等国家（见图1-19）。

存量的八成分布在发展中经济体。2015年年末，中国对发展中经济体的投资存量为9208.87亿美元，占83.9%。其中，中国香港6568.55亿美元，占发展中经济体投资存量的71.3%；东盟627.16亿美元，占6.8%。对发达经济体的投资存量为1536.52亿美元，占14%，其中，欧盟644.60亿美元，占对发达经济体投资存量的41.9%；美国408.02亿美元，占26.6%；

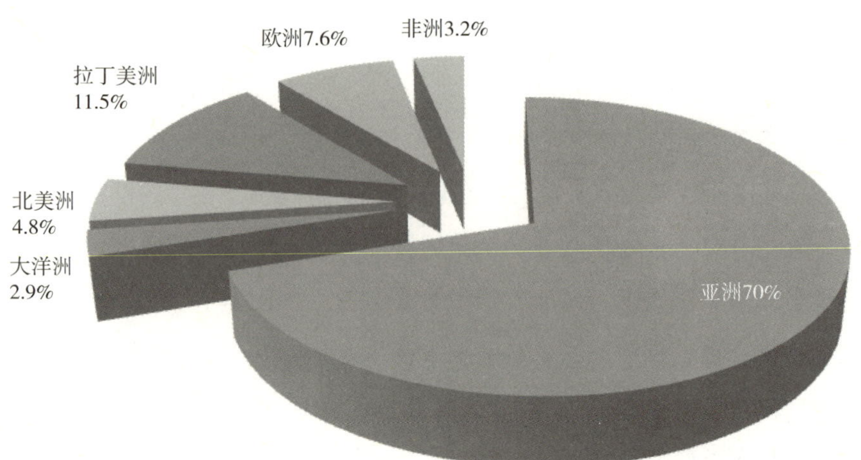

图1-19　2015年中国对外直接投资存量地区分布情况

澳大利亚283.74亿美元，占18.4%；加拿大85.16亿美元，占5.5%；挪威34.71亿美元，占2.3%；日本30.38亿美元，占2%（见表1-17、图1-20）。

表1-17　2015年年末中国在发达国家（地区）直接投资存量情况

国家、经济体名称	存量（亿美元）	比重（%）
欧盟	644.60	41.9
美国	408.02	26.6
澳大利亚	283.74	18.4
加拿大	85.16	5.5
挪威	34.71	2.3
日本	30.38	2.0
百慕大群岛	28.61	1.9
新西兰	12.09	0.8
瑞士	6.04	0.4
以色列	3.17	0.2
合计	1536.52	100.0

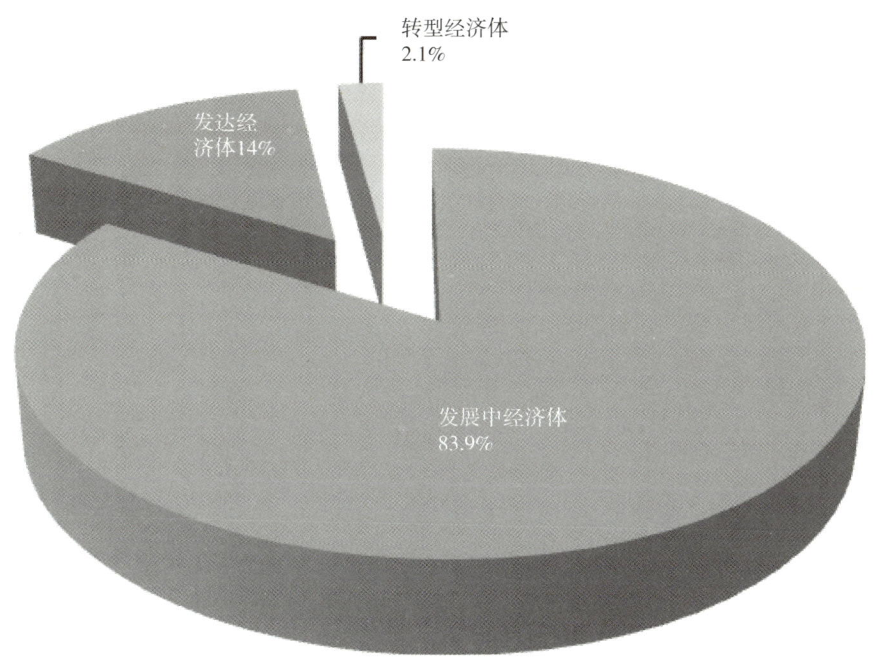

图1–20　2015年年末中国对经济体直接投资存量构成

2015年年末，中国对转型经济体[㊀]的直接投资存量为233.21亿美元，占存量总额的2.1%。其中，俄罗斯140.2亿美元，占对转型经济体投资存量的60.1%；哈萨克斯坦50.95亿美元，占21.8%；吉尔吉斯斯坦10.71亿美元，占4.6%；塔吉克斯坦9.09亿美元，占3.9%；土库曼斯坦1.33亿美元，占0.6%。

2015年年末，中国对外直接投资存量前20位的国家（地区）累计达到9880.59亿美元，占中国对外直接投资存量的89.8%。它们是，中国香港、开曼群岛、英属维尔京群岛、美国、新加坡、澳大利亚、荷兰、英国、俄罗斯、加拿大、印度尼西亚、卢森堡、德国、中国澳门、法国、

㊀ 转型经济体包括东南欧、独联体和格鲁吉亚。东南欧包括阿尔巴尼亚、波斯尼亚和黑塞哥维那、塞尔维亚、黑山、马其顿；独联体包括亚美尼亚、阿塞拜疆、白俄罗斯、吉尔吉斯斯坦、摩尔多瓦、俄罗斯联邦、乌克兰、塔吉克斯坦、哈萨克斯坦、土库曼斯坦、乌兹别克斯坦。

哈萨克斯坦、老挝、南非、阿联酋、缅甸等（见表1-18）。

表1-18　2015年年末中国对外直接投资存量前20位的国家（地区）

序号	国家（地区）	存量（亿美元）	比重（%）
1	中国香港	6568.55	59.8
2	开曼群岛	624.04	5.7
3	英属维尔京群岛	516.72	4.7
4	美国	408.02	3.7
5	新加坡	319.85	2.9
6	澳大利亚	283.74	2.6
7	荷兰	200.67	1.8
8	英国	166.32	1.5
9	俄罗斯联邦	140.20	1.3
10	加拿大	85.16	0.8
11	印度尼西亚	81.25	0.7
12	卢森堡	77.40	0.7
13	德国	58.82	0.5
14	中国澳门	57.39	0.5
15	法国	57.24	0.5
16	哈萨克斯坦	50.95	0.5
17	老挝	48.42	0.4
18	南非	47.23	0.4
19	阿联酋	46.03	0.4
20	缅甸	42.59	0.4
	合计	9880.59	89.8

2015年年末，中国对“一带一路”相关国家的直接投资存量为1156.8亿美元，占中国对外直接投资存量的10.5%。存量位列前10的国家有新加坡、俄罗斯、印度尼西亚、哈萨克斯坦、老挝、阿联酋、缅甸、巴基斯坦、印度和柬埔寨等。

3）涉及国民经济各行业，五大行业集中度超八成

2015年年末，中国对外直接投资覆盖了国民经济所有行业类别。存量规模上千亿美元的行业有4个，其中租赁和商务服务业以4095.7亿美元高居榜首，占中国对外直接投资存量的37.3%。其次为金融业1596.6亿美元，占14.5%；第三为采矿业1423.8亿美元，占13%；批发和零售业1219.4亿美元位列第四，占11.1%。以上四大行业累计存量为8335.5亿美元，占中国对外直接投资存量的75.9%。其他主要行业分布情况如下：

制造业785.3亿美元为第五大行业，占7.2%，主要分布在汽车制造业、计算机/通信及其他电子设备制造业、专业设备制造业、化学原料及化学制品制造业、医药制造业、橡胶和塑料制品业、纺织制造业、电器机械和器材制造业、黑色金属冶炼及压延加工业、有色金属冶炼及压延加工业、食品制造业、纺织服装/装饰业、通用设备制造业、金属制品业等。其中装备制造业存量313.8亿美元，占制造业投资存量的40%。

交通运输、仓储和邮政业 399.1亿美元，占3.6%，主要分布在水上运输业、装卸搬运及其他运输代理业、航空运输业、管道运输业等。

房地产业 334.9亿美元，占3.1%。

建筑业 271.2亿美元，占2.5%，主要是房屋建筑业、建筑装饰和其他建筑业、建筑安装业的投资。

信息传输、软件和信息技术服务业 209.3亿美元，占1.9%，主要为软件和信息技术服务业等。

电力、热力、燃气及水的生产和供应业 156.6亿美元，占1.4%，主要为电力/热力生产和供应业的投资。

科学研究和技术服务业 144.3亿美元，占1.3%，主要为专业技术服务业、研究实验和发展的投资。

居民服务、修理和其他服务业 142.8亿美元，占1.3%，主要是其他服务业以及居民服务业的投资。

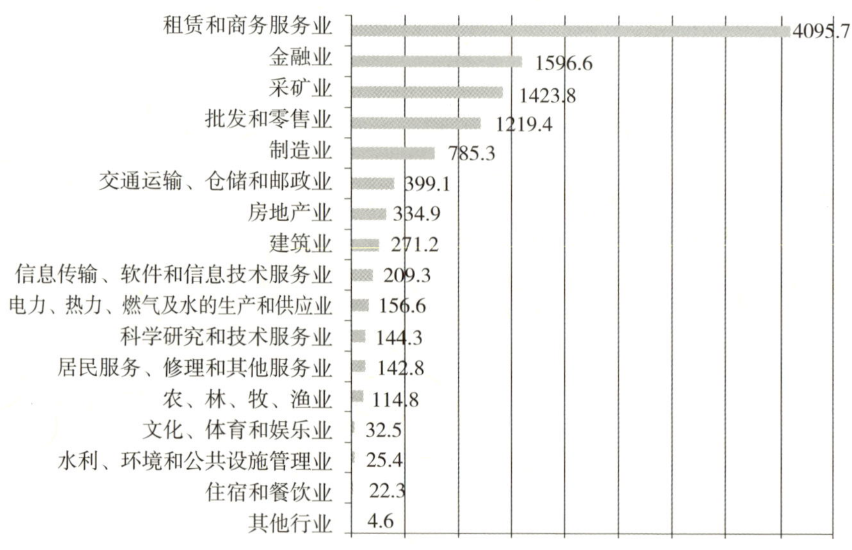

图1-21　2015年年末中国对外直接投资存量行业分布（单位：亿美元）

农、林、牧、渔业 114.8亿美元，占1.0%，其中农业占27%，林业占

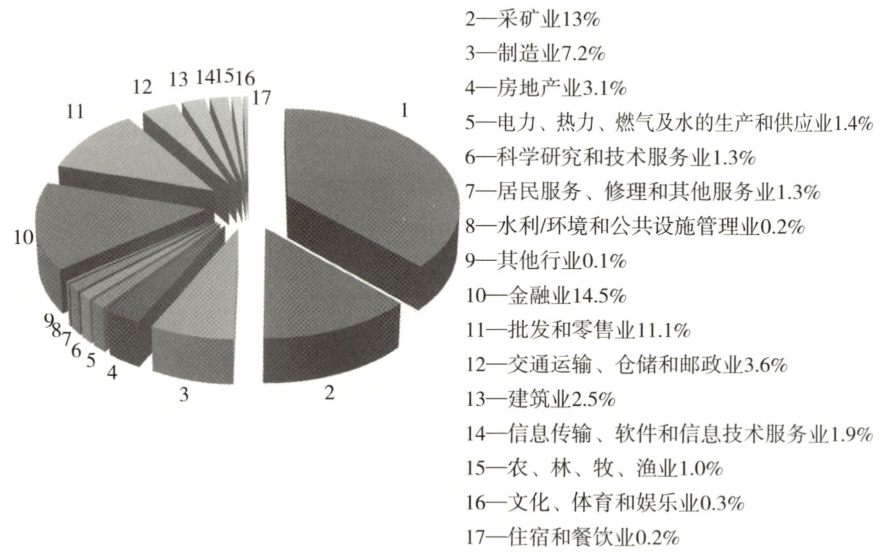

图1-22　2015年年末中国对外直接投资存量行业比重

21.9%，渔业占9.9%。

文化、体育和娱乐业 32.5亿美元，占0.3%。

水利、环境和公共设施管理业 25.4亿美元，占0.2%。

住宿和餐饮业 22.3亿美元，占0.2%。

其他行业 4.6亿美元，占0.1%（见图1-21、图1-22）。

从存量行业的地区分布情况看，中国对各地区直接投资的行业高度集中（见表1-19）。

表1-19　2015年年末中国对各洲直接投资存量前5位的行业

地区	行业名称	存量（亿美元）	比重（%）
亚洲	租赁和商务服务业	3313.1	43.1
	金融业	1030.9	13.4
	批发和零售业	1004.3	13.1
	采矿业	714.6	9.3
	制造业	407.1	5.3
	小计	6470.0	84.2
非洲	采矿业	95.4	27.5
	建筑业	95.1	27.4
	制造业	46.3	13.3
	金融业	34.2	9.9
	科学研究和技术服务业	14.6	4.2
	小计	285.6	82.3
欧洲	采矿业	241.8	28.9
	制造业	160.8	19.2
	金融业	153.4	18.3
	租赁和商务服务业	80.0	9.6
	批发和零售业	58.6	7.0
	小计	694.6	83.0
拉丁美洲	租赁和商务服务业	602.5	47.7
	金融业	230.7	18.3
	采矿业	121.5	9.6
	批发和零售业	96.2	7.6
	交通运输、仓储和邮政业	45.5	3.6
	小计	1096.4	86.8

（续）

地区	行业名称	存量（亿美元）	比重（%）
北美洲	制造业	121.9	23.4
	金融业	121.7	23.3
	租赁和商务服务业	65.7	12.6
	采矿业	64.8	12.4
	房地产业	37.6	7.2
	小计	411.7	78.9
大洋洲	采矿业	185.7	57.9
	房地产业	29.9	9.3
	金融业	25.6	8.0
	租赁和商务服务业	23.4	7.3
	制造业	13.3	4.1
	小计	277.9	86.6

2015年年末，中国对外直接投资存量的75.2%分布在第三产业（即服务业），金额为8261.9亿美元，主要分布在商务服务、金融、批发和零售、交通运输/仓储、房地产等领域。第二产业2630.5亿美元，占中国对外直接投资存量的24%，其中采矿业（不含开采辅助活动）1418.4亿美元，占第二产业的53.9%，制造业（不含金属制品、机械和设备维修业）784.3亿美元，占29.8%，建筑业271.2亿美元，占10.3%；电力、热力、燃气及水的生产和供应业156.6亿美元，占6%。第一产业（农、林、牧、渔业，但不含农、林、牧、渔服务业）86.2亿美元，占中国对外直接投资存量的0.8%。

4）国有企业占半壁江山，非国有企业占比不断扩大至五成

2015年年末，按工商管理注册类型分类，在企业对外非金融类直接投资9382亿美元存量中，国有企业占50.4%；非国有企业占比49.6%，较上年增加3.2个百分点，其中有限责任公司占32.2%；股份有限公司占8.7%；私营企业占2.1%；股份合作企业占1.7%；外商投资企业占1.5%；港澳台商投资企业占0.4%；集体企业占0.3%；其他占2.7%（见图1-23、图1-24）。

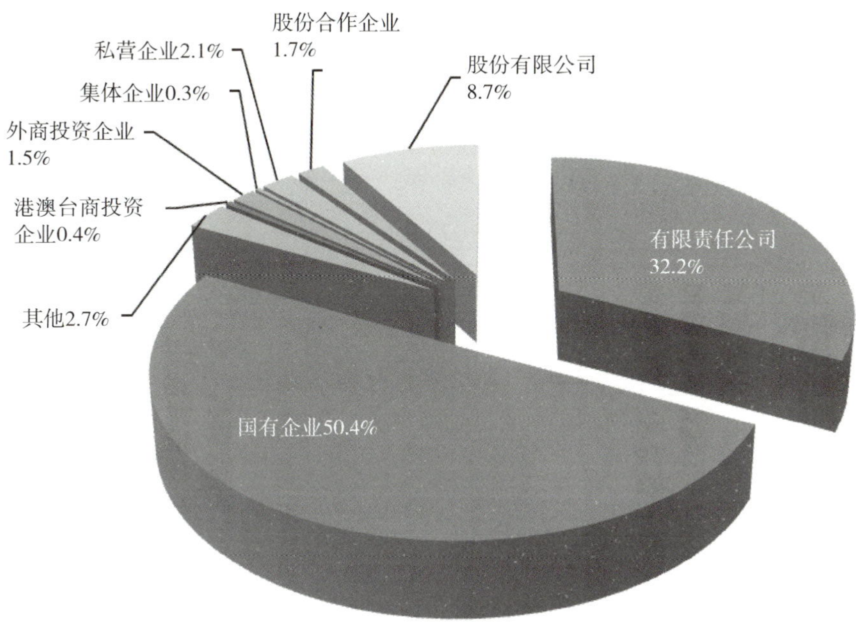

图1-23　2015年年末中国对外非金融类直接投资存量

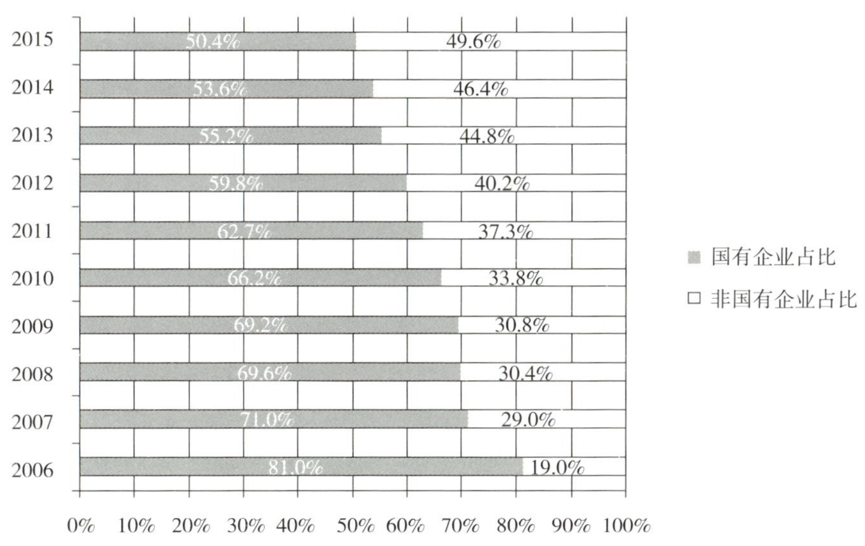

图1-24　2006~2015年中国国有企业和非国有企业存量占比情况

5）地方比重逐步增加，其中东部地区占八成

地方企业比重逐年增加。2015年年末，地方企业非金融类对外直接投资存量达到3444.8亿美元，占全国非金融类存量的36.7%，较2014年增加5.1个百分点。其中，东部地区2865.4亿美元，占83.2%；西部地区320.1亿美元，占9.3%；中部地区259.3亿美元，占7.5%。广东是中国对外直接投资存量最大的省份，其次为上海，顺序排名依次为北京、山东、江苏、浙江、辽宁、天津、福建 、湖南（见图1-25、表1-20）。

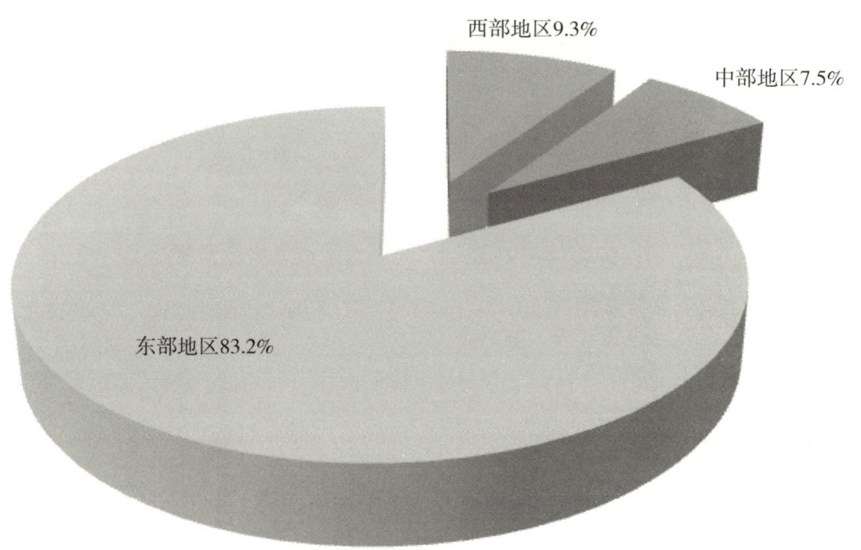

图1–25　2015年年末地方企业对外直接投资存量地区比重构成

表1–20　2015年年末对外直接投资存量前10位的省市

序号	省市区名称	存量（亿美元）
1	广东	686.5
2	上海	583.6
3	北京	388.0
4	山东	273.1
5	江苏	266.1

（续）

序号	省市区名称	存量（亿美元）
6	浙江	223.6
7	辽宁	113.2
8	天津	109.4
9	福建	82.0
10	湖南	81.0
	合计（占地方存量80.3%）	**2766.5**

3.中国对世界主要经济体的直接投资

（1）概况

2015年，中国对世界主要经济体[㊀]的投资流量合计金额为1242.65亿美元，同比增长23.3%，占流量总额的85.3%。中国对世界主要经济体的投资存量合计金额为8672.27亿美元，占存量总额的79.0%（见表1-21）。

表1-21　2015年中国对世界主要经济体投资情况

经济体名称	流量			存量	
	金额（亿美元）	同比（%）	比重（%）	金额（亿美元）	比重（%）
中国香港	897.90	26.7	61.7	6568.55	59.8
欧盟	54.80	-44.0	3.8	644.60	5.9
东盟	146.04	87.0	10.0	627.16	5.7
美国	80.29	5.7	5.5	408.02	3.7
澳大利亚	34.01	-16.0	2.3	283.74	2.6
俄罗斯联邦	29.61	367.3	2.0	140.20	1.3
合计	**1242.65**	**23.3**	**85.3**	**8672.27**	**79.0**

㊀ 本节所报告的世界主要经济体包括中国香港、欧盟、东盟、美国、澳大利亚、俄罗斯联邦。

（2）对中国香港的投资

2015年，中国内地对香港地区的投资流量为8978978万美元，占流量总额的61.6%，同比增长26.7%，是中国对外直接投资流量最大的地区。中国企业共实施对香港地区企业的并购126起，涉及金额44.8亿美元；同时，中国对外直接投资主要并购项目大多通过香港地区再投资完成，如中国化工橡胶有限公司52.9亿美元收购意大利倍耐力集团公司近60%股份、上海复兴国际集团25.2亿美元收购美国Ironshore保险公司100%股份、中石化集团13.4亿美元收购俄罗斯西布尔控股有限公司20%股份、中国交通建设股份有限公司10亿美元全资收购澳大利亚John Holland Group PtyLtd等项目均是通过再投资完成。从行业构成情况看，流向租赁和商务服务业（以投资控股为主要目的）3570424万美元，同比增长49.1%，占39.8%；金融业1644792万美元，同比增长69.5%，占18.3%；批发和零售业1431795万美元，同比增长4.7%，占15.9%；制造业578225万美元，同比增长84.3%，占6.4%；房地产业549108万美元，同比增长86%，占6.1%；信息传输、软件和信息技术服务业275049美元，同比下降0.5%，占3.1%；采矿业205700万美元，同比下降75.3%，占2.3%。

2015年年末，中国内地共在香港地区设立直接投资企业9300多家，年末投资存量6568.55亿美元，占存量总额的59.8%。从主要行业构成看，租赁和商务服务业31350413万美元，占47.7%；批发和零售业9015513万美元，占13.7%；金融业8986111万美元，占13.7%；采矿业5153939万美元，占7.8%；交通运输、仓储和邮政业2906934万美元，占4.4%；制造业2503334万美元，占3.8%；房地产业2037800万美元，占3.1%；居民服务、修理和其他服务业1214145万美元，占1.9%；信息传输、软件和信息技术服务业1159570万美元，占1.8%；建筑业及电力、热力、燃气和水的生产和供应业各占0.5%；科学研究和技术服务业占0.4%，其他行业占0.7%（见表1-22）。

表1-22　2015年中国内地对中国香港直接投资的主要行业

行业	流量（万美元）	比重（%）	存量（万美元）	比重（%）
租赁和商务服务业	3570424	39.8	31350413	47.7
批发和零售业	1431795	15.9	9015513	13.7
金融业	1644792	18.3	8986111	13.7
采矿业	205700	2.3	5153939	7.8
交通运输、仓储和邮政业	158764	1.8	2906934	4.4
制造业	578225	6.4	2503334	3.8
房地产业	549108	6.1	2037800	3.1
居民服务、修理和其他服务业	129913	1.4	1214145	1.9
信息传输、软件和信息技术服务业	275049	3.1	1159570	1.8
建筑业	83400	0.9	339174	0.5
电力、热力、燃气及水的生产和供应业	87184	1.0	327620	0.5
科学研究和技术服务业	64036	0.7	261311	0.4
文化、体育和娱乐业	77857	0.9	147048	0.2
农、林、牧、渔业	62947	0.7	144489	0.2
水利、环境和公共设施管理业	51772	0.6	94706	0.2
其他行业	8012	0.1	43417	0.1
合计	8978978	100	50991983	100

（3）对欧盟的投资

2015年，中国对欧盟投资较2014年回落幅度较大，流量金额为54.8亿美元，同比下降44%，占流量总额的3.8%，较2014年下跌4.1个百分点，占对欧洲流量的77%。

从流向主要国家看，荷兰位居首位，流量达134.63亿美元，是2014

年的13倍（主要是中国企业在卢森堡投资撤销并转至荷兰），占对欧盟投资流量的245.7%；其次为英国18.48亿美元，同比增长23.3%，占33.7%；德国位列第三，4.1亿美元，同比下降71.5%，占7.5%。中国对瑞典、奥地利、保加利亚、芬兰、西班牙、罗马尼亚的投资实现了较快增长。

从行业分布看，中国境外企业主要涉及流向租赁和商务服务业的投资在欧盟内的撤并调整，对其他主要领域投资有较快增长。流向制造业302323万美元，同比增长246.3%，占对欧盟投资的55.2%，主要分布在荷兰、英国、瑞典、奥地利等；金融业215546万美元，同比增长154.1%，占39.3%，主要分布在荷兰、法国、英国、卢森堡等；科学研究和技术服务业58666万美元，同比增长141.6%，占10.7%，主要在英国；农、林、牧、渔业41062万美元，同比增长144.6%，占7.5%，主要分布在德国、保加利亚、西班牙等；住宿和餐饮业36930万美元，占6.7%，是2014年的12.7倍，主要在法国等。

截至2015年年末，中国对欧盟的投资存量为6446013万美元，占存量总额的5.9%，占对欧洲投资存量的76%。存量在30亿美元以上的国家有六个，分别为荷兰、英国、卢森堡、德国、法国、瑞典。从行业分布看，**采矿业**1538238万美元，占23.9%，主要分布在荷兰、法国、卢森堡、比利时等；**金融业**1502123万美元，占23.3%，主要分布在英国、卢森堡、德国、荷兰、法国、意大利等；**制造业**1271609万美元，占19.7%，主要分布在瑞典、英国、德国、荷兰、法国、意大利、匈牙利、卢森堡、罗马尼亚、波兰、西班牙等；**租赁和商务服务业**630954万美元，占9.8%，主要分布在荷兰、英国、卢森堡、德国、爱尔兰等；**批发和零售业**525467万美元，占8.2%，主要分布在荷兰、英国、德国、卢森堡、瑞典、意大利、西班牙、希腊等；**房地产业**298451万美元，占4.6%，主要在英国；**科学研究和技术服务业**154405万美元，占2.4%，主要分布在英国、匈牙利、德国、捷克、瑞典等；**交通运输、仓储和邮政业**117358万美元，占

1.8%；**建筑业**占1.5%；农/林/牧/渔业占1.3%（见表1-23）。

2015年年末，中国共在欧盟设立直接投资企业数2300家，已覆盖欧盟的全部28个成员国，雇用外方员工9万人。

表1-23　2015年中国对欧盟直接投资的主要行业

行业	流量（万美元）	比重（%）	存量（万美元）	比重（%）
采矿业	1014292	185.1	1538238	23.9
金融业	215546	39.3	1502123	23.3
制造业	302323	55.2	1271609	19.7
租赁和商务服务业	-1161029	-211.9	630954	9.8
批发和零售业	21026	3.8	525467	8.2
房地产业	5684	1.0	298451	4.6
科学研究和技术服务业	58666	10.7	154405	2.4
交通运输、仓储和邮政业	2886	0.5	117358	1.8
建筑业	2411	0.4	98999	1.5
农、林、牧、渔业	41062	7.5	82672	1.3
电力、热力、燃气及水的生产和供应业	3171	0.6	78751	1.2
住宿和餐饮业	36930	6.8	75115	1.2
居民服务、修理和其他服务业	1976	0.4	28426	0.4
信息传输、软件和信息技术服务业	1029	0.2	25883	0.4
教育	438	0.1	10134	0.2
文化、体育和娱乐业	1495	0.3	7012	0.1
其他	70	0.0	416	0.0
合计	547976	100	6446013	100

（4）对东盟的投资

2015年，中国对东盟十国直接投资快速增长，投资流量首次突破百亿美元达到1460431万美元，同比增长87.0%，创历史最高值，占流量总额的10.0%，对亚洲投资流量的13.5%；存量为6271596万美元，占存量总额的5.7%，亚洲地区投资存量的8.2%。2015年年末，中国共在东盟设立直接投资企业3600多家，雇用外方员工31.5万人。

2015年，中国对东盟投资主要流向：**租赁和商务服务业**667384万美元，同比增长438.6%，占45.7%，主要分布在新加坡、越南、马来西亚、印度尼西亚等；**制造业**263944万美元，占18.1%，主要分布在印度尼西亚、泰国、新加坡等；**批发和零售业**174324万美元，占11.9%，主要分布在新加坡、泰国、柬埔寨、马来西亚等；**金融业**91178万美元，占6.2%，主要分布在新加坡、缅甸、柬埔寨、越南等；**水利、环境和公共设施管理业**77804万美元，占5.3%，主要在新加坡；**建筑业**57327万美元，占3.9%，主要分布在新加坡、柬埔寨、印度尼西亚等；**农、林、牧、渔业**50432万美元，占3.5%，主要分布在柬埔寨、老挝、印度尼西亚等；**电力、热力、燃气及水的生产和供应业**31080万美元，占2.1%，主要分布在印度尼西亚、缅甸等。

2015年年末，中国对东盟投资存量6271596万美元，从行业分布情况看，**租赁和商务服务业**1608852万美元，占25.7%，主要分布在新加坡、印度尼西亚、老挝、越南、菲律宾等；**制造业**935871万美元，占14.9%，是中国对东盟投资涉及国家最广泛的行业，其中投资额上亿美元的国家有：印度尼西亚（18.18亿美元）、越南（17.08亿美元）、泰国（15.1亿美元）、新加坡（13.52亿美元）、老挝（9亿美元）、马来西亚（8.99亿美元）、柬埔寨（7.9亿美元）、缅甸（2.53亿美元）、菲律宾（1.18亿美元）；**电力、热力、燃气及水的生产供应业**786570万美元，占12.5%，主要分布在新加坡、缅甸、老挝、印度尼西亚、柬埔寨等；**批发和零售业**753721万美元，占12.0%，主要分布在新加坡、印度尼西亚、越南、泰国、菲律宾、马来西亚等；**采矿业**624743万美元，占10.0%，主要分布在印度尼西亚、缅甸、新加坡、老挝、越南、柬埔寨、泰国等；**金融业**435619万美元，占6.9%，主要分布在新加坡、泰国、印度尼西亚、马来西亚、越南等；**建筑业**386174万美元，占6.2%，主要分布在新加坡、柬埔寨、老挝、马来西亚、越南、印度尼西亚、泰国等；**农、林、牧、渔业**231428万美元，占3.7%，主要分布在老挝、柬埔寨、印度尼西亚、新加坡、缅甸、泰国、越南等；**交通运输、仓储和邮政业**178260万美元，占2.8%，主要分布在新加坡、泰国等；房地产业占1.9%，主要在新加坡、老挝等；**水利、环境和公共设施管理业**占1.3%；**科学研究和技术服务业**占1.2%；**信息传输、软件和信息服务业**占0.4%；**居民服务和其他服务业**占0.3%；**住宿和餐饮业**占0.2%（见表1-24）。

表1–24　2015年中国对东盟直接投资的主要行业

行业	流量（万美元）	比重（%）	存量（万美元）	比重（%）
租赁和商务服务业	667384	45.7	1608852	25.7
制造业	263944	18.1	935871	14.9
电力、热力、燃气及水的生产和供应业	31080	2.1	786570	12.5
批发和零售业	174324	11.9	753721	12.0
采矿业	3895	0.3	624743	10.0
金融业	91178	6.2	435619	6.9
建筑业	57327	3.9	386174	6.2
农、林、牧、渔业	50432	3.5	231428	3.7
交通运输、仓储和邮政业	6092	0.4	178260	2.8
房地产业	17583	1.2	116163	1.9
水利、环境和公共设施管理业	77804	5.3	81128	1.3
科学研究和技术服务业	8479	0.6	74361	1.2
信息传输、软件和信息技术服务业	6347	0.4	24607	0.4
居民服务、修理和其他服务业	3922	0.3	18259	0.3
住宿和餐饮业	1319	0.1	9995	0.2
文化、体育和娱乐业	1765	0.1	4678	0.1
教育	–2444	–0.2	1079	—
其他行业	—	—	88	—
合计	1460431	100	6271596	100

（5）对美国的投资

2015年，中国对美投资流量为802867万美元，较2014年增长5.7%，创中国对美国直接投资历史新高，占流量总额的5.5%。2015年年末，对美投资存量为4080195万美元，占中国对外直接投资存量的3.7%，境外企业雇用美国当地员工8万多人。

2015年，中国对美投资领域广泛，其中流量在10亿美元以上的行业有3个，对美制造业投资以400845万美元位列首位，同比增长122.2%，占对美投资流量的49.9%；其次为租赁和商务服务业233931万美元，同比增长293.9%，占27.9%；科学研究和技术服务业122763万美元位列第三，同比增长447%，占15.3%；以后排列顺序依次为批发和零售业89439万美元，占11.1%；建筑业40002万美元，占5.0%；文化、体育和娱乐业37514万美元，占4.7%；信息传输、软件和信息技术服务业31031万美元，占3.9%；房地产业18352万美元，占2.3%。

2015年年末，中国对美国的投资存量为4080195万美元，从存量行业分布情况看，制造业以1071882万美元高居榜首，占对美国投资存量的26.3%，主要分布在汽车制造业、黑色金属冶炼和压延加工业、医药制造业、专业设备制造业、通用设备制造业、铁路/船舶/航空航天和其他运输设备制造业、非金属矿物制品业、橡胶和塑料制品业、金属制品业等；金融业1031535万美元，占对美投资存量的25.3%；租赁和商务服务业371605万美元，占9.1%；批发和零售业341005万美元，占8.4%；房地产业340602万美元，占8.3%；采矿业290206万美元，占7.1%；科学研究和技术服务占4.5%；建筑业占2.3%；交通运输、仓储和邮政业占1.6%（见表1-25）。

表1-25　2015年中国对美国直接投资的主要行业

行业	流量（万美元）	比重(%)	存量（万美元）	比重（%）
制造业	400845	49.9	1071882	26.3
金融业	-44700	-5.6	1031535	25.3
租赁和商务服务业	233931	27.9	371605	9.1
批发和零售业	89439	11.1	341005	8.4
房地产业	18352	2.3	340602	8.3
采矿业	-155614	-19.4	290206	7.1
科学研究和技术服务业	122763	15.3	182094	4.5
建筑业	40002	5.0	95747	2.3
交通运输、仓储和邮政业	1874	0.2	67201	1.6
信息传输、软件和信息技术服务业	31031	3.9	54596	1.3
文化、体育和娱乐业	37514	4.7	53253	1.3
水利、环境和公共设施管理业	6372	0.8	40614	1.0
电力、热力、燃气及水的生产和供应业	3063	0.4	39630	1.0
居民服务、修理和其他服务业	6891	0.9	36491	0.9
住宿和餐饮业	7999	1.0	31505	0.8
农、林、牧、渔业	8651	1.1	22122	0.5
教育	4341	0.5	7609	0.2
其他行业	113	—	2498	0.1
合计	802867	100	4080195	100

（6）对澳大利亚的投资

2015年，中国对澳大利亚直接投资放缓，直接投资流量340131万美元，同比下降16%，占流量总额的2.3%。受大宗商品价格持续走低的影响，流向澳大利亚矿业投资大幅减少（同比下降85.8%），造成中国对澳大利亚投资流量下降近两成，但对澳大利亚其他领域的投资则呈快速增长的态势。流向房地产业94214万美元，同比增长166.1%，占对澳投资流量的27.7%；租赁和商务服务业45781万美元，同比增长129%，占13.5%；金融业40124万美元，同比增长557%，占11.8%；交通运输、仓储和邮政业35314万美元（2014年仅427万美元），占10.4%；制造业30643万美元，同比增长246.8%，占9.0%；农、林、牧、渔业18467万美元，同比增长146.9%，占5.4%。

2015年年末，中国对澳大利亚投资存量为2837385万美元，占中国对外直接投资存量的2.6%，对大洋洲地区投资存量的88.4%；共在澳大利亚设立近800家境外企业，雇用当地员工近万人。存量主要行业分布：采矿业1682435万美元，占59.3%；房地产业282773万美元，占10.0%；金融业245100万美元，占8.6%；租赁和商务服务业216457万美元，占7.6%；制造业113655万美元，占4.0%；批发和零售业79527万美元，占2.8%；农、林、牧、渔业55261万美元，占1.9%（见表1-26）。

表1-26　2015年中国对澳大利亚直接投资的主要行业

行业	流量（万美元）	比重（%）	存量（万美元）	比重（%）
采矿业	43730	12.9	1682435	59.3
房地产业	94214	27.7	282773	10.0
金融业	40124	11.8	245100	8.6
租赁和商务服务业	45781	13.5	216457	7.6
制造业	30643	9.0	113655	4.0
批发和零售业	14418	4.2	79527	2.8
农、林、牧、渔业	18467	5.4	55261	1.9
交通运输、仓储和邮政业	35314	10.4	42994	1.5
水利、环境和公共设施管理业	—	—	33534	1.2
建筑业	9854	2.9	24151	0.9
电力、热力、燃气及水的生产和供应业	—	—	19767	0.7
居民服务、修理和其他服务业	173	0.1	16548	0.6
科学研究和技术服务业	2797	0.8	12848	0.5

（续）

行业	流量（万美元）	比重（%）	存量（万美元）	比重（%）
住宿和餐饮业	3549	1.0	7523	0.3
其他行业	1068	0.3	4811	0.1
合计	340131	100	2837385	100

（7）对俄罗斯的投资

2015年，中国对俄罗斯直接投资快速增长，流量296086万美元，同比增长367.3%，占中国对外直接投资流量总额的2%，对欧洲地区投资流量的41.6%。从行业分布情况看，投资主要集中在采矿业(47.6%)、金融业(25.9%)、农、林、牧、渔业(11.7%)、制造业（9.3%）、居民服务、维修和其他服务业（1.6%）、租赁和商务服务业（1.3%）、科学研究和技术服务业（0.8%）等。

2015年年末，中国对俄罗斯的投资存量为1401963万美元，占中国对外直接投资存量的1.3%，对欧洲地区投资存量的16.8%，在俄罗斯共设立境外企业超过千家，雇用外方员工4.1万人。从存量的主要行业分布情况看，采矿业558759万美元，占39.9%；制造业311260万美元，占22.2%；农、林、牧、渔业246294万美元，占17.6%；租赁和商务服务业131526万美元，占9.4%；批发和零售业42327万美元，占3.0%；房地产业37141万美元，占2.6%；建筑业31301万美元，占2.2%；金融业23104万美元，占1.6%（见表1-27）。

表1-27　2015年中国对俄罗斯直接投资的主要行业

行业	流量（万美元）	比重（%）	存量（万美元）	比重（%）
采矿业	141046	47.6	558759	39.9
制造业	27625	9.3	311260	22.2
农、林、牧、渔业	34683	11.7	246294	17.6
租赁和商务服务业	3994	1.3	131526	9.4

（续）

行业	流量（万美元）	比重（%）	存量（万美元）	比重（%）
批发和零售业	1602	0.5	42327	3.0
房地产业	1155	0.4	37141	2.6
建筑业	1896	0.6	31301	2.2
金融业	76784	25.9	23104	1.6
居民服务、修理和其他服务业	4632	1.6	10783	0.8
科学研究和技术服务业	2499	0.8	3652	0.3
交通运输、仓储和邮政业	—	—	2560	0.2
信息传输、软件和信息技术服务业	3	—	1808	0.1
其他行业	167	0.3	1448	0.1
合计	296086	100	1401963	100

4.中国对外直接投资者的构成

2015年年末，中国对外直接投资者达到20207家，从境内投资者在中国工商行政管理部门登记注册情况看，有限责任公司占67.4%，是中国对

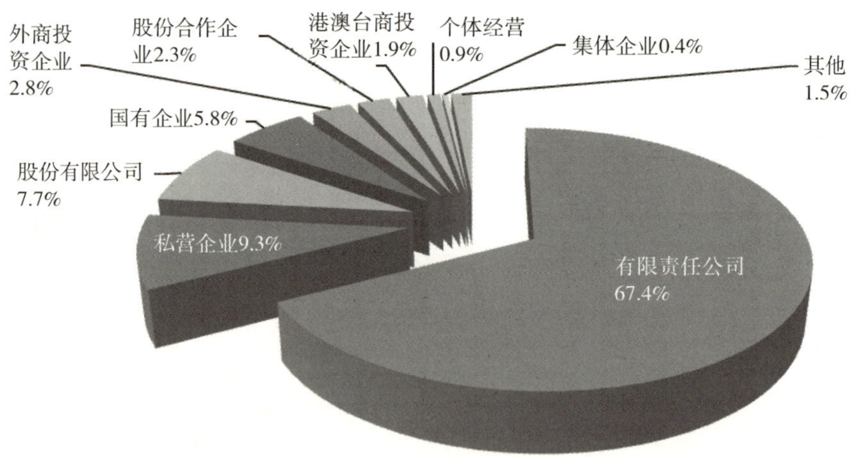

图1-26　2015年年末境内投资者按登记注册类型构成

外投资占比最大、最为活跃的群体；私营企业占9.3%，位列次席；股份有限公司占7.7%；国有企业占5.8%，较2014年下降0.9个百分点；外商投资企业占2.8%；股份合作企业占2.3%；港澳台商投资企业占1.9%，个体经营占0.9%；集体企业占0.4%，其他占1.5%（见图1-26、表1-28）。

表1-28　2015年年末境内投资者按等级注册类型分类情况

工商登记注册类型	数量（家）	比重（%）
有限责任公司	13612	67.4
私营企业	1879	9.3
股份有限公司	1559	7.7
国有企业	1165	5.8
外商投资企业	562	2.8
股份合作企业	458	2.3
港澳台商投资企业	385	1.9
个体经营	186	0.9
集体企业	88	0.4
其他	312	1.5
合计	20207	100

在对外非金融类直接投资者中，中央企业及单位517家，仅占2.6%，各省区市的企业投资者占97.4%。境内投资者数量前10位的省区市依次为广东、浙江、江苏、上海、北京、山东、辽宁、福建、湖南、黑龙江，共占到境内投资者总数的77.7%。广东境内投资者数量最多，超过4300家，占21.6%；其次为浙江，占12.4%；江苏位列第三，占9.8%。近七成的私营企业投资者来自浙江、江苏、广东、上海、山东等五省市。

从境内投资者的行业分布看，批发和零售业、制造业共计1.31万家，占到境内投资者总数的65%，其中，批发和零售业位列首位，占境内投资者的34.4%；其次为制造业，占30.6%，主要分布在计算机/通信和其他电子设备制造业、纺织服装/装饰业、纺织业、专用设备制造业、电气机械及器材制造业、金属制品业、医药制造业、化学原料及化学制品制造业、通信设备制造业、汽车制造业、橡胶和塑料制品业等。另外，租赁和商务服务业占8.0%；农、林、牧、渔业占3.8%；住宿和餐饮业占3.3%；信息传输、软件和信息技术服务业占3.1%；建筑业占3.0%（见图1-27、表1-29）。

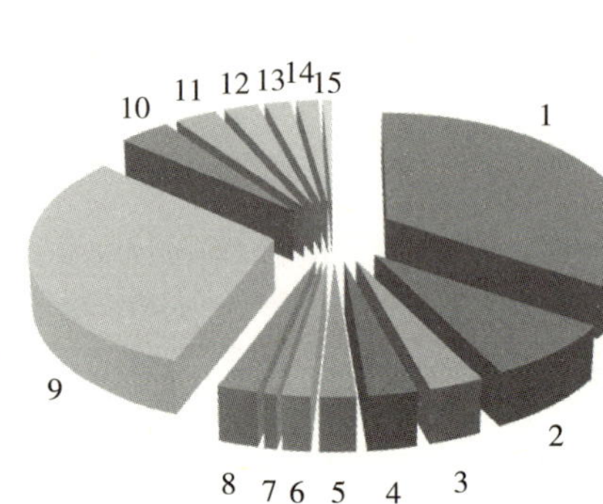

1—批发和零售业34.4%
2—租赁和商务服务业8.0%
3—住宿和餐饮业3.3%
4—建筑业3%
5—科学研究和技术服务业2.2%
6—交通运输、仓储和邮政业1.7%
7—文化、体育和娱乐业0.8%
8—其他2.4%
9—制造业30.6%
10—农、林、牧、渔业3.8%
11—信息传输、软件和信息技术服务业3.1%
12—采矿业2.5%
13—房地产业1.9%
14—居民服务和其他服务业1.6%
15—电力、热力、燃气及水的生产和供应业0.7%

图1-27　2015年年末境内投资者行业构成情况

表1-29　2015年年末中国境内投资者行业构成情况

行业	数量(家)	比重（%）
批发和零售业	6956	34.4
制造业	6186	30.6
租赁和商务服务业	1616	8.0
农、林、牧、渔业	764	3.8
住宿和餐饮业	658	3.3
信息传输、软件和信息技术服务业	627	3.1

（续）

行业	数量(家)	比重（%）
建筑业	609	3.0
采矿业	505	2.5
科学研究和技术服务业	442	2.2
房地产业	387	1.9
交通运输、仓储和邮政业	348	1.7
居民服务、修理和其他服务业	333	1.6
文化、体育和娱乐业	168	0.8
电力、热力、燃气及水的生产和供应业	148	0.7
其他	460	2.4
合计	20207	100

5.中国对外直接投资企业的地区和行业分布

（1）对外直接投资遍布全球近80%的国家（地区）

2015年年底，中国境内投资者共在全球188个国家（地区）设立对外直接投资企业（简称境外企业）3.08万家，较2014年年末增加近1100家，遍布全球近80%的国家（地区）。其中，亚洲地区的境外企业覆盖率与2014年持平，高达97.9%，欧洲为87.8%，非洲为85.0%，北美洲为75.0%，拉丁美洲为67.3%，大洋洲为50.0%（见表1-30、图1-28）。

表1-30　2015年年末中国对外直接投资企业在全球的地区分布

洲别	2015年年末国家（地区）总数（个）	中国境外企业覆盖的国家（地区）数量（个）	覆盖率（%）
亚洲	48	46	97.9
欧洲	49	43	87.8
非洲	60	51	85.0
北美洲	4	3	75.0
拉丁美洲	49	33	67.3
大洋洲	24	12	50.0

（续）

洲别	2015年年末国家（地区）总数（个）	中国境外企业覆盖的国家（地区）数量（个）	覆盖率（%）
合计	234	188	80.3

注：1.覆盖率为中国境外企业覆盖国家数量与国家地区总数的比率。

2.亚洲国家地区数量包括中国，覆盖率计算基数未包括。

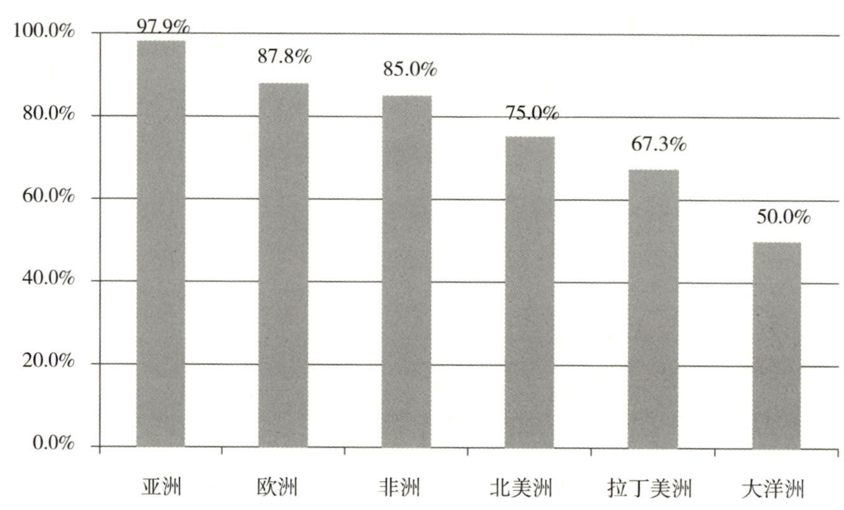

图1-28　2015年年末中国境外企业在世界各洲覆盖率

从境外企业的国家（地区）分布情况看，中国在亚洲地区设立的境外企业数量近1.7万家，占55.5%，主要分布在中国香港、新加坡、日本、越南、韩国、老挝、印度尼西亚、阿联酋、柬埔寨、泰国、蒙古、马来西亚、印度、哈萨克斯坦等。在中国香港地区设立的境外企业9000多家，占境外企业总数的三成，是中国设立境外企业数量最多、投资最活跃的地区。

在北美洲地区设立的境外企业数量近4000家，占14.4%，主要分布在美国、加拿大。中国大陆企业在美国设立的境外企业数量仅次于中国香港。

在欧洲地区设立的境外企业超过3500多家，占11.5%，主要分布在俄罗斯、德国、英国、荷兰、法国、意大利等。

在非洲地区设立的境外企业数量超过3000家，占9.6%，主要分布在赞比亚、尼日利亚、南非、埃塞俄比亚、坦桑尼亚、加纳、肯尼亚、安哥拉、乌干达、埃及等。

在拉丁美洲设立的境外企业数量1700多家，占5.7%，主要分布在英属维尔京群岛、开曼群岛、巴西、墨西哥、智利、委内瑞拉、阿根廷、秘鲁等。

在大洋洲地区设立的境外企业1000多家，占3.3%，主要分布在澳大利亚、新西兰、巴布亚新几内亚、斐济、萨摩亚等（见表1-31、图1-29）。

表1-31　2015年年末中国境外企业各洲构成情况

洲别	境外企业数量（家）	比重（%）
亚洲	17108	55.5
北美洲	4433	14.4
欧洲	3548	11.5
非洲	2769	9.6
拉丁美洲	1007	5.7
大洋洲	919	3.3
合计	30814	100

2015年年末，中国设立境外企业数量前20位的国家/地区是，中国香港、美国、俄罗斯、澳大利亚、新加坡、德国、日本、越南、英属维尔京群岛、韩国、加拿大、老挝、印度尼西亚、阿联酋、柬埔寨、泰国、英国、蒙古、开曼群岛、马来西亚等，累计超过2.3万家，占中国在国（境）外设立企业总数的74%。

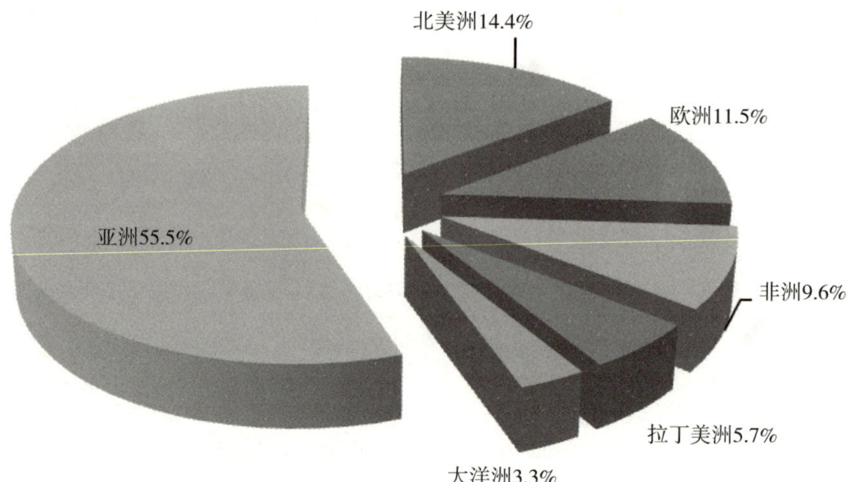

图1-29　2015年年末中国境外企业各洲分布

（2）对外投资企业的行业分布主要集中在三大行业

从中国境外企业分布的行业情况看，批发和零售业、制造业、租赁和商务服务业等三大行业是境外企业最为聚集的行业，累计数量近2万家，占到境外企业总数的64.1%。其中批发和零售业9000多家，占到中国境外企业总数的29.4%；制造业6600多家，占21.4%；租赁和商务服务业4000多家，占13.2%。此外，建筑业占6.4%；农、林、牧、渔业占4.6%；采矿业占4.6%；科学研究和技术服务业占4.2%；信息传输、软件和信息技术服务业占3.6%；交通运输、仓储和邮政业占2.7%；居民服务、维修和其他服务业占2.6%；金融业占2.1%；房地产业占1.5%（见表1-32）。

表1-32　2015年年末境外企业的行业分布情况

行业	境外企业数量（家）	比重（%）
批发和零售业	9073	29.4
制造业	6608	21.4
租赁和商务服务业	4072	13.2
建筑业	1959	6.4

（续）

行业	境外企业数量（家）	比重（%）
采矿业	1421	4.6
农、林、牧、渔业	1408	4.6
科学研究和技术服务业	1296	4.2
信息传输、软件和信息技术服务业	1096	3.6
交通运输、仓储和邮政业	839	2.7
居民服务、修理和其他服务业	801	2.6
金融业	653	2.1
房地产业	449	1.5
电力、热力、燃气及水的生产和供应业	340	1.1
住宿和餐饮业	337	1.1
文化体育和娱乐业	289	0.9
水利、环境和公共设施管理业	68	0.2
其他	105	0.3
合计	30814	100

（3）地方企业数量在对外直接投资中占八成以上

从境外非金融类企业的隶属情况看，地方企业占86.9%，中央企业和单位仅占13.1%。广东、浙江、江苏、上海、山东、北京、辽宁、福建、河南、天津等列地方境外企业数量前10位，累计占境外企业总数的69.2%。广东是中国拥有境外企业数量最多的省份，占境外企业总数的17.3%；其次为浙江，占11.6%；江苏位列第三，占8.8%（见图1-30）。

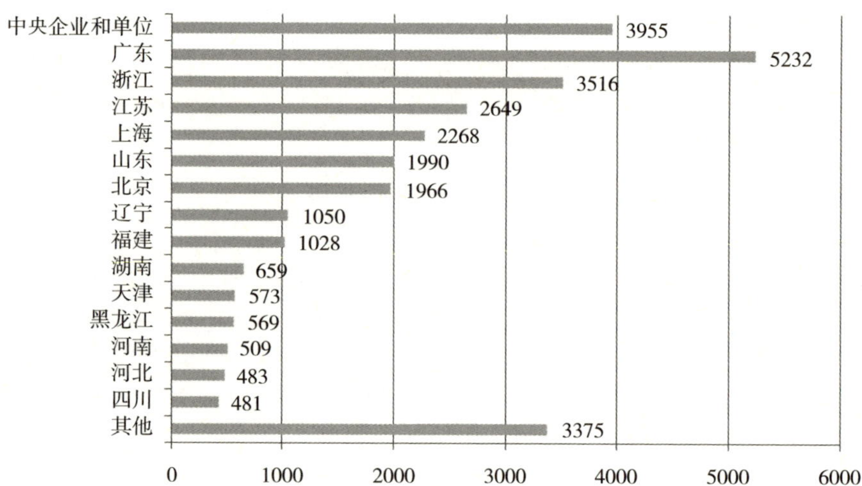

图1–30　2015年年末中国主要省市区设立境外直接投资企业情况（单位：家）

资料来源：中国商务部、国家统计局、国家外汇管理局联合编辑出版《2015年度中国对外直接投资统计公报》；联合国贸易和发展会议《2016世界投资报告》。

二、2015年地方双向投资分析报告

（一）东部地区

1.北京市

（1）近两年北京市促进双向投资发展制定的相关政策

2015年以来，北京市积极参与经济全球化进程，主动融入国家“一带一路”战略，大力推动服务业扩大开放综合试点工作，先后出台了一系列支持和鼓励双向投资发展的相关政策，不断拓宽投资领域，优化发展环境，促进“引进来”和“走出去”协调发展。

1）加大服务业开放力度，提升服务贸易发展水平

2015年5月，国务院批准《北京市服务业扩大开放综合试点总体方案》，要求率先推动六大重点领域扩大开放，通过放宽市场准入、改革监管模式、优化市场环境，努力形成与国际接轨的北京市服务业扩大开放新格局。

一是放宽准入限制，吸引外资进入重点领域。主要包括简化中关村企业外汇资本金结汇手续，吸引跨国公司在京开展合资合作，支持外资从事国际服务外包业务，鼓励中外文化企业合资合作，允许外商投资者独资设立演出经纪机构，便利外资金融机构设立外资银行、设立中外合资银行，放开部分领域外资准入限制，鼓励外资投向商务服务业，支持外资参与国内商务服务企业改造和重组，逐步放宽中外合资、合作办医条件，允许外资举办非营利性医疗机构等。

二是深化对外投资管理体制改革。主要包括简化企业境外投资核准程序，实行以备案制为主的管理模式；鼓励中关村企业设立海外研发机构，开展海外技术收购等技术投资；鼓励投资主体发挥自身优势到境外开展投资合作，支持企业“走出去”；促进服务业企业有序开展境外投资合作等。

三是优化双向投资配套支撑体系。主要包括优化社会信用环境，建立市场准入标准，加大对服务业六大重点领域海外高层次人才引进力度，简化境外投资外汇登记程序，支持在京企业境外并购，促进跨境投融资便利，加大对在京服务业重点领域企业信贷支持力度，提高通关便利化水平等。

2）深化境外投资引导和服务，增强企业国际化经营能力

2015年11月26日，北京市出台了《北京市关于进一步促进企业境外投资合作发展的实施方案》，要求紧紧围绕“一带一路”战略，积极参与非洲“三网一化”合作，着力加快推动北京市服务业扩大开放和优势产业“走出去”步伐，提升对外投资合作水平，为促进北京市经济发展方式转变、构建“高精尖”经济结构提供坚实保障。

一是拓展企业新的国际发展空间。主要包括积极利用国际性投资贸易平台，加强项目对接，引导企业参与“一带一路”沿线国家重大基础设施项目建设，推进与沿线国家在传统能源、清洁能源和可再生能源的开发合作，推进在沿线国家或地区投资设立工业园区或经贸园区等。

二是加快建设具有全球影响力的科技创新中心。主要包括加强与国外高新技术园区、产业基地、高端技术研发及现代装备制造企业开展合作，在境外设立联合研发中心、实验室及科技型企业孵化器，加强高端产业功能区与全球科技、金融企业（机构）实现跨地区合作等。

三是加强文化对外交流合作。主要包括推动文化贸易发展和文化服务走出去，创新文化服务海外推广模式，支持文化企业扩大境外投资合作等。

四是加快推进服务业“走出去”。主要包括支持科技服务、商务服务业、特色医疗服务开拓国际市场等。

五是深化境外能源资源开发加工合作。主要包括鼓励开展农林牧渔及农产品生产加工领域的合作，支持有条件的企业积极参与能源资源勘探、开发和加工，支持新能源企业加快海外新能源基地建设等。

六是推进境外经贸合作区建设。加快推进北京市企业投资设立的境外经贸合作区建设，支持汽车龙头企业在哈萨克斯坦、泰国、印度等地投资建设汽车工业园等。

七是支持海外投资平台建设。主要包括支持北京市有条件企业设立境外投资运营中心或海外投资管理平台，鼓励北京市企业在境外设立专业服务机构等。

八是推动对外承包工程转型升级。主要包括鼓励企业抓住中非“三网一化”合作机会推动境外项目合作，在EPC运营模式的基础上，尝试运用PPP、BOT、SOT等方式扩大境外项目合作等。

九是促进对外劳务合作规范有序健康发展。主要包括继续扩大北京市对外劳务合作规模，扩大运输、医护、餐饮、IT、教育等技术型劳务输出规模，加强对外劳务合作管理，完善政府、中介及企业分工管理机制等。

此外，2015年10月，国务院发布《国务院关于在北京市暂时调整有关行政审批和准入特别管理措施的决定》，为试点工作提供了法制保障，随后推出首批11项开放措施和22项改革创新措施。2015年12月，北京海关对外发布《北京海关支持北京市服务业扩大开放综合试点若干措施》，出台支持服务业重点领域发展、打造空港贸易便利示范区、创新海关监管制度三方面共17项措施，全方位支持北京市服务业扩大开放综合试点建设。

（2）2015年北京市利用外资和境外投资基本情况

1）双向投资总规模增长情况

2015年，北京市充分发挥综合优势，以服务业扩大开放为主线，注重引进国外高端资源，把吸引外资同引进先进技术、管理经验和高素质人才结合起来，推动利用外资转型发展。同时，按照国家“走出去”重大战略布局，加强对企业宏观指导，引导企业紧抓对外开放不断深入的有利时机和国内外环境变化带来的新机遇，结合自身优势开展境外投资活动。

①利用外资情况

2015年，北京市新设外商投资企业1386家，同比增长5.2%；实际利用外资首次突破100亿美元，达130亿美元，增长43.8%，再创历史新高。北京市实际利用外资实现连续14年增长，累计突破1000亿美元，占全国利用外资总额的10%。

引资结构更加优化，金融、科技等服务业扩大开放，重点领域吸收外资大幅增长。凭借全国首个服务业扩大开放试点城市的利好政策，北京市科技服务业、租赁和商务服务业、金融业、批发零售业、信息传输、计算机服务和软件业等六大服务业成为吸收外资的主要领域。2015年，北京市服务业新设外商投资企业1350家，同比增长5.4%；利用外资123.2亿美元，同比增长55.4%，占全市实际外资94.8%。六大重点领域新批项目1068个，实际外资95.5亿美元，分别增长10.2%和62.5%，分别占全市的77.1%和73.5%；其中金融、科技领域引入外资分别增长15.7倍和

14%，分别占全市的56.4%和7.6%。此外，生活服务业利用外资活跃，全年引进健康医疗项目36个、文体娱乐项目51个、餐饮和居民服务项目55个。

引资方式加快拓展，国企并购、企业增资、跨境人民币投资成为引进外资的重要方式。2015年，北京市以国企并购方式引入外资90.7亿美元，占全市实际外资的69.8%；全市962家企业以增资模式实现投资额187.9亿美元，占全市合同外资的58.1%；以跨境人民币方式投资企业38家，投资额46.6亿元人民币，占全市实际外资的5.8%。

引资项目质量不断提高，总部、研发机构等高端功能性机构继续聚集。2015年，北京市新增外资总部企业9家，累计达268家，其中155家为北京市认定的境外跨国公司地区总部；新增外资研发机构29家，累计达532家。北京市新增境外跨国公司总部企业和研发机构38家，累计达到800家。截至2015年年底，新增世界500强企业投资项目20个，累计有287家世界500强企业在京投资了718个项目。

引资项目体量成倍增长，大项目平均投资金额大幅提高。75个千万美元以上大项目投资121亿美元，同比增长62.4%，占全市实际外资的93.1%，项目平均投资1.6亿美元，同比增长2倍。其中68个服务业千万美元以上大项目投资115.3亿美元，同比增长77.9%，占全市实际外资的88.7%；上亿美元大项目投资105.5亿美元，同比增长1.7倍，占全市实际外资的81.2%。

投资来源地相对集中。中国香港地区实际投资99.3亿美元，占全市的76.4%，主要投向金融、科技、商务和信息服务等领域。英属维尔京群岛实际投资19亿美元，占全市的14.6%。

②境外投资情况

2015年，北京市在57个国家和地区的581家企业累计境外直接投资额达95.55亿美元，同比增长74.95%。

并购及参股类境外投资项目增长较快。2015年，北京市全年并购及参股类项目87个，境外协议投资额199.7亿美元，同比分别增长117.5%和456.3%，占协议投资总额的比重由32.1%提高到61.1%；此外，境外新建投资、增资项目分别为131个、44个，境外协议投资额分别为86.9亿美元、40.1亿美元，分别占境外协议投资总额的26.6%、12.3%。

大项目带动作用明显。2015年，北京市1亿美元及以上境外投资项目共40个，协议投资额298.8亿美元，占境外协议投资总额的91.5%，其中紫光股份有限公司认购美国西部数据股份有限公司增发股权项目，协议投资额40.95亿美元，为近年来北京市规模最大的境外投资项目。

境外投资目的地相对集中。2015年，北京市投向中国香港地区、美国、英属维尔京群岛、开曼群岛和韩国5个国家或地区的项目共计173个，占境外投资项目总数的66%；协议投资额187.3亿美元，占境外协议投资总额的57.3%。

2）双向投资面临的问题

利用外资方面。受土地供给、资源环境和劳动力成本等因素制约，吸引外资的传统优势逐渐弱化，依靠要素成本优势吸引外资的传统做法已经不适应北京市发展的需求；外资独资化趋势明显，技术溢出效应偏弱，国际产业转移承接能力不足；外资总部集聚效应不强，部分企业总部空壳化现象比较严重；周边区域产业配套能力弱，商业文化欠发达。

境外投资方面。企业对外投资管理有待提高，大型投资管理和大型资本运作管理等方面的经验不足，缺乏与之相适应的人力资源管理机制；对外投资风险较大，由于各国体制机制、政策环境、经济基础不同，投资企业容易受到金融风险、政治风险、商业风险等各类风险袭扰；企业之间有效战略合作有待加强，需要构建以企业联盟、商会和专业机构等形式的“服务共同体”。

3）2016年双向投资发展趋势和展望

“十三五”期间，预计北京市双向投资累计达到1000亿美元左右，实际利用外商直接投资和对外直接投资都将累计超过500亿美元，特别是服务业利用外资占比将超过85%。2016年，预计北京市实际利用外资将达到130亿美元以上，与2015年持平或略增，比“十二五”年均值增长42.5%；境外直接投资增速将放缓，全年完成境外直接投资超过100亿美元，同比增长10%左右。

①利用外资方面

2016年，北京市将继续加强服务业扩大开放重点领域引资工作，着重发挥外资在推动民生保障、产业升级、结构优化、科技创新等方面的示范作用。大力引进特色餐饮、零售等国际品牌，鼓励外资进入养老、健康等生活性服务业，支持外资参与传统商业转型升级，支持外资促进城市物流体系建设，鼓励外资进入软件及信息服务、集成电路设计等新兴产业，进一步优化营商环境，增强对国际化高端人才的吸引力，提高工作和居住便利度。同时，紧紧把握北京市城市副中心、新机场建设和筹办冬奥会等重大机遇，发掘利用外资新的增长点。

②境外投资方面

2016年，北京市对外投资目的地扩大且呈现两极增长态势，投资目的地拓展到目前六大洲110多个国家和地区，企业对美国等发达经济体和非洲等欠发达地区对外直接投资同时出现快速增长。更加注重为企业境外投资提供服务，通过建立企业境外投资合作信息服务平台、组织“一带一路”投资合作项目对接会等，为企业搭建投资平台，提供相关信息。

（3）2015年北京市“一带一路”双向投资的发展情况

1）北京市对“一带一路”沿线国家的投资规模与投资结构

2015年，北京市投向“一带一路”沿线国家的项目共计16个，协议投资额约37.5亿美元，占境外投资总额的11.5%。从行业来看，北京市对

"一带一路"沿线国家的投资主要集中于电力、航空、环保基础设施领域。从国别来看，北京市对"一带一路"沿线国家的投资合作主要集中在亚洲国家。2015年，北京市对外承包工程项目涉及"一带一路"国家49个，新签合同额12.11亿美元，完成营业额8.99亿美元，主要集中在亚洲、欧洲和非洲，其中亚洲国家占绝大多数。

2）对2016年"一带一路"双向投资发展的展望

2016年，北京市坚持夯实基础、重点突出的原则，紧紧围绕中蒙俄经济走廊重要节点城市和我国向北开放重要窗口的定位，谋划战略走向，并统筹考虑国家导向、北京优势、沿线需求等因素，构建国别、领域、行业的梯次布局，依托领先行业和优质企业，从基础设施、科技、经贸、产业投资、金融服务、人文交流、能源资源合作等七个领域，大力推进并积极参与国家"一带一路"建设。

2.天津市

（1）近两年天津市促进双向投资发展制定的相关政策

1）天津市外商投资和境外投资管理规定

按照国务院《政府核准的投资项目目录（2013年本）》的有关要求，根据国家发展改革委颁布的《境外投资项目核准和备案管理办法》（国家发展和改革委员会令第9号）和《外商投资项目核准和备案管理办法》（国家发展和改革委员会令第12号）等文件精神，2014年天津市发展改革委研究制定了《天津市境外投资项目备案管理办法》和《天津市外商投资项目核准和备案管理办法》，经天津市政府批准同意，于2014年8月22日印发全市执行。天津市境外投资项目审批由核准制改为备案制，外商投资项目审批由核准制改为核准和备案制。同时，进一步向国家级开发区和各区县下放外商投资审批权限，规范和简化审批要件，在实际工作中缩短了审批时间，提高审批效率。此后，2015年天津市发展改革委又相继出台《关于修改天津市外商投资项目核准和备案管理办法有关条款的通知》

以及《关于取消天津市外商投资和境外投资项目核准备案部分前置条件的通知》，进一步下放外商投资项目审批权限，把省级外商投资项目鼓励类核准权限以及全部备案权限下放至天津市滨海新区、国家级开发区以及各区县。同时，进一步简化外商投资和境外投资项目申报要件。

根据商务部新修订出台的《境外投资管理办法》（商务部令2014年第3号）。2014年天津市商务委研究制定了《天津市境外投资管理办法实施细则》，天津市境外投资企业管理由原先的核准制改为核准和备案制，进一步承接商务部下放审批权限，同时简化审批要件，缩短审批时限。

2）天津自贸试验区外商投资和境外投资管理规定

2014年下半年以来，按照国务院批复的《中国（天津）自由贸易试验区总体方案》和国家发展和改革委员会令第9号文件精神，天津市发展改革委研究制定了《天津自贸试验区外商投资和境外投资项目备案管理办法》，上报天津市政府。2015年4月17日，《天津市人民政府办公厅关于印发中国（天津）自由贸易试验区外商投资和境外投资备案管理两个办法的通知》（津政办发〔2015〕24号）印发。4月21日，天津自贸试验区正式挂牌运行，区内外商投资项目采取准入前国民待遇加负面清单管理模式，一般境外投资项目采取备案制管理模式，均由自贸试验区各片区负责备案。此外，天津市发展改革委会同天津市商务委制定印发了《中国（天津）自由贸易试验区安全审查实施意见》，探索建立健全自贸区外商投资国家安全审查工作机制。

按照国务院批复的《中国（天津）自由贸易试验区总体方案》和商务部令2014年第3号文件精神，天津市商务委研究制定了《中国（天津）自由贸易试验区境外投资管理办法》，上报天津市政府。2015年6月19日，《天津市人民政府办公厅关于转发市商务委拟定的〈中国（天津）自由贸易试验区境外投资管理办法〉的通知》（津政办发〔2015〕47号）印发。办法规定，自贸试验区内企业境外投资备案事项可在各所属区域，按照电话咨询、网上申报、当天取证的程序直接办理。同时，实行无纸化管理，企业在办理手续时，只需将营业执照和备案表盖章扫描后上传境外投资管理系统即可，不需提交纸质文件。在自贸试验区内对外商投资企业的管理依据商务部出台的《自由贸易试验区外商投资备案管理办法》。

3）相关支持性政策措施

天津市为促进企业“走出去”参与国际合作，制定出台了一系列支持和鼓励政策。商务部门采取直接补助、贷款贴息等方式，对天津市符合条件的企业对外投资合作给予一定比例的支持。其中，直接补助包括天津市企业为从事境外投资而发生的法律、技术及商务咨询费，勘测、调查费等，贷款贴息是指对天津市企业从事对外经济合作一年以上的贷款给予贴息。在“一带一路”沿线国家发展资源开发类项目投资的，以及在“一带一路”沿线国家投资设立、并购生产型企业的，在符合相关条件的情况下，按照企业注册资本中方到位额给予5%~6%人民币的补助。农业部门实施了境外农业投资保险保费补贴试点项目，对“走出去”农业企业购买中国出口信用保险公司境外投资保险保费给予50%的补贴。天津市科委设立5亿元产业并购引导基金，用于推动企业跨境并购。鼓励并购引导基金挂靠银行，开辟企业跨境并购贷款绿色通道。此外，还设立了“一带一路”国际合作示范项目补助资金。

（2）2015年天津市双向投资基本情况

1）双向投资总体情况

2015年天津市新设立外商投资企业1035家，同比增长53.56%；合同外资313.57亿美元；实际使用外资211.34亿美元。在津投资前三位的国家/地区分别为中国香港93.47亿美元、韩国26.94亿美元、日本25.93亿美元。

2015年天津市共备案设立境外企业机构197家，同比增长87.6%。总投资额205.4亿美元，中方投资额74.6亿美元，同比增长1.6倍。2015年天津市境外投资涉及43个国家和地区。其中中国香港70家，中方投资额17.5

亿美元；美国35家，中方投资额4.43亿美元。

2）双向投资主要成效

①天津自贸试验区改革创新成效显著

一是自贸试验区外商投资聚集效应明显。2015年自贸试验区设立以来，外资大量涌入，累计设立外商投资企业627家，合同外资178.87亿美元，实际使用外资47.20亿美元，占全市比重分别为60.58%、57.04%和22.33%。

二是自贸试验区总体方案和制度创新任务完成情况良好。截至目前，全市31个单位牵头承担的总体方案90项工作任务全部启动实施，其中63%已完成。两批共175项制度创新清单任务已落地81%，行政体制“十个一”[㊀]改革基本完成，外商投资负面清单管理模式顺利实施，新的境外投资管理体制基本建立，以海关和检验检疫为核心的贸易便利化改革不断深入，以信用风险分类管理为依托的市场监管制度、京津冀区域检验检疫一体化新模式两项创新举措作为最佳创新实践案例，已由商务部牵头在全国推广。

三是“金改30条”正式发布，45项核心政策中已有25项落地。主要包括支持区内企业从境外借用人民币资金，拓宽融资渠道，直接投资外汇登记业务下放银行办理，资本金、外债实行意愿结汇，有效降低企业汇兑成本，允许符合条件的融资租赁收取外币租金等。

②天津市构建开放型经济再上新台阶

“十二五”时期，天津市实施更加积极主动的开放战略，完善开放体系，建设开放载体，深化开放合作，优化开放环境，自贸试验区成为开放发展新引擎，服务京津冀协同发展初见成效，开放型经济发展取得了显著成效。

一是扎实推进重点产业招商。组织选择天津招商活动。围绕生物

㊀ “十个一”是指“一份清单管边界”“一套体系管廉政”“一枚印章管审批”“一份单卡管通关”“一个号码管服务”“一张绿卡管引才”“一个部门管市场”“一个平台管信用”“一份表格管检查”“一支队伍管执法”。

医药、汽车配件等特色产业，制定产业链招商活动方案，通过组织选择天津活动和走访促进，促成了一批合作意向。利用高端平台开展对接活动。利用天津市领导出席冬季达沃斯年会、大连夏季达沃斯新领军年会、博鳌亚洲论坛年会等契机，集中对接世界500强企业及行业领军企业，安排50多场经贸活动。分别与ABB、雀巢、诺维信、沙特基础工业、韩华集团、德勤等跨国公司高层举行双边会谈，促成一批重点项目。狠抓世界500强招商。认真落实《面向世界500强企业招商引资三年行动计划》，联合区域载体，采取召开重点产业圆桌会、组织境外活动等形式，强化招商促进。截至目前，世界500强企业已经有163个在津投资。

二是促进开发区做优做强。贯彻国务院文件精神，推动开发区转型升级，创新发展，出台《关于促进天津市国家级经济技术开发区转型升级创新发展的实施意见》，组织实施开发区综合评价。支持特色园区加快发展。制定出台《天津市生态工业示范园区管理办法》，推动开发区绿色低碳发展。着力特色园区建设，推动武清开发区建设中欧产业园、子牙开发区建设生态工业示范区。组织开发区援疆。推动泰达、西青、武清三个国家级开发区的企业赴新疆和田、于田县天津工业园区、策勒工业园区举办产业对接会，完善园区规划。

三是深化京津冀务实合作。三地工业和信息化部门共同签署了产业协同发展战略合作框架协议，建立了三地联席会议制度。签署了《共同推进京津冀开发区协同发展战略合作框架协议》。与京冀共同举办京津冀产业转移系列对接活动，签订了一批重点合作项目，涉及生物医药、先进装备制造、新能源汽车、大宗固废物综合利用等。2015年全年，北京、河北企业到天津投资占各省市在津投资的42%，天津企业到河北投资协议资金超过300亿元。共引进北京企业398个，资金到位额1396.57亿元，引进河北企业459个，资金到位额342.72亿元。

四是自贸试验区服务京津冀初见成效。天津自贸试验区以服务京津冀为重要目标，2015年4月挂牌以来，运行良好，积极拓展为京津冀服务领域，自贸试验区管委会到北京、河北开展了10场路演宣讲活动，解读为两地企业服务的制度创新、政策创新举措。推出服务京津冀协同发展的八项措施，制定《天津自贸试验区服务京津冀协同发展思路举措》。制订了《天津自贸试验区服务京津冀协同发展工作方案》，并拟定了《〈天津自贸试验区服务京津冀协同发展工作方案〉任务分工》。京津冀通关通检一体化水平不断提高，通关效率提升30%。人民银行支持自贸试验区“金改30条”政策措施落地。利用融资租赁方法进行转型升级的企业越来越多。在北京、河北开设了5家进口商品直营中心，保税展示交易模式在三地推广。

③“一带一路”战略引领企业“走出去”步伐加快

一是制定宏观政策确定支持方向。天津市发展改革委牵头会同天津市有关部门研究提出推动“一带一路”建设实施方案，细化了31项具体分工和目标任务。确定能源开采、纺织服装加工及化工制造等为参与“一带一路”建设支持方向，将哈萨克斯坦矿产开采、缅甸服装加工、泰国煤焦化冶炼以及俄罗斯房建列为天津市“一带一路”重点跟踪服务项目。同时，调整2015年度地方“走出去”专项资金补贴方向，重点支持“一带一路”绿地投资及资源能源合作项目。

二是走出去服务联盟取得初步成效。在走出去服务联盟框架下，天津市商务委与司法局、律师协会、进出口银行天津分行、中国信保天津分公司、工商银行天津分行等机构签署战略合作协议，建立了对外投资合作投融资及法律服务平台。汲取南京、上海、广州等先进省市经验和做法，结合天津实际，制定了天津市政治风险统保制度，并召开了政策发布会。

三是宣传引导增强企业走出去意识。在央视新闻联播、天津日报等主流媒体，宣传天津走出去成果，有力渲染了企业投身海外经营的氛围。召开泰国、马恩岛等国家和地区海外项目对接会，配合增发对外投资合作指引系列丛书，调动众多企业参与“一带一路”建设的积极性。

2016年“一带一路”新增中方投资额同比增长4倍。举办“一带一路”投资税收政策培训活动，邀请德勤天津合伙人为100家“走出去”企业培训，提升境内主体跨国经营税务管理能力。

四是服务企业确保重点项目顺利运行。完善对外投资合作大项目库建设，对钢管集团、渤海租赁、聚龙集团、食品集团等重点企业调研，帮扶解决了原材料出口、项目融资等问题，确保海外项目顺利推进。

3）双向投资面临的问题

外商投资制造业招商形势严峻。主要体现在劳动力成本越来越高，外资企业更多地将生产订单转移到越南等国家。项目储备不足，特别是大项目少。各区域招商引资不均衡。有的区县利用外资规模较小。境外投资需要进一步完善对“走出去”企业的法律政策培训和风险救助等专业服务，提高企业风险防控能力。完善领事保护机制，建立健全安全风险预警机制和突发事件应急处理机制，深化国际执法合作与行政互助。

4）2016年双向投资发展趋势和展望

充分发挥五大国家战略机遇叠加的优势，总结推广先行先试经验，采取多种形式宣传创新政策，着力抓好重点产业招商，2016年天津市实际利用外资拟增长12%。在天津市民营企业境外投资增速不断加快的大背景下，2016年预计天津市境外投资增速将达到15%。

（3）2015年天津市“一带一路”双向投资的发展情况

1）“一带一路”沿线国家对天津市的投资情况

2015年，“一带一路”沿线共有18个国家在天津市投资或者签署投资意向。其中已签订投资合同57个，实际资金到位额16.5亿美元，占天津市外商投资的8%。投资来源地主要集中在东南亚的马来西亚、泰国、新加坡，西亚的沙特，以及中亚的哈萨克斯坦。

2）天津市对“一带一路”沿线国家的投资情况

2015年，天津市在“一带一路”沿线国家备案境外企业机构19家，中方投资额4.5亿美元，同比增长36.3%。截至2015年年底，天津市在“一带一路”沿线国家备案境外企业机构444家，中方投资额32.9亿美元，占同期总量的28.4%。投资领域主要涉及旅游开发、商品贸易、化工制造、农业合作、房地产开发、矿业开采等。

3）对2016年“一带一路”双向投资的展望

2016年天津市将继续主动融入“一带一路”战略，扩大对沿线国家的投资合作，加强“一带一路”专题研究，明确重点国别市场和主导产业合作领域；以“重点市场突出、主导产业明确，行业联合推动”为原则，扎实推进天津市企业参与“一带一路”建设；全年围绕重点国别市场，联合外国投资促进机构和行业协会组织，组织境内外投资合作项目对接活动，引导企业联合协作开展投资；服务引导现存项目做大做强，延伸境内外产业链条，形成以单体大项目为核心的海外产业集群发展模式和产业园区发展模式；积极主动纳入国家“一带一路”项目库，争取更多的政策支持；逐步建立“一带一路”配套政策体系。同时，利用天津自贸试验区制度创新优势，加大招商引资力度，提升招商引资水平，通过积极参与国际性展会议及区域性论坛的契机，在分析别国产业优势的基础上，开展精准招商、定向招商，进一步扩大合作领域和“一带一路”沿线国家在天津市的投资规模。

3.上海市

（1）近两年上海市促进双向投资发展的相关政策

近年来，上海市按照国家战略部署，以自贸试验区和具有全球影响力的科创中心建设为抓手，实施更加积极主动的对外开放战略，推出了一系列制度创新举措，加快构建开放型经济新体制，取得了重要成效。

1）加快建立以负面清单管理为核心的投资管理制度，推动更高水平对外开放

按照国务院出台的《中国(上海)自由贸易试验区总体方案》和《进一步深化中国(上海)自由贸易试验区改革开放方案》要求，上海紧紧围绕制度创新，以促进“引进来”和“走出去”双向开放为目标，加快建立与国际投资贸易通行规则相衔接的基本制度框架。

一是在外商投资方面，率先建立了准入前国民待遇加负面清单的管理模式。负面清单由原先的190条调整为122条，并先后推出2批共54项扩大开放措施，在众多领域实现了全国范围内对外开放“零的突破”，外商投资准入领域和业务范围不断拓展，市场开放度和投资便利度明显提升。

二是在境外投资方面，推行以备案制为主的境外投资管理制度。对于规定额度以内的境外投资项目，一律实行备案制管理，大幅提高了境外投资效率。同时，构建了以境外投资服务平台为核心的境外投资服务促进机制，首创性地建立了境外投资服务平台，为投资者提供综合信息支持，并对企业境外投资提供事中、事后持续跟踪和全方位服务。

2）大力推进商事登记制度改革，促进投资便利化

上海市积极推进商事登记制度改革，逐步优化登记流程，将注册资本实缴登记制改为认缴登记制，从“先照后证”逐步转变到“证照分离”的管理模式，完善企业准入“单一窗口”制度，极大地简化了企业注册资本登记手续。

一是实行“先照后证”登记制。率先推动以简化企业登记设立环节为核心的商事登记制度改革，从“先证后照”转为“先照后证”，积极推动实施“三证合一”“一照一码”等举措，降低了市场主体的准入“门槛”，提高了企业进入市场的便利度。

二是实行注册资本认缴登记制。率先实现了从实缴登记制到认缴登记制的转变，企业设立和注册资本变化时不需提交验资报告，简化了申报流程，节约了时间和成本。

三是实行企业准入“单一窗口”制度。上海按照放宽市场准入的理念，率先在自贸试验区建立企业准入“单一窗口”。“单一窗口”整合了工商营业执照、组织机构代码证、税务登记证、外资备案等多个事项，实现外商投资企业从五证联办到七证联办。

四是推行“证照分离”改革试点。为解决企业“先照后证”主体资格准入后的经营许可瓶颈，上海选择审批频次比较高、市场关注度比较高的110多项行政许可事项，在自贸试验区率先开展“证照分离”改革试点，按照完全取消、告知性备案、告知承诺、简化优化、风险管控等五种方式推进许可证制度改革深化，有效缓解了企业“办证难”，进一步释放了企业创新创业活力，增强了经济发展动力。

3）加快金融开放创新，为双向投资提供金融服务支持

为提升金融业开放水平，稳步推进人民币国际化，上海市围绕金融为实体经济服务、促进贸易和投资便利化的目标，在风险可控前提下，扩大自贸试验区金融开放，创新金融制度。

一是构建了有利于金融开放创新和风险管理的自由贸易账户体系。上海市创新性地建立了自由贸易账户体系，该体系依托分账核算系统可以实现资金跨境流动的“一线审慎监管、二线有限渗透”，形成了一个与中国境内其他市场有限隔离、与国际金融市场高度接轨的金融环境。

二是形成了便利化的跨境投融资支持体系。境外融资方面，自贸试验区内符合条件的企业和机构可以按照宏观审慎的原则，以净资产规模为约束，通过FT账户直接自主开展境外融资，突破了以往国内企业进行境外融资必须依赖外债额度的限制，打通了资金从离岸市场进入自贸试验区的通道。境外投资方面，自贸试验区内企业进行境外跨境直接投资时，可以依托FT账户直接向银行办理所涉及的跨境收付、兑换业务，原来传统模式下的前置外汇管理审批不再适用，资金从区内流出的通行速度大幅提高。

三是创新跨国公司跨境资金管理模式。为提高跨国公司企业资金的流动性和便利性，体现金融为实体经济服务、促进贸易投资便利化的目标，上海自贸试验区推出了跨境双向人民币资金池、总部外汇资金集中运营管理等一系列跨国公司跨境资金管理创新模式，使跨国公司境内账户和国际账户有效融合。

四是扩大了金融开放。上海自贸试验区率先扩大了金融领域对内对外全方位开放的领域，在银行、保险、证券等行业都对外资民资准入的深度和广度进行了大幅拓展。

4）助推上海科技创新中心建设，进一步完善外资研发中心政策

在2012年发布《上海市关于鼓励外商投资设立研发中心的若干意见》的基础上，2015年出台了《上海市鼓励外资研发中心发展的若干意见》，从工作机制、平台搭建、环境、人才、财税等方面鼓励外资研发中心发展。

一是建立跨部门的工作协调机制。成立由上海市商务委、市科委、市发展改革委牵头，市相关部门参与的外资研发中心工作协调机制。支持设立各种形式的外资研发中心，鼓励设立承担全球研发职能的外资研发中心。

二是鼓励外资研发机构融入上海本土创新体系。鼓励外资研发中心与上海市高校、科研院所、企业联合开展产业链核心技术攻关，在基础研究和全球性重大问题等领域积极参与国际大科学计划，以及上海市政府重大科研和工程项目。鼓励外资研发中心具有自主知识产权的技术和成果进入上海的技术交易平台等进行交易，加速技术成果转化。

三是营造良好创新环境。在加强知识产权保护、优化环境评价管理、便利研发设备进出口、优化非贸付汇管理、支持参与评审评奖等方面，营造支持外资研发中心发展的良好环境。

四是支持引进培养创新人才。鼓励外资研发中心与上海市高校和科研院所合作建立人才合作平台，多层次多渠道培养高素质人才，实现人才供给与外资研发中心人才需求的有效对接。并在办理上海市居住证、户籍引进、外籍人才来沪就业签证、外籍人才来沪就业居留等提供便利。降低永久居留证申办条件，完善申办途径；进一步简化外国人就业许可办理手续。

五是加大财税支持力度。落实国家支持科技创新的税收政策。加大对全球研发中心的政府支持力度。

5）加大公共服务供给，构筑双向投资合作服务新机制

上海市着力构筑包括信息服务、金融服务、投资促进、人才培训、风险防范等“五位一体”的对外投资合作公共服务新机制。

一是在信息服务方面，运营“走出去服务港”微信公众号，累计阅读数超过170万人次；编制发放16个重点国别和4个重点领域投资指南等。

二是在金融服务方面，主动为多个大型对外投资合作项目与各金融机构对接提供支持，特别是积极对接丝路基金、亚投行等。

三是在投资促进方面，通过重点项目跟踪服务机制，协调推动重点对外投资合作项目落地，支持举办各类投资促进活动超过108场。

四是在人才培训方面，累计提供“走出去”相关人才培训4700人次。

五是在风险防范方面，编制发放境外安全指南，以及上海企业跨国经营行为指引。

（2）2015年上海市利用外资和境外投资基本情况

2015年，上海市坚持以开放促改革，推动“引进来”与“走出去”协调发展，利用外资和境外投资取得新成效。

1）2015年上海市双向投资总体情况和特点

①引进外资总体态势良好

2015年，上海市合同利用外资589.4亿美元，比2014年增长86%，规模居全国之首；实际利用外资185亿美元，增长1.6%，已连续16年实现增长（见图1-31）；全市新设外资项目6007个，增长27.9%。截至2015年年底，全市累计合同外资3331亿美元，实际使用外资1876亿美元，引进外资项目8.2万个。具体呈现以下特点：

一是服务业引领合同外资快速增长。如图1-32所示，从行业看，服

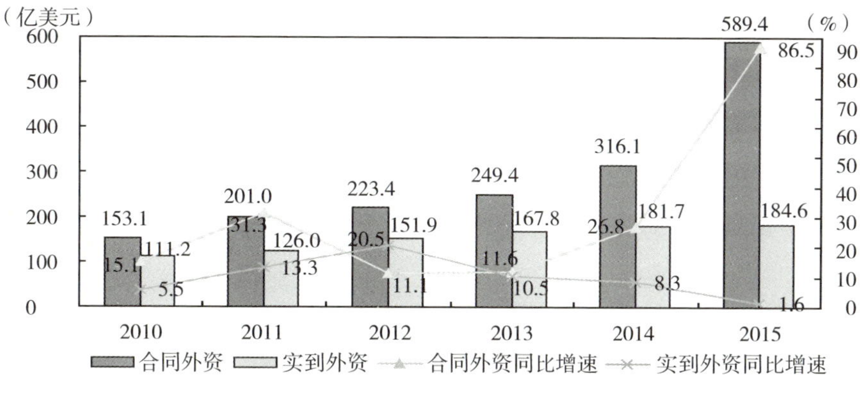

图1–31 “十二五”期间上海市利用外资情况

务业合同外资大幅增长95.7%，是上海市合同外资增长的最主要贡献力量，占比达到96.4%。其中，金融服务业增长2.8倍，全年新增外资融资租赁项目746个，增长2.4倍，新增外资商业保理项目38个、外资股权投资管理项目9个；租赁和商务服务业、商贸业、房地产业也分别增长48%、30.7%和22.2%。受资源环境承载能力接近极限及劳动力成本上升等影响，制造业合同外资下降15.9%，仍在下行区间。从国别及地区看，投资来源地较为广泛，且都保持了较快增速。其中，来自亚洲地区的合同外资增长90.5%，主要是中国香港增长1.1倍；来自欧洲地区的合同外资增长89.5%，主要是德国、荷兰、英国等增长较快；来自北美地区的合同外

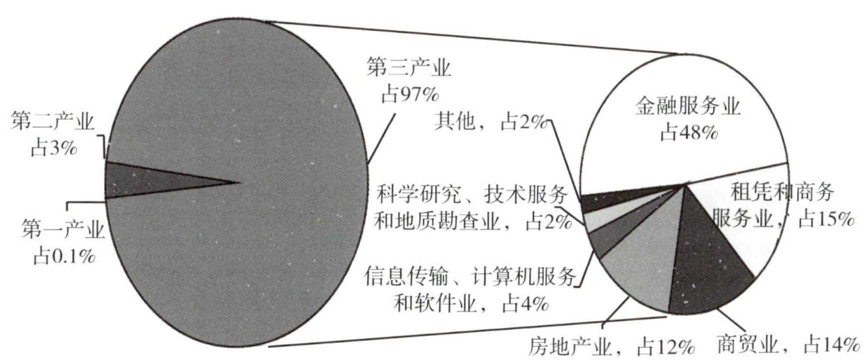

图1–32 2015年引进合同外资行业分布情况

资增长83.1%，主要是美国增长1.1倍。

二是实际使用外资低开高走。2015年，四个季度增幅分别为2.1%、–14.3%、–0.8%和34.5%，呈现明显的V字形。引资结构持续优化。服务业实际使用外资159亿美元，占上海市实到外资的86.3%，除房地产业下降外，其他主要领域多呈现增长态势，特别是以融资租赁为主的金融服务业、以“互联网+”为代表的信息服务业以及商贸业增长较快。华虹宏力半导体制造等大项目资金到位推动制造业实到外资扭转下降局面，大幅增长42.8%。资金来源地出现分化态势。受投资性公司、房地产等项目推动，新加坡来沪实到外资增长1.6倍；欧洲来沪投资增长33.3%，特别是德国、法国、荷兰、西班牙等增长较快；在迪士尼等项目增资到位带动下，美国对沪投资平稳；但中国香港对沪投资下降2.5%，日本大幅下降60.7%（见表1-33）。

表1–33　2015年实到外资结构情况

		金额（亿美元）	同比约（%）	占比约（%）
总额		184.6	1.6	100
产业/行业	第一产业	0.2	615.3	0.1
	第二产业	25.0	40.6	13.5
	制造业	24.9	42.8	13.5
	第三产业	159.4	–2.7	86.3
	房地产业	56.1	–32.8	30.4
	租赁和商务服务业	28.2	5.0	15.3
	商贸业	26.6	41.7	14.4
	金融服务业	21.1	84.6	11.4
	信息服务业	7.8	74.3	4.2
	交通运输、仓储邮政业	6.3	0.4	3.4

（续）

		金额（亿美元）	同比约（%）	占比约（%）
国别/地区	中国香港	113.0	–2.5	61.2
	新加坡	21.7	161.5	11.8
	美国	10.0	0.5	5.4
	英属维尔京群岛	7.5	–20.8	4.1
	日本	4.9	–60.7	2.7
	德国	4.3	104.5	2.3
	开曼群岛	2.6	48.1	1.4
	荷兰	2.4	82.9	1.3
	韩国	1.6	101.3	0.9
	法国	1.3	57.0	0.7

三是总部项目数量、质量同步提升。跨国公司加快在上海市的投资布局，总部项目数量稳步增加、功能不断拓展、能级持续提升。如图1-33所示，全年新设跨国公司地区总部45家，其中汉高、恩智浦、亚什兰等15家企业设立了亚太区总部，新增投资性公司15家；截至2015年年底，累计落户的跨国公司地区总部535家，其中亚太区总部41家，投资性公司312家，上海继续成为中国内地跨国公司地区总部最多的城市。95%

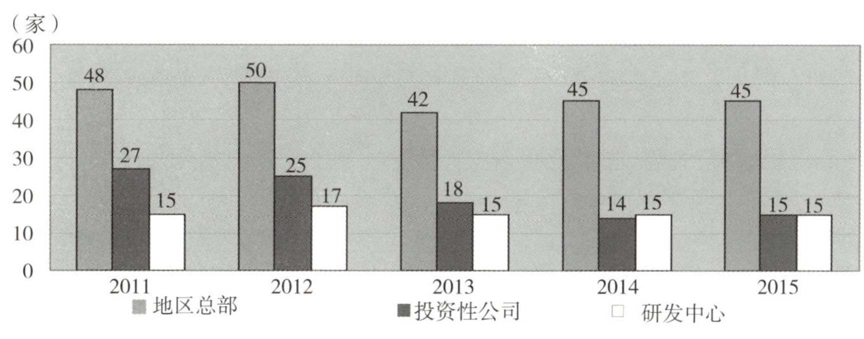

图1–33 “十二五”期间上海市外资总部项目落户情况

以上的地区总部具有两种以上功能，82%具有投资决策功能、61%具有资金管理功能、54%具有研发功能、35%具有采购销售功能。围绕上海科技创新中心建设，全年引进费森尤斯医药、中芯国际集成电路等外资研发中心15家，累计达396家。

四是上海自贸试验区继续成为引资主阵地。随着外资管理制度改革的持续推进和服务业扩大开放措施的不断落地，外商对自贸试验区的投资热情依然高涨。全年区内新增外资项目2802个，合同外资超过350亿美元，分别占全市的46.7%和60%，实际利用外资超过30亿美元。融资租赁、工程设计、旅行社、游戏游艺设备生产销售、演出经纪、船舶管理、增值电信等行业的扩大开放措施取得积极成效，到2015年年底，54项扩大开放措施累计落户项目超过1300个。

②对外投资实现跨越式发展

2015年，上海市实现对外直接投资总额573.2亿美元，比2014年增长3.7倍（见图1-34）；其中，中方投资额399亿美元，增长2.8倍，实际汇出166亿美元，增长3.8倍，规模均居全国之首。新签对外承包工程合同额111亿美元，增长1.9%，连续8年超过百亿美元；完成营业额75亿美元，增长0.7%。具体呈现以下特点：

一是对外直接投资结构不断优化。大额并购引领“走出去”，全年共有1亿美元以上并购项目25个，大额并购投资额合计105亿美元，比2014年增长4.8倍。高新技术投资比重大幅提高，对软件和信息技术服务业、通信和电子设备制造业、汽车制造业、科学研究和技术服务业等

图1-34　“十二五”期间上海市对外直接投资情况

行业实际投资55亿美元，占全市对外实际投资额的33.8%，占比较2014年同期提高21.4个百分点。自贸试验区成为国内资本出海桥头堡，全年区内境外投资项目636项，占全市的47.5%，备案对外投资中方投资额229亿美元，增长6.2倍，实际投资额79亿美元，增长13倍，分别占全市的57.4%和47.6%。2015年对外直接投资中方投资额构成情况如图1-35所示。

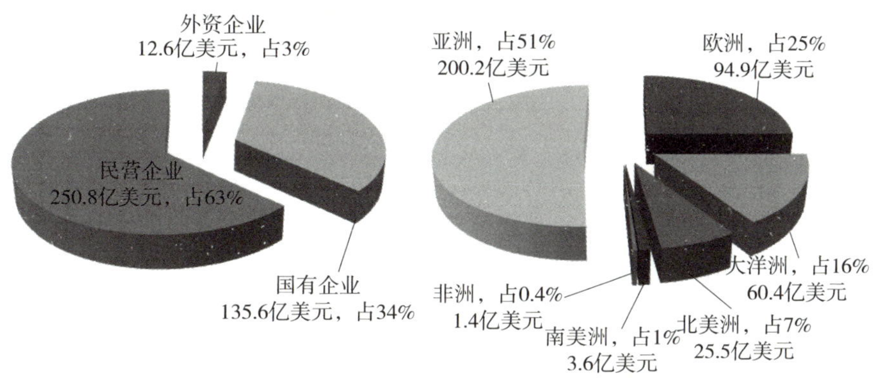

图1-35　2015年对外直接投资中方投资额构成情况

二是对外工程承包企业积极参与国际产能合作。从项目规模看，新签对外承包工程项目主要以大中型项目为主，全年5000万美元以上项目42个，合同额89亿美元，占上海市合同总额的80.6%。从行业分布看，主要集中在电力工程建设、制造加工设施建设和工业建设等领域；其中，电力工程建设项目新签合同额50亿美元，占45.2%，制造加工设施建设项目18亿美元，占15.9%，工业建设项目14亿美元，占12.5%。从市场分布看，主要集中在亚洲和非洲等发展中国家，主要以刚果（金）、菲律宾、土耳其、伊拉克、阿联酋、吉布提、尼日利亚等国为主；其中，亚洲地区新签合同额57亿美元，占51.1%，非洲36亿美元，占32.3%，欧洲11亿美元，占9.5%。

2）双向投资面临的问题

受经济增速放缓、内需不足、营商成本持续快速上升等影响，上海市双向投资仍面临不少困难，利用外资增资扩股比例不断下降，制造业利用外资下滑趋势仍未扭转，对外投资虽爆发式增长，但后续跟踪服务和境外风险防范日益迫切。

①近年来制造业利用外资波动性明显加大

近年来，上海市实到外资规模持续增长，但工业实到外资大起大落、波动明显。例如，2014年全市工业实到外资下降45.2%，而2015年增长42.8%（见图1-36）。其主要原因是外资工业大项目日益稀缺，个别大项目资金到位带动当年实到外资大幅增长，而次年若没有新项目接续，则往往导致全市工业实到外资大幅回落。此外，工业外资企业生产经营情况有所趋紧，2015年营收、利润分别下降4.4%和2.2%，在各类所有制企业中增速最低。

②企业对外投资风险日益加大

企业对外投资面临诸多风险因素，主要表现为：一是前期尽职调查和项目论证不充分，突出表现在对海外业务环境分析不足，项目可行性研究过于乐观，未能及时识别出公司治理和财务状况等关键风险因素，导致投资决策产生偏差。二是投资后管理及整合不力。企业国际化经验不足，对投资所在国的法律、文化环境了解不充分，投资后面临管理、人员、文化整合等难题。三是外部安全审查增多。发达国家国际贸易和投资保护主义有所抬头，国家安全考虑日益成为外资监管的重要部分，一些国家对涉及核心技术、前沿技术和重大资源领域的投资，采取更为严格、形式更加多样的限制措施，增大了企业的海外投资风险。

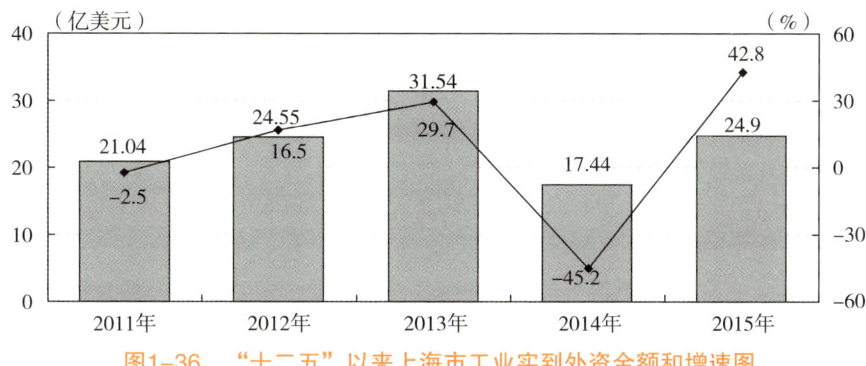

图1–36　“十二五”以来上海市工业实到外资金额和增速图

3）2016年双向投资发展趋势和展望

①2016年发展环境

2016年，国内外形势依旧错综复杂，对外开放与投资合作仍面临许多不确定因素。一是全球经济复苏存在不确定性。国际货币基金组织、经合组织等机构对2016年全球经济贸易增长都不甚乐观，世界银行近期将全球经济增长预期由原先的3.3%下调至2.9%。二是国内经济趋势性、周期性放缓仍将延续。我国经济仍处于“三期叠加”阶段，经济下行压力加大带来的不利影响和长期积累的结构性、深层次矛盾可能进一步显现，增长动能转换、发展方式转变依然存在多重制约和挑战。三是上海市双向投资面临挑战和机遇并存。一方面，美国主导的新一轮国际贸易投资规则体系正在加速推进并取得突破性进展，给我国参与全球和区域经贸合作带来很大挑战；另一方面，随着我国实施新一轮对外开放，自贸试验区投资贸易领域改革创新力度不断加大，与国际接轨的投资贸易规则加快建立，特别是“一带一路”愿景行动、推动装备“走出去”和国际产能合作，都将给上海市双向投资带来新的机遇。

②2016年主要指标

2016年上海市双向投资合作总体将处于发展势头良好的机遇期，呈现稳定发展的态势，预计全年利用外资将继续保持较快增长，实到外资规模保持170亿美元左右，新增跨国公司地区总部45家左右，对外直接投资中方备案金额将达到300亿美元，新签对外承包工程合同金额将达到100亿美元。

③发展思路和具体举措

2016年是实施“十三五”规划开局之年，上海市将深化自贸试验区制度创新，紧紧围绕“四个中心”和具有全球影响力的科技创新中心建设，主动适应经济全球化新趋势和国际投资规则新变化，深入把握跨国公司全球投资布局新特点，培育参与和引领国际经济合作竞争新优势，不断提高双向投资的质量和效益。

一是培育利用外资新动力。深化外商投资管理体制改革，探索将准入前国民待遇加负面清单管理模式和服务业扩大开放措施在全市推广。坚持引资和引技、引智并举，进一步完善总部经济和外资研发中心政策支持体系，集聚一批跨国公司地区总部和各类功能性机构落户上海市，完成吸引45家跨国公司地区总部的目标，支持已有外资研发中心向全球研发中心升级。鼓励外国投资者以跨国并购、风险投资、离岸业务、项目外包等方式开展投资。构建面向全球的投资促进工作网络，落实“投资促进十大计划”和智能制造“一区一业”招商计划，与松江、奉贤、金山等区县联动引进智能制造、新材料等一批先进制造业项目。

二是开创对外投资新格局。聚焦产业链、价值链和创新链融合，鼓励企业加大对境外研发中心、营销网络、资源能源项目的投资与并购，支持电力、纺织、汽车、化工等领域全产业链企业抱团走出去。聚焦“一带一路”、装备制造和国际产能合作，梳理推进一批重大投资合作项目，推动国际投资+工程、PPP、BOT、BT等创新投资模式，鼓励建设一批境外经贸合作区和产业园区。完善全流程境外投资服务体系，打造资本出海的门户。聚焦对外投资合作公共服务体系建设，加强境外经营安全风险防范。

三是落实国家自由贸易区战略。办好G20贸易部长会议，利用APEC、G20、WTO等各种平台，配合国家参与全球贸易投资规则的研究制订。以深化 “一带一路” 建设为契机，加快与更多的“一带一路”沿线国家部门和重要节点城市建立经贸合作伙伴关系。探索国家级经济技术开发区与自贸试验区联动，将国家级经济技术开发区打造成开放型经济的重要载体和招商引资的重要平台，支持有条件的国家级经开区走出去。深化与驻沪贸易投资促进机构的联系和沟通，引进若干贸易投资类国际组织、国际知名协会、贸易争议解决机构和仲裁机构。

（3）上海市“一带一路”双向投资发展情况

推进“一带一路”建设是党中央、国务院根据全球形势深刻变化，统筹国内、国外两个大局做出的重大战略决策。上海市委、市政府高度重视，2015年11月印发了《上海市参与建设丝绸之路经济带和21世纪海上丝绸之路的实施方案》，明确了上海市积极参与、主动服务国家“一带一路”战略的重点领域和相关要求。上海市立足实际，着力发挥比较优势，重点聚焦经贸投资、金融合作、人文交流、基础设施建设等领域，扎实推进各项工作开展。

1）2015年上海市与 “一带一路”沿线国家双向投资总体情况

①“一带一路”沿线国家在上海市投资情况

2015年，“一带一路”沿线国家在上海市投资合同外资金额达到31.75亿美元，比2014年增长26.5%；实到外资金额22.28亿美元，大增164.8%，其中，新加坡增长最为显著，增幅达到161.5%（见表1-34）。

表1-34　2015年“一带一路”沿线国家在上海市投资情况

	金额（亿美元）	同比（%）	占全市比重（%）
合同外资金额	31.75	26.5	5.6
新加坡	27.76	26.9	4.9
俄罗斯	0.80	—	0.1
巴勒斯坦	0.63	—	0.1
实到外资金额	22.28	164.8	12.1
新加坡	21.70	161.5	11.8
印度	0.41	—	0.2
文莱	0.04	72.1	0.02

②上海市对“一带一路”沿线国家投资情况

2015年，上海市企业积极参与“一带一路”建设，大力开拓沿线国家市场。全年对沿线国家投资项目24个，对外投资中方投资额94.5亿美元，比2014年增长10.7倍；实际投资23亿美元，增长7倍，占我国对沿线国家投资的近1/6。2015年，上海市承接“一带一路”沿线国家工程项目232个，新签合同额53.5亿美元，占全市48.2%，主要集中在东南亚的菲律宾、印度尼西亚和中东的阿联酋等国家；完成营业额47亿美元，增长7.8%（见表1-35）。

表1-35　2015年上海“一带一路”投资合作情况

	金额（亿美元）	占全市比重（%）		金额（亿美元）	占全市比重（%）
对外直接投资中方投资额	94.5	23.7	新签对外承包工程合同额	53.5	48.2
马来西亚	35.6	8.9	菲律宾	12.2	11.0
新加坡	24.3	6.1	印度尼西亚	8.2	7.3
以色列	20.3	5.1	阿联酋	6.0	5.4

2）2016年上海市“一带一路”双向投资发展展望

2016年，上海市将按照政策沟通、设施联通、贸易畅通、资金融通、民心相通的总要求，重点聚焦经贸投资、金融合作、人文交流、基础设施等领域，以企业为主体，实行市场化运作，加强与“一带一路”沿线国家和地区多领域的务实合作。

一是抓紧拟定2016年“一带一路伙伴关系”计划。按照四个原则确定建立经贸合作伙伴关系的目标，即“一带一路”沿线重要国家的城市或有关机构，与中国签有自由贸易协定国家的重要城市，拥有自贸区的城市，以及与上海市经贸往来频繁且有合作潜力的城市。在2015年基础上，力争2016年再推动与5个以上城市或投资促进机构建立经贸合作伙伴关系。

二是拓展投资贸易网络，扩大经贸往来。加快推进重要口岸互联互通，支持能源、港口、电力、通信、高端装备、建筑工程、服务业等优势领域企业“走出去”，加强与有关国家（地区）科技创新交流合作。对一些重要的经贸合作伙伴关系城市和有意向签约的城市，共同组织策划高层次、高水平的投资促进活动，以推动两地经贸合作取得实质性效果。

三是支持金融机构参与“一带一路”建设。推动人民币扩大跨境使用，支持境外机构和企业在上海金融市场发行债券，争取上海合作组织投融资机构等在沪成立。

四是不断提升对外交往水平。大力推进人才培养、科学研究、医疗服务和文化旅游等互利互惠双向合作交流，充分发挥好海外华人华侨桥梁纽带作用，推进民间友好组织交往，积极打造城市多边合作交流网络。

4.江苏省

（1）江苏省促进双向投资发展制定的相关政策

近年来，为抢抓“一带一路”建设重大历史机遇，深入贯彻落实国家“一带一路”战略规划和《国务院关于推进国际产能和装备制造合作的指导意见》（国发〔2015〕30号）精神，推动江苏省经济结构调整和产业转型升级，拓展产业发展新空间，打造经济增长新动力，开创对外开放新局面，江苏省先后制定了《关于抢抓“一带一路”建设机遇进一步做好境外投资工作的意见》《江苏省推进国际产能和装备制造合作行动方案》和《江苏省推进国际产能和装备制造合作三年行动计划（2016—2018）》，有力地推动了江苏省双向投资的深度和广度不断拓展。

（2）2015年江苏省双向投资的基本情况

2015年，面对错综复杂的宏观经济环境和经济下行压力不断加大的困难挑战，江苏省抓住国家重大战略实施契机，主动适应和引领经济发展新常态，全方位扩大对外开放，加快拓展发展新空间，全省开放型经济运行总体平稳、结构优化、转型加快，利用外资质量稳步提升，境外投资快速增长。

1）利用外资

2015年，在全球经济增长日益两极分化，俄罗斯卢布危局、美联储宣布加息、欧债“后遗症”、大宗商品价格震荡等新旧问题相互交织的复杂形势下，江苏省利用外资在2014年出现拐点后，继续低位运行，规模和速度均有所下降，但利用外资结构持续优化，外资企业运行平稳，转型升级步伐进一步加快。

①利用外资规模有所下降

2015年，江苏省新批外商投资项目2580个，下降14.9%；实际利用外资242.7亿美元，下降13.8%；协议利用外资393.6亿美元，下降

8.9%。全省实际利用外资规模占全国的比重为19.2%，居全国第二。全年实际利用外资和协议利用外资降幅逐步收窄，其中苏州、南京和无锡三市实际利用外资比重超过全省的50%，且全年协议利用外资均实现正增长。

②利用外资结构持续优化

一是服务业利用外资占比提升。2015年，服务业实际利用外资113.2亿美元，占全省实际利用外资比重达46.6%，比2014年提高3.1个百分点。其中，现代服务业外资增长显著，实际利用外资49.81亿美元，同比增长8.6%，占服务业外资比重44.02 %，比2014年提高6.6个百分点。融资租赁等类金融行业增长迅速，实际利用外资32.6亿美元，同比增长14.6%，占服务业外资比重28.8%，已成为服务业外资中仅次于房地产的第二大行业和服务业外资的新增长点。全省累计已设立外资融资租赁企业165家。卫生、社会保障和社会福利业同比增长792%，信息传输、计算机服务和软件业增长71.2%，居民服务和其他服务业增长51.6%。房地产业实际利用外资同比下降25.2%，占服务业比重比去年同期下降7.9个百分点。

二是战略性新兴产业利用外资显著增长。2015年，江苏省以先进制造业为主的十大战略性新兴产业实际利用外资增长11.6%，占全省实际利用外资的46.8%，比2014年提高10.7个百分点。其中，新一代信息技术产业、新能源产业、智能电网产业实际利用外资同比分别增长60.7%、79.9%和76.03%。

③外资区域分布更趋协调

2015年，苏南地区实际利用外资155.62亿美元，占比64.1%；苏中地区实际利用外资41.75亿美元，占比17.2%；苏北地区实际利用外资45.36亿美元，占比18.7%；沿海地区实际利用外资4.27亿美元，占比16.1%。苏中、沿海地区占比分别较2014年上升0.8、0.9个百分点。13个省辖市中，南京、无锡、镇江、南通、泰州、淮安6个市实际利用外资实现正增长。从外资来源地看，欧盟和“一带一路”沿线国家在江苏投资增长显著。2015年，欧盟在江苏实际投资18.19亿美元，同比增长32.6%，占全省比重7.5%，较2014年提高2.6个百分点，其中来自法国的实际利用外资同比增长525.8%。“一带一路”沿线国家在江苏省投资201个项目，实际利用外资12.95亿美元。其中，马来西亚投资增长576.7%，印度尼西亚投资增长387.1%，波兰投资增长848.3%。此外，开曼群岛、萨摩亚离岸转投地的实际投资分别增长141.9%、25.0%。

④外资增资并购趋势上升

2015年，江苏省外资企业增资扩股项目1459个，增资协议外资168.53亿美元，增长13.4%，占全省协议外资总额的42.8%，提升8.4个百分点。全省外资并购额33.20亿美元，增长28.1%，占实际利用外资总额的13.7%。2015年，仅苏州市就有589家外企增资扩股，新增协议外资51.2亿美元，占协议外资总额的57.3%；新增外资并购项目55件，并购交易额1.7亿美元。增资、并购正在成为国际资本在江苏投资的重要方式。

⑤外资新业态新模式发展良好

一是跨国公司地区总部和功能性机构数量持续增长。2015年，江苏省有关部门出台新修订的《关于鼓励跨国公司在我省设立地区总部和功能性机构的意见》，继续对跨国公司在江苏省设立地区总部和功能性机构予以鼓励和资金扶持，全年新认定了跨国公司地区总部5家、功能性机构2家。截至2015年年底，全省跨国公司地区总部和功能性机构数量已达141家，其中地区总部和功能性机构分别达到72家和69家。

二是外资服务业开放领域扩大。全省新设8家外商投资性公司、12家外资独立法人研发机构，新引进外资融资租赁企业21家，新增外资商业保理试点企业3家。苏州明基医院获批变更为外资独资医院，成为江苏省继南京明基医院后第二家外商独资医院。

三是外资金融领域改革试点稳步推进。2015年3月，张家港保税港区经国家外汇管理局批准成为全国开展外债宏观审慎管理的三个试点地区之一。7月，人民银行批准昆山试验区开展区内台资企业“跨境贷”业务试点。截至2015年年底，昆山试验区办理台企集团内部双向借贷企业户数达267家，168家企业发生双向借款业务，双向借款规模达186.72亿元，其中借入120.08亿元，借出66.64亿元(其中5.82亿元为台资企业)，为相关企业节约融资成本超过3亿元。苏州工业园区跨境人民币业务试点发展态势良好。2015年，苏州工业园区累计有7家企业办理了8笔跨境人民币贷款合同登记，合同金额为8.19亿元，累计8家企业提款8.09亿元，累计19家企业归还跨境人民币贷款本金16.81亿元。9月，国家发展改革委印发通知，改革外债管理方式，对企业发行外债实行备案登记制管理。截至2015年年底，江苏长电科技、江苏新海连集团等企业先后完成境外发债备案登记，涉及境外融资超过13亿美元。

⑥外资企业运行态势基本平稳

2015年，江苏省外资企业进出口总额达3358.56亿美元，占全省总额的61.6%。其中，出口1930.21亿美元，进口1428.35亿美元。外资企业设备进口27.97亿美元，同比增长9.2%，高于2014年25.8个百分点，外资企业在江苏省经营活动进入新的投入期。全省外资企业缴纳涉外税收2720.17亿元，同比增长5.1%，显示在宏观经济形势不利情况下，外资企业运行保持了稳定和较强活力。全省52家外商投资重点企业中，2015年度主营收入同比增长、经营状况良好的企业有29家，占55.8%；主营收入同比小幅下降、经营状况一般的10家，占19.2%。年度主营收入突破百亿元的有6家，占11.5%，分别是，盐城东风悦达起亚478亿元、苏州名硕电脑432亿元、常州天合光能232亿元、南京长安马自达194亿元、南京博西家电175亿元、无锡SK海力士半导体112亿元。

2）境外投资

2015年，江苏省认真落实国家“一带一路”战略，加快推进国际产能合作，持续深化境外投资管理体制改革，提高企业境外投资便利化程度。全省境外投资快速增长，呈现大项目不断涌现、二三产业亮点纷呈、民营企业为主、“一带一路”沿线占比提高等特点。全年共核准（备案）境外投资项目879个，同比增长19.4%；实现中方协议投资额103亿美元，同比增长42.8%。

①境外投资层次和水平不断提升

2015年，江苏省境外投资项目平均投资规模达1212万美元，较2014年增加179万美元。境外并购活跃度明显提升，全年新增参股并购类项目170个，中方协议投资额20亿美元，分别增长54.6%、81.2%，分别占全省总量的19.3%和19.4%。非贸易型境外投资项目增长较快，其中，境外加工贸易项目中方协议投资额增长94.1%，境外资源开发项目中方协议投资额增长225.4%，分别占全省的10.9%和7.2%。一批重大项目成功落实。苏宁云商出资22亿美元认购阿里巴巴集团增发股份项目，成为江苏省2015年投资规模最大的境外并购项目；德龙镍业在印尼投资9.29亿美元的60万吨镍铁合金冶炼项目、长电科技7.8亿美元收购新加坡上市公司STATS ChipPAC Ltd.等一批重大项目顺利获得国家发展改革委备案登记。

②第二产业对外投资快速增长

2015年，江苏省第二产业对外中方协议投资额同比增长51.9%，增速较2014年提高44.5个百分点，占全省比重为37.7%，较2014年提高3.6个百分点。其中，采矿业同比增长180.5%，建筑业同比增长155.3%。从制造业内部看，有色金属冶炼业、通用设备制造业、电气机械及器材制造业、通信设备计算机设备制造业同比分别增长818.6%、275.4%、312.8%和92.1%，全省优势产业走出去步伐正在加快。第三产业仍为江苏省境外投资的首要产业，占全省比重达61.1%，且投资领域主要集中在批发和零售、租赁和商务服务业、房地产业，三大行业合计境外投资中方协议投资额达到全省总额的52%。

③亚洲仍是江苏省企业走出去的主要目的地

2015年，江苏省对亚洲投资项目数468个，中方协议投资额59.5亿美元，分别较2014年增长21.9%和43.4%，占全省的53.2%和57.7%。对拉丁美洲、大洋洲和北美洲投资增长较快，中方协议投资额分别增长133.3%、63.4%和54.5%，占全省比重分别为11.4%、6.9%和12.4%。

④苏北地区对外投资增速领跑全省

2015年，苏北地区实现中方协议投资额17.9亿美元，同比增长162.3%，高于全省119.5个百分点；占全省比重为17.4%，较2014年提升6.5个百分点。盐城、徐州、淮安、连云港境外投资中方协议投资额增幅分别达到212.4%、196.3%、116.9%和111.5%。苏南地区作为全省主要资本流出地，境外投资项目数达647个，增长23.2%，占全省的73.6%；中方协议投资额68.3亿美元，同比增长29.5%，占全省比重为66.3%。苏中地区实现中方协议投资额16.8亿美元，同比增长33.6%，占全省比重为16.3%。民营企业发挥境外投资主力军作用。2015年，民营企业境外投资项目693个，中方协议投资额79.5亿美元，分别占全省的78.8%、77.2%。南通富士通微电子股份有限公司投资3.78亿美元收购美国超微半导体公司下属工厂项目顺利推进。

(3) 2015年江苏“一带一路”双向投资的发展情况

1）“一带一路”沿线国家在江苏省投资情况

2015年，“一带一路”沿线国家在江苏省投资201个项目，同比下降11.45%；新增协议外资20.12亿美元，同比增长21.3%；实际使用外资12.95亿美元，同比下降14.16%，分别占同期全省外资总量的11.18%、7.93%和7.27%。其中，制造业实际使用外资占“一带一路”沿线国家总投资的56.8%，以通信设备、计算机及其他电子设备制造、通用设备制造、化学原料及化学制品制造为主；服务业实际使用外资占41.6%，以批发和零售、房地产、交通运输、仓储和邮政为主。

2015年，“一带一路”沿线国家中，在江苏省投资前五位的国家分别是新加坡、马来西亚、印度尼西亚、波兰、印度，分别实际使用外资7.04亿美元、3.6亿美元、0.92亿美元、0.41亿美元、0.2亿美元。

2）江苏省在“一带一路”沿线国家投资

2015年江苏省在“一带一路”沿线国家投资项目187个，中方协议投资额27.3亿美元，同比分别增长23.0%和98.8%，分别占全省同期总量的21.3%和26.5%，较2014年同期提高7.5个百分点。

印度尼西亚、巴基斯坦、泰国、马来西亚和新加坡是江苏省赴“一带一路”沿线投资额最多的前五个国家，合计共占全省赴“一带一路”沿线投资总额的逾六成。蒙古、哈萨克斯坦、马来西亚、乌兹别克斯坦和俄罗斯是江苏省赴“一带一路”沿线投资额增长最快的前五个国家，同比成十倍甚至百倍增长。

3）2016年开放型经济工作总体思路和重点举措

2016年开放型经济发展目标是，外贸进出口力争实现正增长，实际利用外资规模保持稳定，境外投资中方协议投资额增长10%以上。

2016年江苏省发展改革系统开放型经济工作总体思路是，深入贯彻落实中央和全省经济工作会议精神，以中央重大决策和省委省政府决策部署为引领，以开放发展为主线，按照“三个国际化”的战略定位，坚持对内对外开放相互促进、引进来走出去融合发展，主动融入“一带一路”和长江经济带建设大局，深入推进国际产能和装备制造合作，着力推动开放平台载体提质增效，进一步拓展开放新空间，构建开放新格局，以开放型经济工作的新突破、新作为，力促全省对外开放水平再上新台阶。

①落实行动方案，全力推进国际产能合作

将推进国际产能合作作为江苏省实施“一带一路”战略的重要支撑和工作重点，进一步完善和落实工作机制，加强境外合作园区和重大项目管理服务，支持江苏省更多有条件、有需求的企业走出去，拓展新的发展空间。

一是抓园区、抓项目。省市层面要抓紧完善国际产能合作滚动项目库，对重点园区、重大项目做到心中有数、加快推进。积极发挥委省协同机制、双边产能合作机制作用，推动开展“一省一地”对接活动，争取将江苏省境外投资重点项目尽可能纳入国家重大项目库，争取国家层面的资金、财税、金融支持。

二是抓机制、抓协调。召开推进国际产能合作部门联席会议机制第一次会议，明确年度重点工作，协调推动重大项目和境外产业集聚区建设；编制江苏省推进国际产能合作三年行动计划，研究制定重点国别政策规划指引，明确目标任务和责任分工。

三是抓服务、抓落实。以服务企业、服务园区、服务项目为重点，协同加强境外投资综合服务体系建设，有效整合各级政府、企业、商（协）会、金融机构和中介服务机构信息资源，合力打造信息交流综合服务平台。

②围绕中心工作，深入开展重点问题研究

“十三五”时期，是江苏外贸“优进优出”发展的转型期，利用外资保持稳定增长的平稳期，“走出去”量质齐升的机遇期和开发区创新发展转型升级的关键期。适应这一形势要求，江苏省发展改革委将开展“新常态下江苏拓展对外开放新空间，培育国际竞争新优势研究”，形成一个主研究报告和外贸、外资、走出去、开发区四个方面的专题研究报告，并从中提炼出核心观点和政策建议报送省委省政府决策参考。

③抢抓发展机遇，加快开发区转型升级

根据国家工作部署，做好开发区情况摸底报送工作。配合国家发展改革委做好《中国开发区审核公告目录》修订工作，完成对江苏地区开发区的初步审核及相关工作，力争更多符合条件的开发区纳入国家审核公告目录。从促进开发区转型升级创新发展，推动江苏省长江经济带国家级转型升级示范开发区申报和建设工作，继续支持符合条件的省级开发区升级为国家级开发区，做好省级开发区的新设和扩区、调整区划工作，积极支持海关特殊监管区整合优化提升；支持苏州工业园区开展开放创新综合试验；支持昆山深化两岸产业合作试验区和淮安台资产业转移集聚服务示范区深化对台产业合作；支持中韩（盐城）产业园等中外合作园区建设。

④创新理念方式，积极利用国外优惠资金

2016年，要结合国家、江苏省经济社会发展规划和战略重点，围绕生态环保、污染防治、扶贫开发、新型城镇化、医养结合、职业教育、节能减排和现代农业等领域，积极开展年度国外贷款项目的组织、规划和申报工作，更加注重申报项目的“引资”和“引智”“引技”相结合。深入推进外债管理备案登记制改革，积极争取江苏省外债规模切块管理改革试点，积极支持资信状况好、偿债能力强的企业围绕国家产业政策和地方发展战略重点发行外债，尤其是募集资金主要投向“一带一路”、国际产能合作、长江经济带等战略的项目，以及拉动力强、社会经济效益好的交通基础设施、新型城镇化、战略新兴产业、信息科技、绿色环保、现代物流等领域重大项目。

5.浙江省

（1）浙江省2015年利用外资基本情况

截至2015年年底，浙江省累计共批外商投资企业55905家，投资总额5147.5亿美元，合同外资2906.6亿美元，实际外资1586.5亿美元。

浙江省2015年利用外资工作主要呈现以下特点：

1）外商投资区域继续集中

2015年，浙北五市（杭、宁、嘉、湖、绍）的合同外资、实际外资分别为278.2亿美元、169.5亿美元，占全省比重的94.0%和93.8%，分别比2014年提高5.8、3.3个百分点；其中杭州市、宁波市、嘉兴市实际外资合计140.3亿美元，占全省比重的82.7%，全省实际外资增长主要靠上述三市拉动。

2）大项目和增资项目拉动明显

2015年新批（含增资）投资总额3000万美元以上项目131个，投资总额243.9亿美元，合同外资131.7亿美元，投资总额和合同外资分别占总数的59.2%和47.3%。其中1亿美元以上项目62个，投资总额131.1亿美元，合同外资54.4亿美元。2015年合同外资增资89.2亿美元，占总数的32.1%，同比增长5.3%。

3）欧美国家投资快速增长

中国香港仍为第一大投资来源地，实际外资为107.0亿美元，占总数的63.1%，同比下降5.1%。来自欧盟的合同外资23.1亿美元，实际外资19.9亿美元，分别增长217%和265%。其中德国、英国、荷兰、卢森堡实际外资分别为9.7亿美元、3.3亿美元、2.2亿美元、2.0亿美元，同比分别增长9.9倍、5.0倍、13.1倍和5.1倍。美国实际外资4.9亿美元，同比增长168.6%。

4）三产结构更加优化

第二产业合同外资102.5亿美元，实际外资71.9亿美元，同比分别增长7.6%和27%，实际外资比重已从去年同期的37.5%上升到42.4%。其中高新技术项目合同外资13.0亿美元，实际外资10.0亿美元，同比分别增长36.6%和37.5%。医药制造业实际外资3.3亿美元，同比增长5倍。第三产业合同外资174.6亿美元，实际外资96.8亿美元，除房地产外，实际外资同比增长29.5%。信息传输、计算机服务和软件服务业实际外资11.2亿美元，同比增长76.2%；金融服务业实际外资8.2亿美元，同比增长273.2%。

5）开发区外资主战场作用明显

2015年开发区新批项目692个；合同外资153.0亿美元，实际外资99.4亿美元，同比分别增长14.6%和9.4%，分别占全省总数的55.0%和58.6%。其中省级开发区实际外资37.0亿美元，同比增长37.3%，继续保持快速增长。国家级开发区中实际外资62.4亿美元，同比下降2.4%，降幅继续收窄。

6）引进世界500强稳步推进

2015年新批世界500强投资企业24家，投资总额15.2亿美元，合同外资9.0亿美元。其中辉瑞制药有限公司投资的辉瑞生物制药（杭州）有限公司投资总额3亿美元，合同外资1亿美元；兆丰国际商业银行股份有限公司投资的宁波分行投资总额和合同外资均为1.628亿美元。截至2016年年中，浙江省已累计批准174家世界500强投资企业526个，投资总额266.0亿美元，合同外资108.0亿美元。

（2）浙江省2015年境外投资基本情况

截至2015年年底，浙江省经审批核准或备案的境外企业和机构共计7816家，累计对外直接投资额417.19亿美元。

2015年，浙江省企业在“一带一路”沿线国家投资项目163个，投资额为44亿美元，增长3.8倍。

浙江省2015年境外投资呈现如下特点：

1）大型项目数量众多

浙江省全年1亿美元以上对外投资项目达29个，投资金额为99.4亿美元，占比为71.5%。

2）境外直接投资多措并举，为供给侧改革提供有力支撑

浙江省以并购形式实现境外投资项目135个，并购额51.1亿美元，平均单个项目并购额同比上升1.4倍。其中技术研发类对外投资达到17.4亿

美元，增长13.9倍。

3）电商领域境外直接投资加速

全年电商领域投资项目30个，投资额约为1.5亿美元。其中，在境外设立海外仓、建立电商平台或收购电商技术服务公司的企业共有25家，总投资金额约为4500万美元。

4）国际经济合作稳步增长，市场份额向大型企业集中

浙江省完成营业额超5000万美元的企业有浙江建设投资集团等31家企业，合计营业额41.8亿美元，以10.6%的对外工程承包资质企业实现了67.7%的营业额。市场分布更加完善，全省在亚洲、非洲分别完成营业额21.9亿美元、21.2亿美元，均增长19%左右，合计占总量的69.7%。在"一带一路"沿线国家，全省完成营业额18.8亿美元，占比达30.5%，比2014年提高约5个百分点。

（3）"十三五"时期利用外资和境外投资面临的形势

2015年以来浙江省利用外资和境外投资取得了显著成就，对拉动经济增长、促进产业转型升级起到了重要的作用，但同时还存在以下主要问题：一是外资结构和质量有待进一步优化，服务业开放程度不高，生产性服务业和高新技术产业利用外资水平有待进一步提升。二是吸引外资后劲不足，受内地省份招商引资力度加大以及浙江省土地、劳动力等成本上升多因素制约，浙江省对外资的吸引力有所弱化，储备的新项目少。三是利用外资环境有待改善，高能级的平台载体不足，招商人才不足。四是"走出去"与"引进来"互动不足，企业"走出去"以后，吸引高端生产环节回归，带回先进技术、资源等方面成效不明显。"十三五"时期，浙江省利用外资和境外投资面临新的形势：

世界经济格局和规则加速重构。一是美国加快推进TPP、TTIP、TISA等多边协定，力图主导新一轮国际经贸规则，少数国家对其他国家排他性的区域壁垒提高。与此同时，全球投资自由化继续推进，根据

联合国贸发会议《世界投资报告2014》，2013年59个国家和经济体调整了87项外资政策措施，其中61项涉及投资的自由化、促进与便利化。二是美国等发达国家实施“再工业化”，东南亚等国家依托劳动力成本优势吸引外资力度加大，倒逼我国提升利用外资水平，加快向创新驱动转变。三是全球经济增长格局深度调整，美国经济有所复苏并开启加息周期，但基础不巩固，后续政策存在变数；欧洲、日本经济增长趋缓，存在通缩压力；新兴市场资本流出明显，世界经济走向的不确定性加大，浙江省利用外资和境外投资面临的不确定性也相应加大。

我国重大开放战略全面推进实施。一是十八届五中全会提出创新、协调、绿色、开放、共享五大发展理念，“一带一路”和自由贸易区等重大开放战略深入实施，对浙江利用外资和境外投资带来新的机遇。二是自由贸易试验区作为国家级战略平台加快建设，政策先行优势突出，成为利用外资的主要集聚地和境外投资的重要服务平台。三是我国加快向创新和消费驱动转变，市场潜力不断加大，尤其是服务业市场准入进一步放开，使得服务业有望成为“十三五”时期浙江省利用外资新亮点。四是金融双向开放、人民币国际化为创新国际资本流动方式开辟新的空间，基金、股权投资等形式的间接投资更加活跃。

浙江加强开放型经济强省建设。一是省委、省政府高度重视。浙江省首次编制开放型经济发展规划，并被列为浙江省政府“十三五”重点专项规划。二是省内开放型经济发展战略平台能级提升。舟山江海联运服务中心、中国（杭州）及中国（宁波）跨境电子商务综合试验区、义甬舟开放大通道以及民企民资参与“一带一路”建设先行区等全省重大开放战略平台加快推进实施。三是企业国际化经营步伐加快。省内企业迫切需要开展境外投资，加强与跨国公司的合作，在全球范围配置资源。同时，“走出去”回归投资的红利开始呈现，有不少本土跨国公司开始实施回归战略，把国外积累的技术、资金、管理和其他企业资源带回国再投资。四是G20峰会、亚运会等重要国际会议和国际赛事的筹办与召开，为提升城市国际化发展水平带来重大机遇。

综合判断，“十三五”是浙江省全方位推进对外开放，全面提升国际竞争力的关键期，是加快推进供给侧结构性改革、实现治理体系和治理能力现代化的关键期。

6.宁波市

宁波作为“书藏古今、港通天下”的现代化国际港口城市和“一带一路”的重要战略节点城市，按照国家“一带一路”规划部署，在新时期、新形势下，发挥开放型经济特别是港口经济的优势，在参与“一带一路”建设中发挥了积极的作用。

（1）宁波市促进双向投资的政策举措

近两年，宁波市主要面向中东欧地区出台并实施了一系列促进双向投资的政策举措。2015年，宁波市政府出台《关于加强与中东欧国家全面合作的若干意见》，2016年3月，市商务委联合市财政局下发《宁波市中东欧经贸合作补助资金管理办法》，具体如下：

1）支持企业赴中东欧开展投资合作

对宁波市企业在中东欧国家开办产业园区、开展境外投资、对外承包工程，其在境内外银行取得专项用于项目建设的一年期以上贷款，按照不超过其上年度实际支付利息金额的50%给予贴息；对发生的前期费用，按照不超过上年度实际发生额的50%给予补助。

2）中东欧境外产业园区建设补助

对宁波市企业赴中东欧国家开设工业及产业园区、物流园区、资源开发区、商品中心，经认定，按照不超过园区投建费用50%给予一次性补助，最高补助300万元。认定办法参照《关于印发宁波市境外三大基地认定办法（试行）的通知》（甬外经贸境外〔2014〕22号）执行。

3）支持企业参与投资合作和贸易促进活动

对宁波市企业2015年度参加宁波市及以上商务主管部门组织的中东欧国家投资合作和贸易促进活动，对其发生的国际旅费、国际城市间交通费、住宿费、伙食费、公杂费、签证保险费等出国费给予不超过50%的补助，每人最高补助2万元，同一活动每家企业最多补助2人。

4）支持中东欧企业在宁波市投资

一是鼓励各县（市）区引进中东欧国家代表处。对各县（市）区政府为引进中东欧国家级经贸联络代表处而发生的代表处开办费，按照不超过实际发生开办费的50%给予补助，每个代表处最高补助50万元。二是鼓励中东欧企业在宁波市投资。对中东欧国家企业在宁波市新设立的生产性企业（含研发机构），根据实到外资验资报告金额，分档给予一次性补助：300万美元以下给予最高20万元补助；300万美元（含）~1500万美元给予最高80万元的补助；1500万美元（含）以上给予最高150万元的补助。三是对符合宁波市产业发展导向的中东欧项目，在土地、水电、资金等资源要素方面给予重点保障，对用工、员工子女入学等开设绿色通道。

5）鼓励各县（市）区投建中东欧产业园

支持建设中东欧产业园区，由宁波市财政每年统筹500万元资金，加快宁波保税区中东欧物流园区、慈溪中东欧特色产业园建设，鼓励宁波各县（市）区、重点开发区域为中东欧投资项目出台配套服务政策。对市政府有关文件明确予以支持的市内中东欧产业园，每年给予不超过100万元的补助，专项用于园区基本建设和境外招商。

6）加大对中东欧国家合作金融支持

支持宁波企业通过境外放款为其在中东欧国家的子公司和关联公司提供资金。宁波企业赴中东欧国家投资，300万美元以内的前期费用可由银行直接办理，超过300万美元可经外汇局登记后到银行办理。开展境外并购外汇管理改革试点，宁波企业赴中东欧国家并购可先行办理外汇登记，凭外汇登记凭证直接汇出并购资金，在规定期限内再补办相关手续。发挥宁波作为全国唯一跨境贷款试点的优势，鼓励宁波各银行直接为中东欧国家机构或个人发放贷款。中东欧国家投资者可以根据实际经营需要实施资本金意愿结汇。支持与中东欧国家金融机构合作，发展跨境人民币直接投资业务、开立人民币保函和境外项目人民币贷款。支持跨境人民币资金池业务增量扩面。

7）中国信保宁波分公司支持宁波企业“走出去”

一是海外投资简易模式。宁波“走出去”企业都可以通过配套海外投资险，一方面可以弥补海外政治风险等所带来的可能损失，另一方面可以获得中信保专业团队与渠道提供的风险评估、风险预警、项目辅导、国别咨询等服务，从而全方位弱化了投资环境风险给企业海外经营带来的不确定性。在该模式下，合同金额（或保险金额）低于千万级美元的项目，只要不涉及国家有关文件规定的敏感行业，均可适用简化流程进行项目审批及承保。

二是中长期小额承担模式。中长期小额承保模式是中国信保专门为推动宁波“走出去”企业积极参与海外中长期项目承接，以批限额形式对买方进行授信的方式，实现中长期项目批量承保。中国信保小额试点模式的核心为通过买方财务实力、经验状况、所在国别等因素的全面调查与分析，将项目风险审核的关键锁定在买方身上，在简化项目所需材料，减轻企业投保负担的同时，不但没有弱化承保本身的风险控制作用，而且更有针对性地向企业提供了风险分析及咨询评估等服务。中长期小额承保模式取消了传统中长期模式所必经的意向书流程，并通过授信这一批量承保之手段，将传统模式长达2~3个月的承保流程耗时大幅度缩短，控制到一个月以内，为企业在短时间内并有信保保驾护航的前提下，进行中长期项目的承接及操作。

（2）2015年宁波市利用外资和境外投资的基本情况

1）双向投资总体规模增长情况

“引进来”方面，2015年，宁波市累计新批外商投资项目444个，同比下降5.1%；利用外资总额119.26亿美元，同比下降11.7%；合同外资76.54亿美元，实际使用外资42.34亿美元，同比分别增长9.0%和5.2%。全市新批总投资（含增资）1亿美元以上项目共18个，合同利用外资17.03亿美元，同比增长13.7%。新批入世界500强项目2个，其中，美国雪佛龙公司投资设立润滑油添加剂项目，一期总投资1.6亿美元，宁波市已成为雪佛龙奥伦耐润滑油添加剂全球第五个制造中心；香港华润集团投资设立象山华润燃气有限公司，总投资2778万美元，从事象山县域内管道燃气、瓶装燃气经营。

“走出去”方面，2015年，宁波市累计备案(核准)境外企业和机构226家，同比增长13.0%；备案(核准)中方投资额25.11亿美元，实际中方投资额12.77亿美元，同比分别增长36.6%和49.5%。共核准中方投资额千万美元以上项目46个，合计投资额19.6亿美元，占全市总额的78.1%。全市境外承包工程劳务合作营业额达19.07亿美元，新签合同额14.1亿美元，其中千万美元以上项目12个，合同总额7.0 亿美元，占全市新签合同额的49.8%。企业共开展跨国并购25起，同比增加5起，累计并购金额2.5亿美元，同比增长27.3%。其中，宁波双林汽车投资1亿美元收购澳大利亚传动系统国际控股有限公司，成为宁波市2015年最大的并购项目。

2）双向投资的结构状况

①“引进来”方面

从产业结构看，第二产业的利用外资过半，第三产业的利用外资下滑。2015年，宁波市第二产业的实际利用外资22.83亿美元，同比增长21.5%，占全市总额的53.9%，比重比2014年提高7.2个百分点。其中石油加工焦炼及核燃料加工业合同利用外资3亿美元，实际利用外资3.33亿美元，分别是2014年的2.6倍和7.7倍，交通运输设备制造业合同利用外资、实际利用外资13.57亿美元和8.84亿美元，分别是2014年的4.8倍和12.3倍。第二产业的项目中，宁波杭州湾经济技术开发区上海大众汽车有限公司宁波分公司一期及扩建项目，合同利用外资和实际利用外资均为8亿美元，是宁波市近年来引进最大规模外资项目。第三产业实际利用外资19.37亿美元，同比下降9.6%。主要行业中房地产业、批发零售业实际利用外资同比分别下降9.9%和49.5%，但科学研究技术服务和地质勘查业、信息传输计算机服务和软件业成倍增长，实际利用外资分别是2014年的4.8倍和3.5倍。第三产业项目中，首个中外合资养老项目——宁海县九亲堂长者怡园落地填补了宁波市外商投资养老项目的空白，首家台资银行——兆丰银行落户江东区东部新城，合同利用外资1.6亿美元。第一产业全年实际利用外资仅1388万美元，但比2014年增长3.5倍。

从区域结构看，港资项目份额大幅减少，欧洲引资显著增长。2015年，宁波市港资项目实际利用外资21.96亿美元，同比下降21.3%，占全市总额的51.9%，比重比2014年减少17.4个百分点。从欧洲引资高速增长，合计实际利用外资9.13亿美元，是2014年的7.6倍，其中来自英国、德国的实际利用外资6334万美元和8.01亿美元，分别增长17倍和31倍。丹麦、意大利和瑞士等国外资也持续落地。美国的实际利用外资3857万美元，与2014年基本持平。

②“走出去”方面

从区域结构看，传统市场走出去继续深化，新兴市场不断拓展。2015年，亚洲仍然是宁波市企业走出去的热点地区，全年对亚洲地区核准中方投资额15.3亿美元、完成境外承包工程营业额8.5亿美元，占全市总额的61.0%和44.5%，同比分别增长10.9%和25%。2015年，宁波市境外投资国家（地区）新增4个，分别为芬兰、肯尼亚、马达加斯加、安圭拉。

从产业结构看，第三产业境外投资快速增长，对外承包工程结构更趋优化。2015年，以批发零售业、文化产业等为主要代表的第三产业对外投资增速较快，合计对外投资17.3亿美元，占宁波市总额的68.9%，同比增长57.3%。其中，建筑业对外投资1.6亿美元，是2014年同期的10倍，大幅带动了对外承包工程的多元化发展。对外承包工程行业中，房屋建筑、电力工业、制造加工设施建设项目增幅较大，分别完成营业额5.1亿美元、4.3亿美元和3.1亿美元，同比分别增长26.9%、22.6%和16.3%。

3）双向投资面临的问题

从企业角度，一是企业“走出去”发展战略不清晰。宁波市企业“走出去”仍然处于初级阶段，特别是民营企业作为“走出去”的主力军，普遍缺乏清晰的战略性规划和现代化管理制度。部分企业“走出去”，仅仅是为规避国内激烈的竞争，境外投资成功的概率普遍不高。部分企业希望通过海外并购掌握行业的核心技术，但由于内外联动不足和经验欠缺，并购后整合重组及管理能力不足，对先进要素的消化吸收不畅。同时，企业普遍存在跨行业境外投资的情况，存在很大的投资风险。二是缺乏领军企业带动。宁波市企业“走出去”以民营企业为主，自身经济实力不强，没有投资大项目的资金、技术和管理团队，缺乏“走出去”的领军企业和领军大项目。加之宁波民营企业习惯于国内的“单打独斗”式经营模式，企业间境外投资缺乏有效的协作，不能“抱团走出去”，阻碍企业在境外做大做强。三是企业缺乏风险意识。走出去的企业普遍对境外保险缺乏风险意识，投保额度明显不足。在境外项目的实施过程中，企业缺乏与所在国使领馆联系，影响领事对企业进行保护和安全指导。同时，少数企业“走出去”的过程中一定程度上存在不规范的运作方式，增加了投资的风险。四是国际型专业人才缺乏。“走出去”企业严重缺乏境外投资及后续项目管理所需的众多涉外专业人才。目前，既具备相关专业知识和业务能力，又懂外语、能交流，了解东道国的政治、经济、文化情况的复合型人才十分匮乏，高层次人才的缺乏，已影响到宁波市“走出去”的水平提升和境外企业的经营效益。

从政府角度，政府作为企业海外投资宏观环境营造者和综合信息提供者，有必要进一步提高服务能力。一是面对不断变换的世界局势，以及一系列特定风险，缺乏针对国家宏观投资环境的及时跟踪和整体评估。尤其针对亚非拉等发展中国家的投资风险预警机制始终未能建立。同时缺乏统一的机构或部门为境外投资企业提供全面、系统、有效的信息服务，难以满足企业实际需求。二是宁波市民营企业规模较小，实力和抗风险能力较弱，境外地区的使领馆、商会等能力有限，导致企业在当地投资发生纠纷后很难获得必要的投资安全援助。三是对“引进来”的政策扶持力度不足，部分产业园区基础设施配套跟不上，对境外企业的吸引力不大。

从金融支持角度，宁波市境外投资以民营企业为主，境外投资所需资金主要依靠自有资金，融资问题是企业反映最普遍最突出的问题，也是制约企业“走出去”的最大障碍。一是政策性金融支持不完善，适用范围有限。中国进出口银行对企业走出去服务发展迅速，但提供的境外投融资项目规模仍然较小，其服务对象集中在国有大型企业以及能源、资源等战略性领域，门槛较高，民营企业获得的信贷支持难度较大。二是银行境外分支机构能力不足，全球授信体系不完善。我国银行在境外分支机构网点少、规模小，且增长缓慢，目前不具备承担支撑我国境外企业融资的能力；我国银行主要在发达国家和地区设立分行，与宁波市企业在新兴市场国家投资增长迅速存在错位。三是企业海外融资难度高。境外投资企业在境外往往属于新设立公司，资信状况有限，准入条件高，难以获得贷款或所得贷款规模有限。四是支持企业境外投资的股权投资机构较少，支持对象少、门槛要求高，难以满足中小型民营企业需求面广、额度较小的融资特征。五是信用保险有待完善。目前宁波市只有中信保宁波市分公司开展境外投资项目的有关保险业务，重点针对的是符合国家政策导向的项目，承保的风险主要是政治风险，难以满足宁波市民营企业境外投资实际需要，制约了其对境外投资提供的金融支持力度。

从中介力量角度，宁波市投资银行、财务、法律以及管理咨询等专业中介服务力量薄弱，缺乏境外调查、法律审查、资产评估、风险评估等方面的经验和能力，难以为政府和企业提供所需专业咨询服务。

4）2016年双向投资发展趋势和展望

从国际看，国际金融危机后，全球经济始终不景气，大量的游资需要寻求新的投资机会，中国巨大的市场及稳定的发展环境对国际资本仍有较强的吸引力。同时由于国际金融危机导致欧美等主要发达国家大量产业及企业的资产缩水，为中国“走出去”提供了更加广阔的新空间。加之众多的发展中国家不同程度需要中国投资的支持，以促进其加快发展。这些因素产生的叠加效应强有力地推动中国双向投资出现了全面加快发展的新格局。

从国内看，在中国经济进入新常态，经济下行压力不断加大，外需低迷的情况下，我国实施一系列创新驱动战略，借助新科技革命机遇，推进工业4.0，提升制造业，发展新兴服务业，改善国内宏观调控，简政放权，为外商投资提供了更加宽松、便利、公平的宏观与市场环境。同时，放宽各类“走出去”政策，积极倡导国际产能和装备制造业合作，为企业对外投资提供更加积极便利的政策环境与金融服务。

从宁波市看，宁波市作为“书藏古今、港通天下”的现代化国际化港口城市，具备民间资本活跃、民营企业资源链接能力突出等优势，新时期下，宁波市提出打造更具国际影响力的“一圈三中心”，作为宁波市“十三五”战略时期及城市中长期发展的重要战略部署，势必伴随一系列促进双向投资的政策举措出台并落实。同时，随着近两届中国-中东欧博览会在宁波市成功举办，宁波市成功获中国制造2025示范试点城市等溢出效应不断扩大，预计未来宁波市双向投资有望保持长期向好态势，2016年全市双向投资水平明显提升、投资规模稳步增长。

（3）2015年宁波市"一带一路"双向投资的发展情况

1）"一带一路"沿线国家对宁波市的投资

2015年，"一带一路"沿线18个国家在宁波市累计投资项目61个，同比增长5.2%。实现合同外资6.01亿美元，同比下降26.9%，占全市外商投资总额的7.9%；实际利用外资3.1亿美元，同比增长6.1%，占全市总额的7.3%。东南亚是宁波利用外资的最大来源地区，实现合同外资4.0亿美元，其中新加坡合同外资3.0亿美元，是外资最大来源国，其次是南亚、中东欧、西北亚非和中亚地区（见图1-37）。投资领域以第三产业为主，范围主要涉及商业、住宅、教育、医疗等行业。

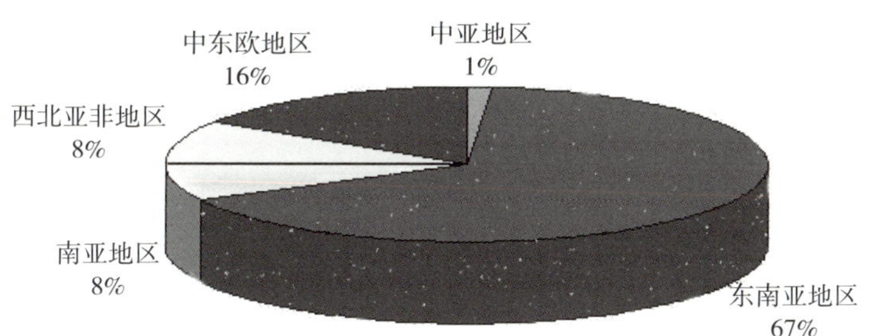

图1–37　2015年"一带一路"沿线国家对宁波市投资区域分布

2）宁波市对"一带一路"沿线国家的投资

2015年，宁波市紧抓国家大力实施"一带一路"战略机遇，在"一带一路"沿线国家"走出去"方面取得显著成效。全年共在沿线18个国家设立境外企业和机构49个，同比增长81.5%，核准中方投资额3.6亿美元，同比增长12.5%，占全市境外投资总额的14.3%。在沿线21个国家完成对外承包工程营业额9.1亿美元，同比增长29.9%。

区域结构方面，东南亚地区是宁波市企业“走出去”的最主要区域，全年共设立境外企业（机构）30家，占“一带一路”沿线国家的62%，核准中方投资额达2.5亿美元，占71%。伴随首届中国-中东欧博览会成功举办带来溢出效应，宁波市与中东欧地区的投资合作日趋紧密，全年在罗马尼亚和匈牙利共核准中方投资额1044万美元，同比增长28.5倍。对中亚地区投资大幅增长，全年新设立境外企业（机构）5家，核准中方投资额6710万美元（见图1-38）。

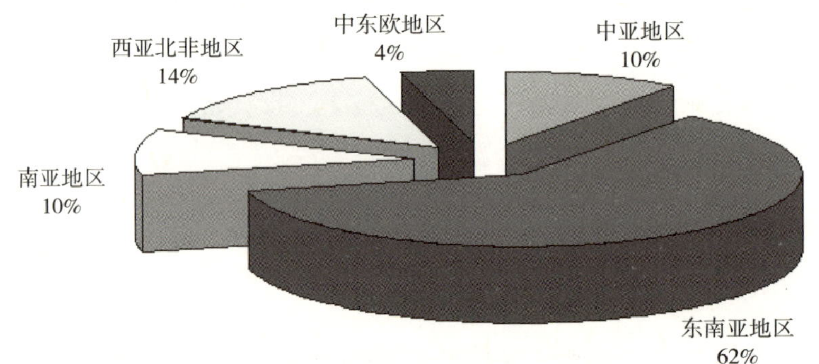

图1-38　2015年宁波市对“一带一路”沿线国家投资区域分布

产业结构方面，制造业依然是宁波市企业的主流投资行业，2015年宁波在“一带一路”沿线国家投资主要包括百隆东方股份有限公司的增资扩建色纺纱生产线及染色配套项目、东方日升新能源股份有限公司的投资建设20MW太阳能电站项目等10个重点项目（见表1-36）。

表1-36　2015年宁波市对“一带一路”沿线国家重点投资项目

序号	企业名称	投资国家	投资项目	投资金额
1	宁波博禄德电子有限公司	越南	投资建设数据线生产项目	1000万美元
2	百隆东方股份有限公司	越南	增资扩建色纺纱生产线及染色配套项目	5200万美元
3	宁波永峰包装用品有限公司	越南	投资建设塑料包装产品生产项目	866万美元

（续）

序号	企业名称	投资国家	投资项目	投资金额
4	宁波海天华远机械有限公司	越南	投资建设注塑机生产项目	398万美元
5	浙江聚鑫联合集团有限公司	蒙古	建设有限公司及投资建设“阳光三期”项目	990万美元
6	中国宁波国际合作有限责任公司	泰国	投资建设日用纸制品生产项目	48万美元
7	宁波长隆进出口有限公司	柬埔寨	建设针织服装项目	100万美元
8	宁波长隆进出口有限公司	柬埔寨	投资建设针织服装项目	100万美元
9	宁波江丰电子材料股份有限公司	新加坡	投资建设溅射用靶材产品销售平台项目	100万美元
10	东方日升新能源股份有限公司	罗马尼亚	投资建设20MW太阳能电站项目	3498万美元

3）对2016年“一带一路”双向投资发展的展望

2016年，在“一带一路”战略强有力的推动下，宁波市与沿线国家的双向投资也跨入新阶段，正显示出强劲的发展势头与发展空间。1~6月，宁波市企业共对“一带一路”沿线的15个国家进行了直接投资，核准中方投资额合计5.7亿美元，同比增长137.5%，主要流向新加坡、波兰、罗马尼亚等。1~6月，宁波市在“一带一路”沿线国家新签对外承包工程项目合同额5.0亿美元，同比增长39.2%。在吸收外资方面，2016年1~6月，“一带一路”沿线国家在宁波市投资项目40项，同比增长66.7%，实现合同外资2.5亿美元，同比增长5.8%，均明显高于2015年同期增幅。

但是，也应清醒看到，宁波市在双向投资方面仍存在诸多问题：宁波市在“一带一路”沿线国家投资规模总体不大，优势民营企业“走出去”尚未规模化，财税、金融等扶持力度有待加强，国情、政策和法律等方面的信息服务水平有待提升，缺乏熟悉双方文化、语言及投资商贸相关知识的国际化复合型人才。

未来，宁波市将紧紧围绕国家“一带一路”战略，坚持平等协商、优势互利、合作共赢原则，力争在促进双向投资方面取得新突破：

一是提高外资规模与质量。以中国制造2025试点示范城市建设为契机，重点引进高端装备、新材料、新一代电子信息等高新技术产业领域的外资企业。抓住国家大幅放宽服务业市场准入契机，扩大现代服务业利用外资比重，吸引国际金融机构在宁波市设立分机构。创新利用外资方式，发展跨国并购、基金投资、证券投资、创业投资等外商投资新途径。

二是培育本土跨国公司。支持本土大型企业集团、行业龙头企业、高技术企业开展国际化战略，通过直接投资、收购参股等方式发展成为带动力大、综合效益好的国际化企业。加快组建宁波国际投资合作有限公司，带动“走出去”企业开展境外投资、跨国并购、国际产能和装备制造合作、境外工程承包等活动。

三是建设高层级开放平台。推进中东欧（宁波）工业园、中捷（宁波）产业合作园等一批国别园建设，形成一批主体功能突出的国际特色产业合作平台。加强境外园区建设，支持企业按照抱团“走出去”模式，深化与当地产业链合作。

四是完善双向投资服务体系。搭建政银信全方位合作“走出去”信息化服务管理平台，及时发布国别投资合作指南、投资产业指引、投资障碍或风险分析等公共信息和政策支持。

7.福建省

（1）近两年福建省为促进双向投资发展制定实施的相关政策

1）进一步做好境外投资工作

2014年4月，福建省人民政府出台《关于进一步做好境外投资工作的若干意见》（闽政〔2014〕113号），提出六大促进政策，分别为简化企业境外投资手续、简化出国（境）审批手续、提供更加便利的通关措施、改进境外投资外汇管理、加大金融服务力度、加大财税支持力度等。

2）创新国家级和省级开发区（工业园区）招商引资机制

2015年9月，福建省人民政府办公厅印发《关于国家级和省级开发区（工业园区）创新提升八条措施的通知》（闽政办〔2015〕125号），要求加强招商引资，拓展招商方式，明确从2016年起，对新引进的符合开发区产业发展导向、固定资产投资额超过5亿元的项目（省扶贫开发工作重点县和原中央苏区县超过3亿元的项目），由省级财政按照引进项目固定资产投资额的万分之五给予开发区项目前期工作经费奖励，最高不超过500万元。对新引进的《财富》杂志公布的境外世界500强企业项目给予实际到位注册资本金的1%~3%开办补助，从企业入住后上缴福建省地方级收入中的增值税、营业税和企业所得税中分年安排，按属地原则由企业所在县（市、区）财政负责兑付。

3）加强投资促进工作

2015年11月，经福建省人民政府授权，福建省发展改革委、省外办、省商务厅联合发布《福建省21世纪海上丝绸之路核心区建设方案》，提出要完善投资促进机制，促进双向投资合作。引导外资重点投向主导产业、高新技术产业、现代服务业和节能环保等领域。办好亚洲合作对话(ACD)——共建“一带一路”合作论坛暨亚洲工商大会、中国（泉州）海上丝绸之路国际品牌博览会，并依托中国国际投资贸易洽谈会、海峡两岸经贸交易会、中国·海峡项目成果交易会等会展平台，举办海上丝绸之路主题活动，吸引更多沿线国家和地区客商参会，拓展经贸投资合作。鼓励各类园区开展专业化招商，引导符合产业政策导向的外资项目向园区集中。支持企业在沿线国家和地区上市融资。鼓励企业在境外投资建设轻工、纺织、服装、家电、机械、船舶、电子信息等优势产品生产基地，引导和支持有条件的企业在境外建设经贸合作区。

4）促进加工贸易创新发展

2016年6月，福建省人民政府办公厅印发《福建省促进加工贸易创新发展实施方案》（闽政办〔2016〕93号），提出加大招商引资力度，促进产业融合发展，用好用足《福建省人民政府关于鼓励外商投资的若干意见》（闽政〔2012〕35号）和《福建省人民政府关于加快引进世界500强企业十条措施的通知》（闽政文〔2012〕356号）以及自贸试验区、平潭综合实验区、福州新区的政策措施，明确对福州、漳州、泉州、莆田和平潭综合实验区总投资额5亿美元以上的，三明市、南平市、龙岩市、宁德市总投资额1亿美元以上的，每个项目给予不超过100万元的招商经费支持。鼓励外资企业尤其是跨国公司在福建省设立采购中心、分拨中心和结算中心，发展总部经济，加快推进制造业与服务业融合发展。鼓励加工贸易企业“走出去”，开展国际产能合作，引导支持有条件的加工贸易行业龙头企业在“海丝”沿线国家和地区建立境外产业合作区，支持加工贸易行业龙头企业和行业协会组织产业集群式对外投资，对符合条件的加工贸易“走出去”企业，按照《福建省中央外经贸发展专项资金管理办法》（闽财外〔2015〕30号）和《福建省投资促进资金使用管理暂行办法》（闽商务财务〔2014〕42号），予以相应支持。

（2）2015年福建省利用外资和境外投资及2016年展望的基本情况

1）双向投资总规模的增长情况

2015年，福建省新批外商投资项目1689项，合同外资144.6亿美元，增长70.3%，增幅创22年来新高，实际利用外资76.8亿美元，增长8.0%，高于全国2.4个百分点。备案对外投资项目276个，对外投资额46.8亿美元，增长68.9%。

2）双向投资的结构状况

①利用外资

服务业实际利用外资持续较快增长，制造业小幅回升。一是服务业实际利用外资32.4亿美元，同比增长28.5%。增长较快的行业有信息传输、计算机服务和软件业（到资2.8亿美元，增长2.2倍）；批发零售业（到资9.1亿美元，增长1.6倍）；金融业（到资4.7亿美元，增长96.6%）；租赁和商务服务业（到资4.2亿美元，增长80.4%）。二是制造业实际利用外资41.5亿美元，增长5.8%，比1~11月回升0.3个百分点，其中，机械装备业7.1亿美元，增长23.4%；石油化工业4.8亿美元，增长43.3%；电子信息业3.3亿美元，增长3.5%。三是农林牧渔业实际利用外资1.7亿美元，增长44.1%。

主要外资来源地实际使用外资普遍增长。欧盟实际到资2.8亿美元，增长8倍；美国7117万美元，增长89.4%；日本1.2亿美元，增长83.9%；中国香港47亿美元，增长4.1%；中国台湾（含第三地转投）13.1亿美元，增长10.3%。

大项目合同外资高速增长。新批外商投资项目中，总投资亿美元以上项目有53项，合同外资71.6亿美元，增长1.3倍。

②对外投资

对“一带一路”沿线国家投资增势强劲。对印尼、柬埔寨、马来西亚、菲律宾、新加坡、越南、老挝等“一带一路”沿线国家投资备案项目合计48个，中方协议投资额13.8亿美元，同比增长2.7倍，主要从事远洋渔业、水产品加工、矿产开发、浮法玻璃生产等业务。其中，投向印尼的项目11个，中方协议投资额7亿美元，占全省15%，位列“一带一路”沿线国家第一位。

国际产能合作投资快速增长。合计备案项目72个，中方协议投资额22.7亿美元，同比增长1倍。其中，制造业合作项目37个，中方协议投资额7亿美元；农林牧渔业合作项目22个，中方协议投资额6.5亿美元；矿山开发项目13个，中方协议投资额9.1亿美元。

投资流向亚洲地区占比最大。2015年，福建省针对亚洲地区的对外直接投资流量为18.47亿美元，同比增长1.5倍，占67.0%。其他流向情况：北美洲5.07亿美元，同比增长1.9倍，占18.4%；拉丁美洲2.1亿美元，同比增长1.7倍，占7.6%；非洲1.1亿美元，同比增长3.1倍，占

4.0%；欧洲0.56亿美元，同比增长4.9倍，占2.0%；大洋洲0.27亿美元，同比增长1.5倍，占1.0%。

投资流向租赁和商务服务业等五个行业占比超九成。2015年，福建省对外直接投资流向租赁和商务服务业10.43亿美元，同比增长1.2倍，占37.8%；制造业6.52亿美元，同比增长3.4倍，占23.6%；批发和零售业5.83亿美元，同比增长3倍，占21.1%；交通运输、仓储和邮政业1.34亿美元，同比增长1.4倍，占4.9%；采矿业0.87亿美元，同比增长4.8倍，占3.2%；以上五个行业合计占比90.6%，其他行业2.58亿美元，同比增长76.7%，占9.4%。

3）2016年双向投资发展趋势和展望

①提升利用外资水平

一是加强项目跟踪推动。继续发挥“四个一”工作机制和省、市、县招商“三级联动”机制，完善跨部门联席会议制度，加大对重点外资项目的跟踪推进力度，力促项目尽快转化升级。二是用好福建自贸试验区政策优势，加大宣传推介和招商引资力度。继续跟踪跨国公司及其驻华总部，采取灵活多样方式，不断加强对跨国公司特别是世界500强企业、中国台湾百大企业、全球行业性龙头企业的招商引资力度。三是研究出台新的利用外资政策，特别是鼓励国际产业资本和投资基金参与福建企业并购重组的政策，努力打造更具比较优势的政策环境。四是创新项目策划生成，加强与产业主管部门和行业商协会的协作配合，围绕产业链招商，围绕对接世界500强和中国台湾百大企业，分门别类编制招商项目。五是促进开发区升级创新。推动开发区土地管理改革，积极引导世界500强企业项目和其他重大项目入区。鼓励开发区共建合作，推进海关特殊监管区整合升级，引导开发区循环可持续发展，提升开发区的核心竞争力。加强分类指导，探索建立退出机制，完善开发区综合考核评价体系。

②促进“走出去”持续健康发展

一是做好境外经贸园区跟踪服务工作。对在建和拟建园区做好跟踪工作，及时将符合境外园区基本条件的园区上报，积极宣传境外经贸园区政策，重点指导紫金等龙头企业和有条件的企业实现园区化发展，积极帮助园区做好招商引资工作。二是鼓励开展国际产能合作，按照国务院印发的《关于推进国际产能和装备制造合作的指导意见》，结合福建省优势产能和富余产能情况，支持行业龙头企业和行业协会组织产业集群式对外投资。三是借助对外投资合作平台促进出口，以海外工程项目为切入点，带动建材、装备机械等企业的出口。四是借力援外培训打造经贸交流平台。五是健全服务促进体系。围绕境外经贸合作区、国际产能合作、援外培训平台三个重点，修改完善对外投资合作专项资金政策，支持企业对外投资“一带一路”沿线国家。

（3）2015年福建省“一带一路”双向投资的发展情况及2016年展望

1）“一带一路”沿线国家对福建省投资情况

2015年，福建省利用“一带一路”沿线国家投资项目 103个，合同外资4.3亿美元，同比增长67.8%；实际到资 4.1亿美元，同比下降34.5%。

2）福建省对“一带一路”沿线国家投资情况

2015年，福建省对“一带一路”沿线国家直接投资项目48个，中方协议投资额13.8亿美元，同比增长 2.7倍，比全省平均水平高2倍。

3）2016年“一带一路”双向投资发展展望

2016年，福建省将紧紧围绕“一带一路”战略和《2016年福建省21世纪海上丝绸之路核心区建设工作要点》，坚持“走出去”与“引进来”相结合，充分利用自贸试验区、境外经贸合作区、援外培训班和展销会等平台，汇聚“海丝”沿线国家的人流、物流、资金流和信息流，逐步建成拓展“海丝”沿线国家经贸合作的桥头堡。主要措施如下：

①推进国际产能合作

按照国务院印发的《关于推进国际产能和装备制造合作的指导意见》，结合福建省优势产能和富余产能情况，做好重点国别和重点产业的总体布局，拟出台福建《“海丝”核心区对外投资合作国别指导意见》，引导行业龙头企业和行业协会组织产业集群式对外投资。利用自贸试验区在企业注册、开展境外投资、金融外汇、通关、检验检疫等方面的便利政策，推动行业企业的国际化战略。积极引导具有园区化发展潜力的境外投资项目实现园区化发展，使境外经贸合作区成为福建开展国际产能合作的主要载体。

②培育贸易新增长点

一是继续举办“福建品牌海丝行”活动。鼓励福建企业在沿线国家设立营销中心、营运中心、综合服务体，办好各类经贸合作博览会、交易会，积极营销福建商品，扩大贸易规模。二是以海外工程项目为切入点，通过壮大对外承包工程队伍，提高工程劳动力素质，方式创新等方面促进对外承包工程和劳务发展，带动建材、装备机械等企业的出口。三是努力扩大资源性大宗商品和生产、生活、建设紧缺产品进口。加快建设福建口岸“单一窗口”，创新口岸大通关新模式，营造良好的进口环境。

③发挥援外培训班作用

继续争取商务部、中联部等国家部委扩大下达给福建省有关培训机构的援外培训班数量，分析掌握培训班学员所在国家（地区）的基本情况和投资贸易需求，增进与“一带一路”沿线国家和地区学员的交流，举办“一带一路”沿线国家的官员、技术人员与福建省相关企业的项目对接会，促进进出口贸易和双向投资。

④健全服务促进体系

在境外投资贷款利息、海外投资保险费、资源回运运保费、中介服务费、国际工程承包、劳务合作等方面给予对外投资企业一定比例的资金补助。积极拓展与金融机构、国家级基金等的合作渠道，拓宽“走出去”企业和项目的融资渠道。充分发挥专业中介机构的作用，为企业提供信息、法律、财务、知识产权和认证等方面的服务。加强与我国驻外使馆经商处和中资企业商（协）会工作联系机制，及时为境外福建企业提供资讯服务。指导企业建立完善境外风险预警、防范及处置机制，保障境外人员和资产安全，自觉遵守当地法律、履行社会责任。

8.厦门市

（1）厦门市促进双向投资发展制定的相关政策

近年来，厦门市为了促进投资合作，制定了如下一系列鼓励政策：

1）直接补助

①投资额补助

a）对台投资补助。按实际汇出投资额给予每美元0.2元人民币的补助，其中对金门地区投资给予每美元0.25元人民币补助。

b)“一路一带”地区（伊朗、斯里兰卡、印度、越南、泰国、新加坡、菲律宾、印尼、马来西亚）投资补助。按实际汇出投资额给予每美元0.2元补助。

c）对农、林、渔、矿业合作项目按实际汇出投资额给予每美元0.2元补助。

d）对除a）~c）项以外的境外投资项目，按实际汇出投资额给予每美元0.05元补助。

②前期费用补助

对企业为从事境外投资（不包括国内企业之间转让既有境外投资权益）、境外农、林、牧、渔、矿业合作，在项目所在国注册（登记）、购买资源权证之前，或对外承包工程签订合同（协议）之前，为获得项目委托具有相应资格的专业机构而发生的法律、技术及商务咨询费，勘测、调查费，项目可行性研究报告、安全评估报告编制费，购买规范性文件和标书等资料费，规范性文件和标书等资料翻译费等费用，按实际发生费用的50%给予支持。一个项目只能享受一次支持。增资项目不予申请前期费用。

③资源回运运费及保费补助

厦门市企业开展境外资源开发和农业、林业、渔业、牧业合作，将其所获权益产量以内的合作产品运回国内，以及企业实施对外承包工程项目换回的、不超过与外方签署的开发投资合作协议合同总金额的资源产品运回国内，对从境外起运地至国内口岸间的运费及运输保险费，给予企业不超过其实际支付费用50%的补助。每家企业每年不超过100万元人民币，计算资源产品进口数量以海关统计数据为准，列入厦门市重点项目的可提高至200万元。

④“走出去”人员人身意外伤害、工伤保险补助

对在境外开展对外投资合作业务的企业为其在外工作的中方人员，向保险机构投保的人身意外伤害和工伤保险费用给予实际支出保费50%的补助，每人最高保险金额累计不超过100万元人民币。

⑤企业投保海外投资保险的保费补助

对企业开展对外投资合作业务投保海外投资保险的保费给予不高于实际缴纳保费50%的补助。

⑥境外投资服务平台和劳务服务平台补助

对经厦门市商务主管部门批准或确认的境外投资服务平台和劳务服务平台的建设(包括设备、网站建设等) 给予不超过实际支出经费50%的补助；对经市商务主管部门批准和确认的，并委托平台举办的旨在促进厦门市外经工作的重大活动给予全额补助。

⑦对外劳务人员培训补助

对开展对外劳务人员适应性培训的企业，根据实际培训并取得商务

主管部门颁发的合格证书和实际派出人数，普通劳务（保姆、清洁工、装卸工、普通建筑工、普通服务员等）每人补助不高于400元，高端劳务（即大专以上学历，或通过外派从事海员、厨师、技师、文员、空乘、管理人员、IT等行业劳务人员）每人补助不高于600元。

⑧境外突发事件处置费用补助

境外突发事件是指从事对外投资合作业务的企业派出的人员因恐怖事件、战争等不可抗力因素造成的人身安全受到威胁、发生伤亡等紧急事件。相关处置费用包括企业赴境外处理突发事件工作人员的护照、签证、国际旅费和临时出国费用，补助标准参照因公临时出国人员费用开支标准执行。

⑨对外承包工程保函手续费补助

对企业承揽境外工程承包业务过程中发生的项目投标保函、履约保函和预付款等所发生的手续费给予50%的补助。

⑩对外承包工程奖励

对外承包工程当年完成营业额超5000万美元的，给予一次性不超过50万元人民币奖励；营业额超2500万美元至5000万美元的，给予一次性不超过30万元人民币奖励；营业额超1000万美元至2500万美元的，给予一次性不超过20万元人民币奖励。

2）贷款贴息

对企业从事境外投资和对外承包工程，用于项目经营一年以上（含一年）的贷款给予贴息。贷款可从境内银行取得，也可由企业在境外设立的控股企业从我国银行在境外的分支机构取得；特许经营类对外承包工程项目的贷款可由境外项目公司从境内银行取得，也可从我国银行在境外的分支机构取得。

人民币和外币贷款贴息额不超过项目实际利息的50%，外币贴息额按贷款当年12月31日中国人民银行公布的人民币外汇中间价折算成人民币计算。贷款贴息支持累计不超过五年。

3）补助限额

根据企业当年累计实际对外投资规模设定扶持资金限额，一家企业补贴金额不到1万元人民币的不予扶持。

①规模补助上限

企业当年累计实际对外投资总额在5000万美元以下，每个企业每年获得专项资金补助总额不超过200万元；企业当年累计对外投资总额在5000万美元以上1亿美元（含）以下的，每个企业每年获得专项资金补助总额不超过350万元；企业当年累计对外投资总额1亿美元以上，每个企业每年获得专项资金补助总额不超过500万元。

②重点项目补助

列入厦门市实施“一带一路”战略重点项目的，安排专项资金补助时可不受规模补助上限约束，但每个企业每年得到专项资金补助总额不超过500万元。

在电子商务方面：根据《厦门市人民政府关于印发促进电子商务发展若干措施的通知》（厦府〔2015〕67号），对被确定为重点电商企业的，其上年度新建或新租赁（合同3年以上）的快件集散中心、电商配送中心、境外仓、进口保税仓等单个设施在1000m^2以上的，经评审认定后按其仓储面积给予一次性补助100元／m^2，单个设施补助上限100万元，单家企业补助上限300万元。在“海丝”沿线重点国家设仓的，追加50%补助。

在跨境投融资方面：根据中国人民银行2015年12月11日发布的关于金融支持福建自贸试验区建设的指导意见，福建自贸试验区实行限额内资本项目可兑换，在自贸试验区内注册的、负面清单外的境内机构，按照每个机构每年跨境收入和跨境支出均不超过等值1000万美元，自主开展跨境投融资活动，限额内实行自由结售汇。

（2）2015年厦门市利用外资和境外投资基本情况

1）利用外资

2015年，全年新设外资企业726家，比2014年同期增长74.1%，合同利用外资金额41.6亿美元，同比增长45.9%，完成全年目标任务21.3亿美元的195.5%；实际利用外资金额20.9亿美元，同比增长6.2%，完成年度目标任务20.9亿美元的100.2%。

一是利用外资规模总量创历史新高。2015年，厦门市全年利用外资规模取得新突破，其中合同利用外资41.6亿美元，首次突破40亿美元大关，实际利用外资20.9亿美元，创下历史新高，利用外资规模总量居全省首位。

二是外资新设与增资同步大幅增长。全年新设外资企业726家，新设企业合同利用外资27.8亿美元，比2014年增长31.8%。全年外资企业增资118家，增资合同外资金额12.9亿美元，比2014年增长22.2%。

三是现代服务业吸收外资成效显著。2015年，厦门市第一、二、三产业实际利用外资占比分别为0.1%、37.2%和62.8%。其中服务业外商投资增长较快，全年新设服务业企业682家，合同利用外资30亿美元，实际利用外资13.1亿美元，分别比2014年增长86.9%、66.2%和11%。金融、投资管理、融资租赁、物流、软件信息、旅游等领域利用外资取得成效，进一步丰富了厦门市外资现代服务业的业态。

四是先进制造业利用外资进一步扩大。全年制造业新设企业36家，合同利用外资10.4亿美元，占全市总量的25.6%。平板显示、机械装备、新能源、新材料、生物医药等先进制造业再添新动力。

五是重大项目助推产业集聚升级。全年外商投资总投资1000万美元以上项目137个，合同利用外资34.5亿美元，比2014年增长25.5%，占全市合同利用外资总量的83%。其中属于厦门市重点发展产业项目108个，合同利用外资29.6亿美元，占千万美元以上项目总量的85%。2015年，财富500强在厦门市新设企业2个，增资2个，合同利用外资1.2亿美元。重大项目的引进，对带动产业集聚、推动产业结构升级起到了较好的作用。

六是利用台资项目量增质升。全年台商在厦门市新设企业（含第三地）361个，合同利用台资8.7亿美元，实际利用台资3.7亿美元，分别比2014年增长1.6倍、99.5%和61.2%。台商投资涵盖光电子、医疗器械、汽车零部件、卫生、医药、食品、金融、物流、跨境电商等领域，对台引资质量提升。

七是自贸区利用外资态势良好。自贸区新设外资企业367家，合同利用外资17.4亿美元，占全市总额的43.1%。“联动招商”政策取得成效，属于各区联动招商项目218个，合同利用外资10.3亿美元，均占自贸区总量的近六成。

2）境外投资

2015年，厦门市新增备案对外投资项目132个，增长30.7%，协议投资总额21.9亿美元，增长109%，其中，中方投资额21.4亿美元，增长112.5%，占历史累计数40.7%，实际从境内向境外汇出金额为5.8亿美元，增长3.7%。全市历史累计境外投资项目778个，分布近60个国家和地区，协议投资总额61.9亿美元，其中中方投资额52.6亿美元。

一是投资总量再创新高，双向投资差距缩小。继2014年厦门市境外投资额首次突破10亿美元之后，2015年再呈“井喷”发展态势，全年新增中方投资总额首次突破20亿美元，达到21.4亿美元，占全市历史累计投资额40.7%。境外投资规模首次超过利用外资规模。

二是新设和并购投资剧增，增资有所放缓。2015年，通过新设和并购海外企业实现境外投资热情高涨，厦门市累计新设立境外投资企业80个，中方投资额12.3亿美元，增长138%，占总投资比例57.5%，其中独资设立企业62个，投资额10.5亿美元，占新设立投资比例85%；新增海外并购项目17个，中方投资额6.2亿美元，增长272.7%，占比28.8%。存量项目增资32个，投资额2.9亿美元，相比2014年同期减少31.6%。

三是对外投资实力显著增强，多项规模创历史之最。2015年，厦门市新增中方对外投资额1000万美元以上的投资项目达到47个，增长67.9%，占新增项目数比例35.6%，比2014年同期占比增长7.9个百分点，投资额达18.8亿美元；全年新增对外投资额5000万美元以上项目10个，中方投资额11.7亿美元，其中投资额1亿美元以上项目5个。厦门建发集团投资3亿美元设立建发集团（香港）有限公司，创厦门市海外新设立企业投资金额之最。

四是新兴领域合作增强，投资结构不断优化。2015年，厦门市境外投资行业结构由过去以商贸为主，逐步向多领域齐头并进发展。首次出现厦门市教育产业海外并购项目。投资较为集中的五大领域为批发和零售业、商务服务业、教育业、制造业、农林渔业，五个集中领域投资占总投资92.7%。

（3）2015年厦门市“一带一路”双向投资的发展情况

1）“一带一路”沿线国家在厦门市的投资

2015年，“一带一路”沿线国家对厦门市投资项目54个，项目数较2014年同期增长80.0%，合同利用外资9879万美元，增长16.5%，实际利用外资1.09亿美元，下降41.5%。从投资来源地上看，投资项目主要来自新加坡、马来西亚等相对较发达的国家，主要投资于电子、机械、技术服务和商贸行业，增资在当年合同外资和实际利用外资的比重较大，但在租赁和商贸服务领域，新设项目数及合同外资有较快增长。

2）厦门市对“一带一路”沿线国家的投资

2015年，厦门市对“一带一路”沿线国家投资项目25个，投资额4.6亿美元，增长8.5倍，主要为农林渔业、制造业投资；对中国香港投资项目59个，投资额10亿美元，增长23.7%，主要为批发零售业、商务服务业投资；对欧美国家投资项目38个，投资额6.5亿美元，增长2.4倍，主要为制造业、商务服务业投资；对非洲投资项目5个，投资额2.1亿美元，增长

25倍，主要为制造业、农林渔业投资。

3）2016年厦门市融入“一带一路”发展前景和展望

展望2016年，厦门市将抓住新一轮对外开放的历史机遇，继续发挥区位、经贸、历史、人文优势，加快融入国家“一带一路”战略中，以与东盟的交流合作为突破口，加强与东亚、中亚和中东地区合作，创新对外开放体制机制，加快一批经贸与人文交流重点项目建设，持续推进经贸交流和文化交流，在与“一带一路”沿线国家基础设施互联互通、双向投资、贸易金融、海洋合作等方面力争走在全国前列，深化与“一带一路”重点国家的教育、文化、旅游等人文交流，促进双方建立更加友好、更加稳固的交流关系，海上丝绸之路的战略支点城市建设将加快形成。

9.海南省

（1）近两年海南省促进双向投资发展制定的相关政策措施

为更好地服务企业“走出去”以及积极利用境外资金，促进海南省经济转型升级，海南省积极贯彻落实国家发展改革委、商务部、财政部等制定的一系列有关政策，并根据自身实际制定了一系列符合海南省省情的有关办法与细则。

关于境外投资：2015年，海南省为促进和规范海南省企业“走出去”，加快境外投资管理职能转变，海南省发展改革委根据《境外投资项目核准和备案管理办法》（国家发展改革委令第9号），结合自身实际，制定了《海南省境外投资项目备案实施办法》，并且加强省发展改革委与商务、海关、税务、外汇管理和出入境管理等部门的沟通协调和信息共享，强化对境外投资项目执行情况的动态监测和事中、事后监管，共同推进境外投资依法有序实施。此外，为鼓励海南省企业有序开展对外投资合作，提高企业国际竞争力，规范对外投资合作资金管理，根据《财政部、商务部关于印发〈对外投资合作专项资金管理办法〉的通知》（财企〔2013〕124号），结合海南省对外投资合作的实际情况，制定了《海南省对外投资合作专项资金实施细则》。本实施细则所称对外投资合作专项资金(以下简称合作资金)，是中央财政安排给海南省用于支持开展境外投资、对外承包工程和对外劳务合作等对外投资合作业务的专项资金。合作资金由省财政厅、省商务厅共同管理。省财政厅负责合作资金的预算管理和资金拨付，会同省商务厅确定年度资金的支持重点和分配方法，并对资金使用情况进行监督检查，省商务厅负责合作资金的业务管理，会同省财政厅提出年度资金支持重点，组织项目申报、评审并提出资金分配方案，对项目资金执行情况进行评价监督。

关于利用外资：目前，海南省主要还是沿用2000年原对外贸易经济合作部、国家工商行政管理局制定的《关于外商投资企业境内投资的暂行规定》。为结合海南省实际，鼓励更多的外资企业落户海南省，从2010年起，海南省积极向国家争取将海南省列入《中西部地区外商投资优势产业目录》的执行省份，已于2013年获得国务院批准。此次批准的《中西部地区外商投资优势产业目录》中，海南省是首次被列入，该目录注重突出海南省的特色资源、特色农业和优势产业，共批准了涉及农业、制造业、交通运输业、旅游业、水利、环境和公共设施管理业、卫生、文化、体育和娱乐业等产业在内的22个条目。属于本条目内的外商投资项目，将可以享受鼓励类外商投资项目的减免税收等政策。《中西部地区外商投资优势产业目录（2013年修订）》的施行，对海南省利用外资、享受中西部地区外商投资优惠政策、促进国际旅游岛的建设将具有积极意义。此外，在2016年5月出台的《海南省服务贸易创新发展试点工作方案》中，提出鼓励外商投资旅游业，参与商业性旅游景区景点和设施的开发建设。

（2）2015年海南省双向投资的基本情况

1）海南省利用外资情况

2015年，海南省实际使用外资20.05亿美元，同比增长6.2%；新设企业71家，同比增长18.33%；合同外资12.8亿美元，同比增长83.65%。

从投资结构来看，2015年，外资企业在海南省的投资主要集中在服务业（房地产业）、制造业、建筑业等行业。其中，服务业（房地产业）实际使用外资额达16.68亿美元，在全省总量中的比重为83.18%，是海南省实际使用外资的主要支撑；制造业实际使用外资额22399万美元，占全省11.17%；建筑业实际使用外资额4299万美元，占全省2.14%；2015年，中国香港、开曼群岛、新加坡、荷兰为海南省主要外资来源地。其中，中国香港为海南省外资最大来源地，实际使用外资17.78亿美元，占全省88.68%；开曼群岛实际使用外资为1.33亿美元，占全省6.6%；新加坡实际使用外资5078万美元，占全省2.5%；荷兰实际利用外资1607万美元，占全省0.8%。

海南省利用外资存在的问题主要有：利用外资的区域比较单一，主要集中在亚洲国家，占比在90%以上；外资企业投资领域比较单一，主要集中在房地产和制造业；海南省对外宣传和招商引资的力度还不够强，投资环境有待进一步优化，外商投资的优惠政策制定还不完善。

2）海南省企业境外投资情况

2015年海南省企业实际对外投资9.91亿美元，较2014年增长27%，全国排名第17位。投资主要集中在中国香港、新加坡、哈萨克斯坦、美国等地区和国家。主要项目有海航集团签约收购瑞士国际机场服务公司、洲际油气股份有限公司收购哈萨克斯坦克山油田、海南华信国际控股有限公司投资新加坡、海南恒兴聚源股权投资基金合伙企业投资美国等。

海南省企业“走出去”面临的困难主要有：一是企业规模小，融资难。海南省企业大多数为中小企业，大部分中小企业融资能力弱，缺乏国际产能和装备制造合作资金，“走出去”面临着融资需求难以满足等问题。二是信息和资金缺乏。企业对国外政策、法规、投资风险等投资贸易环境研究力量薄弱，缺乏对相关国家经济、政治形势和市场政策等方面的专业分析，无法对外国市场和境外投资风险做出准确判断。

（3）2015年海南省“一带一路”双向投资发展情况

1）“一带一路”沿线国家在海南省投资情况

2015年，马来西亚在海南省投资，合同外资166万美元，实际使用外资150万美元，新设企业1个。新加坡在海南省投资，合同外资2035万美元，实际使用外资5078万美元，占全省2.5%，主要集中在房地产投资。印度尼西亚在海南省投资，合同外资1万美元，新设企业1个。缅甸在海南省投资，合同外资49万美元，新设企业1个。

2）海南省对“一带一路”沿线国家投资情况

2015年海南省企业对“一带一路”沿线5个国家投资，备案金额3.1亿美元，实际投资2.2亿美元。主要项目有海南华信国际控股有限公司在新加坡投资8000万美元，主要从事矿山、煤炭、石油、矿产品等大宗商品交易；洲际油气股份有限公司在哈萨克斯坦投资1.39亿美元，主要从事油气开采；海南英利新能源有限公司在泰国投资光伏产业等。

（4）对海南省2016年双向投资展望

关于利用外资，2016年海南省将围绕“十三五”重点发展的十二大产业，按照“统一布局、产业集聚、集约用地和严守生态红线”的项目引进原则，重点做好旅游产业、热带高效农业、互联网产业、医疗健康产业、会展业、现代物流业、油气产业、医药产业、低碳制造业、高新技术、教育、文化体育产业等方面的招商引资。重点做好中国香港、台湾地区的招商活动。其中香港招商活动主要针对旅游业、医疗健康产业、金融保险业、会展业、现代物流业等现代服务业开展招商；台湾招商活动主要针对旅游业、热带高效农业、医疗健康产业、低碳制造业开展招商。

关于境外投资，海南省将做好“走出去”重点国别和重点产业的总体布局，鼓励海南省航空、能源、矿产、热带农业等优势企业开展境外投资。用好外经贸专项资金，加大对“一带一路”、国际产能和装备制造合作的支持。加大对外投资项目跟踪服务力度，重点推进海航集团在欧洲的服务业并购和在非洲的航空业合作项目、洲际油气在境外的石油天然气项目、海马汽车在境外的汽车组装合作项目及海南省农垦投资控股集团在非洲和东盟国家的投资项目等顺利实施。

10.山东省

随着“一带一路”战略的不断深入实施，山东省对外开放总体呈现良好态势，双向投资较为活跃。2015年，全省新批准设立外商投资企业1509家，同比增长11.6%；合同外资200.4亿美元，增长25.7%；实际使用外资163亿美元，增长7.3%；全省备案核准境外投资企业（机构）589家，中方投资156亿美元，分别增长12.4%和148%；累计有实际出资的境外投资企业441家，中方投资57.8亿美元。

（1）2015年山东省双向投资的基本情况

1）双向投资增长情况

①外商直接投资继续保持稳步增长

2015年，山东省外资来源地仍以中国香港为主，实际使用香港外资75.5亿美元，占全省的46.3%。韩国、日本、欧盟投资合同和实际使用外资增势强劲。金融服务业、科研技术业、信息软件业拉动作用明显，实际使用外资增幅分别为48%、43.6%和5.3倍。尤其是金融服务业发展较快，合同外资跃居服务业第一位，达到32.7亿美元，增长87.8%。

②企业“走出去”步伐加快

2015年，山东省实际对外投资57.8亿美元。山东省国际产能和装备制造合作企业和项目增多，投资加大，中方投资16.8亿美元，增长2.7倍。“一带一路”沿线国家投资快速增长。备案核准“一带一路”沿线国家中方投资50.2亿美元，同比增长78.5%。

2）双向投资的行业、国别分析

2015年，山东省备案核准中方投资中，对外承包工程新签合同额

116.2亿美元，完成营业额101.7亿美元，分别增长14.3%和10%；派出各类劳务人员60764人，增长1.4%。

①山东省分行业外商直接投资情况

2015年山东省分行业外商直接投资突出表现为第一产业下降明显，同比下降33.3%，第二产业平稳，同比增长7.3%，第三产业增长较快，同比增长11.8%。山东省分行业外商直接投资情况见表1-37。

表1-37　2015年山东省分行业外商直接投资情况表

行　业	项　目		合同外资		实际到账外资	
	个数	同比（%）	金额（万美元）	同比（%）	金额（万美元）	同比（%）
全省合计	1509	11.6	2004467	25.6	1630090	7.3
第一产业	34	-27.7	57082	0.0	40230	-33.3
农、林、牧、渔业	34	-27.7	57082	0.0	40230	-33.3
第二产业	556	5.7	892615	10.6	983152	7.3
采矿业	0	-100.0	300	-87.5	8301	26.1
制造业	518	5.5	824160	7.1	932448	7.8
纺织业	6	-33.3	8029	-71.0	19916	-30.0
化学原料及化学制品制造业	19	-24.0	31540	-43.4	73064	43.3
医药制造业	9	-10.0	11986	1.9	15387	-0.2
通用设备制造业	67	-8.2	114494	5.3	116378	70.2
专用设备制造业	74	72.1	126445	73.3	136167	166.3
通信设备、计算机及其他电子设备制造业	43	-8.5	36546	-38.1	52182	-50.8
其他制造业	300	5.6	495120	14.3	519354	-4.6
电力、燃气及水的生产和供应业	30	30.4	48206	36.3	37090	-12.9
建筑业	8	-11.1	19949	—	5312	138.8

（续）

行　业	项　目		合同外资		实际到账外资	
	个数	同比（%）	金额（万美元）	同比（%）	金额（万美元）	同比（%）
第三产业	919	18.0	1054770	44.2	606709	11.8
交通运输、仓储和邮政业	19	-26.9	79502	-4.9	50250	-33.8
信息传输、计算机服务和软件业	31	34.8	25848	4729	25802	531.9
批发和零售业	545	34.2	235796	34.5	95426	-7.0
住宿和餐饮业	43	2.4	1811	-72.4	5332	216.3
金融业	45	28.6	326820	87.8	134284	48.0
房地产业	17	-34.6	147365	43.6	155008	6.2
租赁和商务服务业	95	-15.9	64896	-10.8	38607	-16.5
科学研究、技术服务和地质勘查业	91	8.3	164383	61.7	90883	43.6
水利、环境和公共设施管理业	4	0.0	8641	558.1	2000	-19.6
居民服务和其他服务业	12	0.0	-7609	—	10	-99.8
教育	3	200.0	3432	192.6	3720	304.8
卫生、社会保障和社会福利业	6	100.0	2903	-41.0	2351	4602.0
文化、体育和娱乐业	8	100.0	982	-19.4	3036	-30.9

②山东省分国别（地区）外商直接投资情况

2015年外商直接投资突出表现为总量上平稳增长，同比增长7.3%，但各大洲差异明显，南美洲增长最快，同比增长89.8%，北美洲下降最为明显，同比下降27.7%。双向投资的分国别（地区）外商直接投资结构状况见表1-38。

表1-38　2015年山东省分国别（地区）外商直接投资情况表

国家/地区	项目数		合同外资		实际使用外资	
	个数	同比（%）	金额（万美元）	同比（%）	金额（万美元）	同比（%）
总值	1509	11.6	2004467	25.6	1630090	7.3
亚洲	1205	12.0	1675094	25.4	1232535	6.8
中国港澳地区	397	1.8	1149956	26.6	755786	-1.0
中国香港	393	1.8	1145168	26.9	754834	-1.0
韩国	555	32.8	302779	30.2	206717	35.1
日本	55	-27.6	62275	22.0	73032	26.2
中国台湾	120	20.0	100072	74.9	43292	-11.0
东盟	43	-32.8	45070	-45.3	147984	18.3
新加坡	31	-40.4	32490	-55.5	139899	15.7
非洲	22	100.0	7501	27.5	9667	-8.0
欧洲	124	25.3	82405	49.9	80936	1.5
欧盟	107	28.9	62550	40.3	74911	8.1
德国	32	88.2	19591	264.1	21722	108.4
英国	18	5.9	6465	175.7	1892	-78.9
法国	13	8.3	12825	29.6	4553	-15.0
南美洲	25	13.6	50303	86.3	90318	89.8
英属维尔京群岛	19	58.3	50889	85.7	61342	40.4
北美洲	96	1.1	100674	19.4	113358	-27.7
美国	71	2.9	71392	40.2	48894	-61.3
加拿大	24	-4.0	6615	-67.4	9922	-40.0
大洋洲	37	-5.1	23707	-42.7	24324	35.9
澳大利亚	23	21.1	15623	-21.0	5344	-44.5
其他	26	-16.1	64783	40.9	78952	49.0
投资性公司投资	26	-13.3	64741	44.2	77876	46.9

③境外投资情况

山东省境外投资发展不平衡，青岛市增长最快，同比增长22.7%，而枣庄市、泰安市、临沂市、德州市增长缓慢，同比增长不到一个百分点，莱芜市同比增长为零。山东省境外投资情况见表1-39。

表1-39　2015年山东省各市境外实际投资情况表

各 市	金额（万美元）	同比约（%）	比重约（%）
全省合计	**577806**	**31.0**	**100**
济南市	56772	291.6	9.8
青岛市	130859	21.2	22.7
淄博市	30738	50.6	5.3
枣庄市	2131	254.6	0.4
东营市	21666	535.6	3.8
烟台市	75417	39.3	13.1
潍坊市	44883	64.7	7.8
济宁市	67475	8.9	11.7
泰安市	2962	4.6	0.5
威海市	30751	59.4	5.3
日照市	28402	138.8	4.9
莱芜市	221	452.5	0.0
临沂市	3776	–62.1	0.7
德州市	994	–33.2	0.2
聊城市	16324	3560.0	2.8
滨州市	40566	252.5	7.0
菏泽市	23869	959.0	4.1

3）山东省双向投资面临的挑战和机遇

世界经济预计将继续呈现低速复苏态势，国内外经济环境中不确定、不稳定因素仍比较多，山东省利用外资和境外投资面临诸多挑战。一是国际经济复苏的基础不稳，利用外资和境外投资的外部环境复杂严峻。发达经济体经济增长在低位波动，内生动力依然不强，新兴经济体增速普遍放缓，一些国家面临金融危机以来最困难的局面。二是TPP协议签署，国际投资贸易规则面临巨大变革，山东省进一步扩大利用外资面临新挑战。三是大宗商品价格持续波动，对外投资企业面临经营风险。四是国外优惠贷款规模减小，申请难度不断加大。

与此同时，山东省扩大利用外资和境外投资依然具有许多机遇。一是“一带一路”的战略实施，有利于为企业“走出去”提供强力支撑。二是涉外体制机制改革深入推进，有利于加快形成对外开放新格局。三是国家加快推进国际产能和装备制造合作，有利于加快产能转移，拓展经济发展空间。四是中韩自贸区建设，有利于打造对外开放新高地。

4）2016年山东省双向投资发展趋势

①总体思路

认真贯彻党的十八大和十八届三中、四中、五中全会，以及习总书记系列重要讲话和视察山东重要讲话、重要批示精神，顺应我国经济深度融入世界经济的趋势，以塑造开放型经济发展新优势和促进经济转型发展为目标，实施更加积极主动的开放战略，进一步创新优化营商环境，积极打造开放发展的新引擎、不断开辟对外开放的新途径，努力拓展利用外资的新空间。充分利用沿海地理区位优势，加快中韩自贸区建设，打造对外开放新高地，加快培育参与和引领国际经济合作竞争新优势，以开放促改革、促发展、促创新，为经济社会平稳增长提供有力支撑。

②主要预期目标

预计2016年山东省实际利用外资187.5亿美元，增长4.8%，其中外商投资171.2亿美元，增长5%；国外贷款16.31亿美元，增长1.8%。境外投资中方实际投资66.5亿美元，增长15%左右。

③工作重点

一是加快重大开放载体平台建设，实现吸引外资新突破。积极推进山东中韩自贸区建设，深化山东省与韩国产业的投资合作。全力做好自由贸易试验区申建工作，找准发展定位，体现山东特色，加快谋划策划，加大统筹协调力度，助推山东省对外开放实现新突破。明确开发区功能定位和发展方向，集聚高端要素资源，积极推进体制机制创新，增强发展新动力，增创发展新优势，打造成为山东省承接产业转移和招商引资的重要平台。

二是推进引资与引智、引技有机结合，促进利用外资上水平。努力扩大服务业对外开放。把服务业作为招商引资的重点领域，支持外商投资重点投向发展金融保险、科技信息、现代物流、服务外包、旅游会展、评级评估、会计审计、法律服务、品牌创意、人力资源等现代服务业，合作共赢打造服务业发展新优势。支持和引导外资参与重大基础设施建设和国有企业改革利用外资，弥补政府资金缺口，利用国外先进管理经验倒逼体制机制创新。

三是加快国际产能合作，全球布局产业链条。积极推进山东省钢铁、水泥、电解铝、工程机械、化工、汽车、轻工、纺织等重点行业和领域“走出去”。加强与重点国家的产能合作。依托国家“一带一路”六大合作走廊、重点国别合作规划和国别对接方案，支持企业积极参与国家对外经济合作布局。支持企业到境外建设特色产业园区和产业聚集区。进一步扩大能源资源合作。

四是拓展贷款领域，扩大国外贷款示范创新效应。继续扩大企业境外融资规模。围绕山东省重点建设领域，选择一批符合国家产业政策、需要引进国外先进技术设备的项目，支持企业做好境外发债试点工作，利用好国际商业贷款。积极争取重点领域国外优惠贷款。重点围绕医养结合、城乡一体化、区域一体化、交通基础设施升级改造、生态建设、职业教育、食品安全、新农村建设和工业节能等领域，做好国外贷款项目的筛选和储备工作。

④推进措施

一是加强政策措施研究，助推经济社会开放发展。认真贯彻落实中发〔2015〕13号文件，研究制定山东省构建开放型经济新体制的政策措施。加强国际产能和装备制造合作的重点国别研究。加快制定境外投资财政资金支持管理办法。

二是创新招商引资机制，营造更优营商环境。进一步推进对重点国家和地区的招商引资。依托山东省重大招商平台和合作机制，进一步提高招商工作的针对性和实效性，以韩国、德国、美国等国家为重点，瞄准世界500强及行业领军企业，做好招商引资工作。建立健全配套服务措施，优化投资环境。落实好外资大项目用地、用电、用水等要素需求，解决好外商在人才招聘、人员就医、子女上学等方面的困难，吸引新企业到山东省落户，支持老企业增资扩股，实现以商引商。

三是积极推动国际产能和装备合作。依托山东省现有友好省州友城关系，积极探索新的合作区域，开辟优势产能对外转移通道及能源资源获取路线，拓宽对外合作交流渠道。深化推进省和部委之间协同推进机制，积极参与国家间多双边投资促进活动。大力培育一批国际化企业。鼓励优势企业采取跨国并购、境外上市、与国内外企业强强联合等形式优化资本结构，扩大经营规模，培育国际品牌，提高国际竞争力。加强境外投资风险防控体系建设。加强与金融保险部门合作，帮助企业有效规避投资风险，稳步推进境外投资。

四是进一步推进外债管理改革。按照国家发展改革委《关于推进企业发行外债备案登记制度管理改革的通知》精神，指导山东省重点企业扩大境外发债，积极争取列入国家外债规模切块管理改革试点省份，进一步发挥国际资本市场低成本资金在促投资、稳增长方面的积极作用。重点推进山钢集团境外发行10亿美元债券等项目。加快推进世行贷款孔孟文化遗产地保护项目、亚行贷款节能减排试点第二批子项目等国外贷款项目的衔接和建设，更好地发挥国外贷款对促进经济和社会发展的积极作用。

（2）2015年山东省“一带一路”双向投资的发展情况

1）山东省对“一带一路”沿线国家投资的情况

山东省围绕参与“一带一路”沿线国家的投资建设，加快建立境外园区，形成企业海外集聚发展的效应。山东省在沿线国家正在建设各类经贸园区8家，累计投资23亿美元，入园企业187家，累计实现产值46亿美元，上缴东道国税费2亿美元，带动当地就业超过1万人。海尔集团在巴基斯坦建设的鲁巴经济区是我国首个揭牌的国家级境外经济贸易合作区，入区企业7家，年产家电150万台，海尔已经成为巴基斯坦第一家电品牌。中航林业建设的中俄托木斯克木材工贸合作区已完成投资4亿美元，吸引中国、美国、俄罗斯等国家入驻企业20家，其中投产16家。万华集团在匈牙利建设的中匈宝思德经贸合作区，完成基础设施投资5.73亿美元，吸引了来自国内以及奥地利、法国、挪威、德国、美国等国家的15家企业入驻，其中9家为中资成分的加工制造型企业，已建设成为我国在全球各地在建的国家级园区中投资和建设水平最高的园区之一。

山东省筛选确定了首批190个境外优先推进项目，计划总投资4500多亿元，其中65个项目已开工建设。2015年山东省在“一带一路”沿线国家设立企业124家，中方实际投资11.1亿美元，增长30.2%。山东省赛轮、玲珑、奥戈瑞、森麒麟等轮胎企业在东南亚、中亚建立生产基地，设计产能4100万条，目前已达产2650万条。万华集团投资12.6亿欧元收购匈牙利宝思德（BC）公司，是迄今为止中国在中东欧最大的投资项目。

魏桥集团在印度尼西亚加里曼丹省年产200万吨氧化铝项目，是中国企业第一次到海外投资建设的大型氧化铝冶炼项目。

2）“一带一路”沿线国家和地区对山东省的投资情况

“一带一路”沿线国家和地区对山东省的投资主要集中体现在亚洲、欧洲、非洲等主要国家和地区。从亚洲的情况看，2015年累计实际使用外资金额1159503万美元，同比增长6.8%，其中实际使用外资增长最快的是韩国，同比增长35.12%。从欧洲的情况看，2015年累计实际到账外资金额80936万美元，同比增长8.07%，其中实际使用外资增长最快的是德国，同比增长108.40%。从非洲的情况看，2015年累计实际使用外资金额9667万美元，同比增长-8.05%。沿线国家和地区对山东省的投资按国别情况见表1-40。

表1-40　2015年沿线国家和地区对山东省的投资情况表

国家/地区	项目数		合同外资		实际使用外资	
	个数	同比（%）	金额（万美元）	同比（%）	金额（万美元）	同比（%）
亚洲	1205	12.0	1675094	25.4	1232535	6.8
中国港澳地区	397	1.8	1149956	26.6	755786	-1.0
中国香港	393	1.8	1145168	26.9	754834	-1.0
韩国	555	32.8	302779	30.2	206717	35.1
中国台湾	120	20.0	100072	74.9	43292	-11.0
东盟	43	-32.8	45070	-45.3	147984	18.3
新加坡	31	-40.4	32490	-55.5	139899	15.7
非洲	22	100.0	7501	27.5	9667	-8.0
欧洲	124	25.3	82405	49.9	80936	1.5
欧盟	107	28.9	62550	40.3	74911	8.1
德国	32	88.2	19591	264.1	21722	108.4
英国	18	5.9	6465	175.7	1892	-78.9
法国	13	8.3	12825	29.6	4553	-15.0

3）对2016年“一带一路”双向投资发展的展望

2016年是“十三五”开局之年，也是“一带一路”全面推进之年。山东省参与建设“一带一路”的工作思路是，按照国家部署要求，坚持“四个全面”战略布局，牢固树立五大发展理念，紧紧围绕山东省确定的“五个中心”战略定位和八大合作领域，统筹推进各项工作，确保“一带一路”建设取得积极进展。预计，2016年山东省“一带一路”沿线国家进出口额增长8%左右，境外投资增长10%左右。

①强化工作协调联动，加快促进政策沟通

坚持把政策沟通作为重要保障，构建高效畅通的对外交流合作新机制。健全政策对接机制，紧跟国家政策导向，组织开展好交流互访、高层论坛等活动，积极加强与沿线国家在重大战略、重大工程、重大规划、重大项目等方面的沟通对接，增强合作的针对性。健全信息发布机制，通过中央、省级媒体搭建信息发布平台，针对沿线国家的产业政策、投融资环境、市场风险等领域，系统全面地发布权威信息，为省内企业“走出去”提供有力支持。健全工作推进机制，加强与国家有关部委的汇报沟通，督促各市加快成立相关机构，上下联动，落实责任，推动工作顺利开展。

②强化物流通道建设，加快促进设施联通

坚持把设施联通作为优先领域，以建设国际区域性现代物流中心为目标，加快联通国际经济合作走廊。建设陆上骨干通道，大力实施市市通高铁、县县通高速“两网两通”工程，争取尽快开通更多中欧货运班列。建设海上骨干通道，加强海洋运输服务体系建设，提升青岛、日照、烟台等港口的航运能力，推进鲁辽陆海货滚运输大通道建设，打造“一带一路”重要国际航运枢纽。建设航空骨干通道，把济南市、青岛市、烟台市等地机场建设成为区域性航空枢纽，积极开辟洲际新航线，发展大型航空枢纽间的“空中快线”运营模式，形成完善的航空交通网络。

③强化国际市场开拓，加快促进贸易畅通

坚持把贸易畅通作为重点内容，“走出去”与“引进来”相结合，大力开展国际产能和装备制造合作。以推进优势富余产能转移为重点，认真落实“三去一降一补”工作部署和山东省与国家发展改革委签署的协同推进框架协议，研究制定重点产业国别合作指导意见，鼓励骨干企业到能源资源富集地区，重点开发农业、渔业、木材、有色金属、油气等资源。以境外合作园区建设为抓手，支持具有一定规模的境外园区做大做强，推动有条件的企业在“一带一路”沿线国家新建一批境外合作园区。以合作交流平台建设为载体，加快推进东亚海洋合作平台、威海中韩地方经济合作示范区和中韩（烟台）产业园，以及“一带一路”标准技术服务平台、境外项目投资服务平台等建设，支持更多企业设立境外贸易代表处。

④强化融资模式创新，加快促进资金融通

坚持把资金融通作为重要支撑，积极拓展金融合作领域，创新金融合作模式。加大金融支持力度，研究设立山东省参与建设“一带一路”引导基金，放大财政资金撬动效应；鼓励地方金融机构对“走出去”项目给予适当倾斜。加大金融合作力度，发挥山东省作为中韩金融合作试点地区的优势，深化鲁韩金融合作，支持国内机构赴韩发行债券；加强与丝路基金、亚投行对接，积极争取对山东项目给予更多支持。加大风险防控力度，加强与中信保等国家政策性金融机构的战略合作，扩大出口信用保险覆盖面，为“走出去”企业提供融资支持和风险保障。

⑤强化国际人文交流，加快促进民心相通

坚持把民心相通作为社会根基，传承和弘扬古“丝绸之路”友好合作精神，促进文明互鉴共荣。加强人文交流，精心打造“孔子故乡•中国山东”品牌，实施“齐鲁文化丝路行”计划，建设“齐风鲁韵•文化山东”对外文化交流模块化工程，增进相互理解和认同。加强科教合作，强化与俄罗斯、白俄罗斯、乌克兰、以色列等国家的合作，与沿线国家高校合作共建孔子学院。加强旅游合作，积极推介山东丰富的旅游资源，加快培育“好客山东丝绸之路探源”旅游产品，打造“一带一路”重要旅游目的地。

4）建议

①加强工作指导

建议国家以会代训等方式，加强对地方推进“一带一路”建设工作的指导，进一步明确工作方向和重点；抓紧编制重点国别合作规划，牵头做好衔接工作，研究提出重点合作领域和项目，增强合作的针对性；统筹产业布局、合作区域等，指导各地有序参与“一带一路”建设，形成工作推进合力。

②加大政策支持力度

统筹协调金融机构，尤其是发挥好丝路基金、亚投行的作用，加大对“一带一路”沿线国家重大标志性项目的支持力度。对列入国家“一带一路”重大项目储备库的重点项目和三年滚动计划中的重大政策事项进行重点支持。加大对国际物流大通道建设的支持力度，支持山东省开通更多以济南为节点的中欧班列。支持中俄托木斯克木材工贸合作区、中匈宝思德经贸合作区、中欧商贸物流园区等国家级境外合作园区做大做强。

③建议国家建立“一带一路”信息平台

为了及时发布“一带一路”沿线国家出台的重大政策、重大事项，为参与“一带一路”建设的国内市场主体提供及时准确的信息，建议国家尽快设立“一带一路”信息平台。同时，启动建立与“一带一路”沿线国家智库合作机制，密切关注沿线国家有关政策变化，加强与沿线新闻机构的沟通联络，为“走出去”提供企业良好的舆论（信息）支持。

11.青岛市

2015年，面对复杂多变的外部环境和不断加大的经济下行压力，青岛市深入贯彻党的十八大和十八届三中、四中、五中全会精神，按照市委、市政府“寻标、对标、达标、夺标、创标”和“加速、提升、创新、增效、落实”的部署要求，坚持以实施国际城市战略为引领，以深化改革创新为主线，积极适应经济发展新常态，全市利用外资和境外投资发展呈现良好态势，为全市经济社会发展做出了积极贡献。

2015年，青岛市稳步推进外商投资审批管理体制改革，扩大对外开放领域，持续优化外商投资环境，吸收外资规模稳步增长，利用外资质量进一步提升。主动融入“一带一路”国家战略，积极推动企业“走出去”，着力培育“走出去”和“引进来”双向开放新优势。

（1）利用外资

2015年外资规模再创新高。青岛市新批外商投资项目763个，同比增长23.26%；实现合同外资82.74亿美元，同比增长39.81%；实际使用外资66.91亿美元，同比增长10.02%，占山东省总量的41%。主要特点：

1）外资结构持续优化

充分利用财富管理金融综合改革试验区政策，吸引外资金融机构和股权投资企业。2015年，韩国产业银行、新加坡星展银行、澳新银行落户青岛市；中国香港必伟金融、意大利ISP财富中心、英国DP投资公司等项目取得进展；总投资2.98亿美元的招商局产业园区创投落户。“十二五”期间，青岛市共引进外资银行8家，到2015年年底累计达到28家，占山东省的75%；引进股权投资企业7家，小额贷款公司2家。青岛银行和青岛港集团均在中国香港上市，募集资金分别超过6亿美元和4亿美元，海尔智能健康和中德生态园集团分别在中国香港和德国上市。2015年新批准外商投资融资租赁公司17家，合同外资7.4亿美元，全市外商投资融资租赁公司达到45家，初步形成集聚效应。2015年，共批准外资并购项目36个，并购交易额2.1亿美元。“十二五”期间，青岛市累计批准外资并购项目206个，其中海尔集团与KKR达成战略投资协议，实现外资5.18亿美元，阿里巴巴参股日日顺物流，实现外资2.5亿美元。曼福保险、7-11、东丽医疗科技、亚联财小额贷款、三菱重工捷能等投资项目纷纷落地，截至2015年年底，累计有124家世界500强在青岛市投资224个项目。“十二五”期间，青岛市服务业实际外资占比逐步提高，三次产业实际外资比例由“十一五”末的3.5：52.8：43.7调整到“十二五”末的3：50：47。

2）外资管理体制创新

积极复制推广中国（上海）自由贸易试验区改革试点经验。放开融资租赁公司兼营与主营业务有关的商业保理业务、设立外商投资资信调查公司和设立股份制外资投资性公司的限制，取消融资租赁公司设立子公司最低注册资本限制。已为9家外商投资融资租赁公司办理增加了保理业务，多个外商投资资信调查公司和股份制外资投资性公司项目正在推进。按照商务部《关于做好取消鼓励类外商投资企业项目确认审批后续工作的通知》要求，协调海关为全市186个外商投资鼓励类项目办理了设备免税进口对比汇总备案工作，涉及投资总额54.8亿美元。加强对外资企业的事中事后监管，探索构建企业信用信息平台，会同财政、统计、国地税等部门联合建立了外企生产经营情况数据库。根据对2015年外商投资企业年度投资经营信息联合报告的外资企业统计，现存外资企业投资规模不断扩大，投资总额增长9.9%，注册资本增长11.1%，外方认缴注册资本增长10.1%，平均单个企业外方累计实际出资322.7万美元。

3）营商环境持续优化

全面提升外企服务水平，在市、区市和街道（镇）、经济园区三个层级建立优化外商投资企业发展环境三级联动服务体系，实现了对外资企业服务的全覆盖。建立重点外商投资企业“服务大使”制度和联系走访制度，2015年共走访外商投资企业5950多家，协调解决结汇、通关、融资、用工等方面问题1700多个；组织外企服务培训、银企对接等活动400多场。

4）外商投资企业对经济社会促进作用显著

截至目前，青岛市实际运营外资企业6700多家，到“十二五”末，外资企业创造了青岛市1/2的出口额、1/3的工业增加值、1/3的税收和1/4的新增就业，对青岛市经济社会可持续发展的促进作用进一步增强。

（2）境外投资

2015年，青岛市对外投资和经济合作各项统计指标均创历史新高，呈现良好发展态势。全年备案对外投资项目185个，中方协议投资额33亿美元，同比增长124.2%；中方实际投资额13.1亿美元，增长21.2%。对外承包工程业务新签合同额36.6亿美元，增长60.6%；完成营业额36.4亿美元，增长1.3%。对外劳务合作业务派出各类劳务人员17047人，增长30.1%。主要特点：

1）对“一带一路”沿线国家投资实现高速增长

2015年，青岛市对“一带一路”沿线国家备案投资项目87个，中方协议投资额18.2亿美元，同比增长141.4%，占比55.2%，投资项目分布在23个国家。恒顺新加坡国际控股有限责任公司增资9500万美元，中方投资额累计达到2.75亿美元，这是青岛市对“一带一路”沿线国家第一大投资项目。

2）制造业对外投资保持强势增长

青岛市新备案制造业投资项目54个，同比增加10个，中方协议投资额12.1亿美元，增长252.2%，占比36.7%，涉及橡胶和塑料制品、电子家电、纺织服装、机械设备等多个领域，国际产能合作步伐加快。赛轮（越南）有限公司增资1.65亿美元，中方投资额累计达到2.6亿美元，从事轮胎生产及橡胶产品的研发，这是青岛市今年最大的制造业对外投资项目。

3）境外资源合作开发取得新突破

青岛瑞昌棉业有限公司投资3000万美元设立中非棉业津巴布韦有限公司，一举成为津巴布韦第二大棉花企业。中启控股集团股份有限公司投资9000万美元设立中启海外（柬埔寨）实业有限公司，从事森林资源开发。青岛巨容远洋渔业有限公司、青岛远洋渔业有限公司、青岛鲁海丰投资有限公司等6家企业设立境外公司，获取海外渔业资源。

4）对外并购投资快速增长

青岛海尔股份有限公司相继并购印尼、越南、日本企业，青岛海信电器股份有限公司并购墨西哥、德国企业，全年新备案并购投资项目 35个，中方投资额5.92亿美元，同比分别增长118.8%、500.9%。

5）对外承包工程行业领域不断扩大

青岛市在建对外承包工程项目199个，同比增加27个，涉及房屋建筑、电力工程、石油化工、交通运输、水利工程、通信工程、工业建设、制造加工设施建设等多个领域。青岛电力建设三公司以EPC模式新签电力承包工程项目2个，合同额20.6亿美元，对外承包工程不断向勘探设计服务和投资运营领域拓展。

6）对外劳务合作市场开拓取得新进展

对外劳务合作国别新增挪威、芬兰、波兰，对欧洲劳务合作增加到9个国家，外派劳务人员主要从事厨师工作。青岛市外派海员企业派出劳务人员10578人，占全市派出总人数的62.1%，创历史同期新高，中高端外派劳务市场开拓初见成效。

2016年，是实施“十三五”规划的开局之年，也是推进结构性改革的攻坚之年。青岛市将认真贯彻落实十八大及十八届三中、四中、五中全会精神，认真落实市委、市政府工作部署，牢固树立创新、协调、绿色、开放、共享的发展理念，以实施国际城市战略为主线，对接国家扩大开放和区域发展战略，加快构建开放型经济新体制，推进“引进来”和“走出去”双向开放，努力实现“十三五”良好开局。

12.深圳市

建设“丝绸之路经济带”和“21世纪海上丝绸之路”是国家统筹对内对外两个大局、形成全方位对外开放新格局的重大战略部署。深圳认真贯彻中央和习近平总书记的要求，主动谋划，积极作为，努力在国家“一带一路”战略实施中发挥经济特区开放引领作用，全面推进开放型经济建设，增强深圳在区域经济合作中的话语权和在国际贸易体系中的影响力，争取在全国率先实现由外经贸大市向外经贸强市的转变。

（1）深圳市出台的“一带一路”相关政策文件

2015年3月，国家发布了《推动共建丝绸之路经济带和21世纪海上丝绸之路的愿景与行动》，深圳市委市政府对深圳市参与“一带一路”建设作了全面动员，提出深圳要打造成为“一带一路”战略枢纽和21世纪海上丝绸之路桥头堡，并部署了相关工作。

2015年6月《广东省参与丝绸之路经济带和21世纪海上丝绸之路建设实施方案》印发后，深圳市及时跟进，制定了参与“一带一路”建设经贸合作方案、外事工作方案。在各专项方案的基础上，深圳市进一步编制了《深圳市大力发展湾区经济积极服务国家“一带一路”战略实施方案》，提出了各项具体任务和措施。

（2）2015年深圳市双向投资基本情况

1）深圳市利用外资情况

2015年，深圳市设立外商投资企业3359个，同比增长34.9%；吸收合同外资255.95亿美元，同比增长134.92%；实际使用外资64.97亿美元，同比增长11.93%，合同、实际均再创历史新高。

深圳市吸引外国投资在总量和效率方面有了新的突破。现代服务业成为吸收外资主体，金融业、租赁和商务服务业、制造业等领域成为投资热点。2015年，服务业吸收合同外资243.88亿美元，同比增长146.67%，占全市的95.28%，比重较去年同期增加4.54个百分点；实际使用外资56.71亿美元，同比增长24.52%，占全市的87.28%，比重较2014年同期增加8.83个百分点。吸收合同外资前三位行业分别为金融业（117.11亿美元，同比增长131.51%）、租赁和商务服务业（39.51亿美元，同比增长151.13%）、房地产业（28.63亿美元，同比增长1556.99%）。制造业吸收合同外资11.2亿美元，同比增长25.7%，实际使用外资8.15亿美元，同比下降26.82%。

2015年，深圳市合同外资千万美元以上大项目473个，较2014年同期增加195个，引进合同外资228.28亿美元，约占全市合同外资的九成，同比增长181.5%。12月份，共有4家企业合同外资超亿美元：深圳沃尔玛百货零售有限公司（溢价转股，合同外资4.02亿美元）、优力国际融资租赁（深圳）有限公司（新设，2亿美元）、深圳远景融资租赁有限公司（增资，1.9亿美元）、创智信息科技股份有限公司（并购，1.55亿美元）。

2）对外直接投资情况

2015年，经深圳市核准备案深圳企业对外直接投资设立1180家企业（机构），协议投资总额566.30亿美元，同比增长884.06%，中方协议投资总额204.06亿美元，同比增长286.70%；其中，前海企业对外投资设立153家企业（机构），中方协议投资总额37.11亿美元。根据商务部反馈数据显示，2015年深圳市实际对外投资51.27亿美元，同比增长28.9%，占广东省48.16%，占全国地方6.54%。

①投资国家（地区）

2015年，经深圳市核准备案深圳企业在中国香港直接投资设立910家企业（机构），中国香港以其全面开放、高度国际化的商贸平台优势和得天独厚的地理位置及营商环境，成为深圳企业“走出去”的首选地，在所有深圳对外投资国家（地区）中位列第一，占全市同期的77.19%，同比下降18%；投资总额319.40亿美元，占全市同期的56.4%，同比增长679.99%，中方投资额149.06亿美元，占全市同期的73.05%，同比增长273.02%。

其次是美国，2015年，经深圳市核准备案深圳企业在美国直接投资设立93家企业（机构），占全市同期的7.88%，投资总额20.14亿美元，占全市同期的3.56%，中方投资额10.62亿美元，占全市同期的5.20%。其他分别是新加坡、日本、泰国和英国等国家，分别设立了13家、10家、10家和8家企业及机构。

②主要投资行业

2015年，对外直接投资行业以信息传输、软件和信息技术服务业为主，中方投资额77.22亿美元，占全市同期的37.84%，共168家；其次是批发和零售业，中方投资额41.52亿美元，占全市同期的20.35%，共583家；其他分别是租赁和商务服务业、房地产和制造业，中方投资额分别为22.77亿美元（149家）、18.63亿美元（27家）和13.95亿美元（110家）。

3）双向投资面临的问题

在“引进来”利用外资方面，利用外资质量仍需进一步提升，吸收外资的行业、来源和方式单一，引资的空间载体受限问题突出，新兴产业引资数量不足；在“走出去”方面，对外投资和合作竞争力仍然不强，嵌入国家一带一路战略程度较低，对国际市场的驾驭能力较弱，国际营销网络尚未形成体系，境外技术、资源等稀缺要素争取力度不够等。

（3）2015年深圳市“一带一路”沿线国家双向投资情况

1）“一带一路”沿线国家对深圳市投资情况

2015年，一带一路64个国家中共有30个国家在深投资：新设项目147个，同比增加56个，吸收合同外资1亿美元，同比下降22.78%；其中新加坡、马来西亚为主要投资来源地，分别在深圳新设48个和26个项目，分别有深圳市大汇天国际融资租赁有限公司（3268.18万美元）和深圳市中林融资租赁有限公司（3000万美元）等。

2）深圳市在“一带一路”沿线国家对外直接投资情况

2015年，经深圳市核准备案，深圳企业在“一带一路”沿线国家直接投资设立66家企业（机构），占全市同期的5.59%，同比增长120%，投资总额18.04亿美元，占全市同期的3.19%，同比增长470.89%，中方投资额13.80亿美元，占全市同期的6.76%，同比增长900%。主要投资行业以房地产业为主，中方投资额4.30亿美元（5家）；主要投资国别为新加坡和柬埔寨等国家，中方投资额分别为1.39亿美元（11家）和4.31亿美元（5家）。

（4）深圳双向投资发展特点

1）吸收直接投资量质齐升

“十二五”期间，深圳市吸引外国投资在总量和质量方面又有了新的突破。从规模上看，深圳市实际利用外资从2011年的45.99亿美元增长至2015年的64.97亿美元，增长约1.41倍，年均增速达8.6%。从结构上看，现代服务业成为吸收外资主体，股权投资、融资租赁、商业保理、管理咨询等领域成为投资热点。2015年外资存量中，外资投向第二产业共8254家，占实际使用外资金额的44.05%；投向第三产业企业共11943家，占实际使用外资金额的55.58%，投向第一产业占比0.4%。

2）境外投资步伐不断加快

企业对外投资规模不断扩大，境外投资存量显著上升，截至2015年年底，深圳市4288家企业经核准或备案设立境外企业（机构）4934家（企业4710家、机构224家）；累计协议投资总额736.53亿美元，其中中方协议投资额353.88亿美元，居全国地方城市第一位。投资形态日趋多样化，从以销售窗口形式为主，发展到生产型、服务型、研发型、资源开发型、资本运作型等形式不断涌现。目前，华为、中兴、腾讯、招商局国际、中广核、中集、比亚迪、大疆创新、正威等企业通过境内外资源深度整合，要素高效配置，显著增强了产业地位和竞争力，已成为行业翘楚和跨国经营成功典范。全市对外承包工程、劳务合作发展迅速，2015年对外工程承包金额近200亿美元，居全国大中城市第一位，信息通信项目遍及100多个国家和地区，带动了国内上百家分包商和供应商参与境外工程。

（5）深圳市双向投资发展趋势展望

“十三五”期间，深圳市将积极贯彻落实国家“一带一路”战略，不断推动双向投资发展，逐步提高开放型经济发展水平。着力优化“引进来”结构，不断提升跨国公司研发和高端制造投资比重，稳固提升服务业领域利用外资水平，积极提升战略性新兴产业吸收外资比例，大力扩大欧美日等发达地区外商投资规模，显著增强外资对深圳经济和社会发展的综合贡献。大力实施“走出去”战略，拓展深圳发展空间，提高跨国经营能力，扩大“深圳制造”全球影响力，打造一批资源配置全球化、增值链条国际化的跨国公司。

1）更加积极有效利用外资

①稳定利用外资规模

保持外资政策稳定、透明、可预期，推动现有外商投资企业增加研发投入，通过创品牌、拓内销、智能化生产等方式逐步向产业链更高层延伸，加强重点产业关联产品的国内配套能力，鼓励外商投资企业增加国内采购份额，实现产业集群化发展。

②扩大外资市场准入

改善深圳市利用外资行业来源和分布结构，优化外资增量。推进金融、教育、文化、医疗等服务业领域有序开放，放开育幼养老、建筑设计、会计审计、商贸物流、电子商务等服务业领域外资准入限制，进一步放开一般制造业。鼓励外商投资现代农业、高新技术、先进制造、节能环保、新能源、现代服务业等领域，承接高端产业转移。鼓励和引导外商投资企业在深圳市设立研发中心、建立区域总部，实现引资、引技、引智的同步推进，为实施创新驱动提供支撑。

③大力引进代表性跨国公司投资

结合深圳市现代产业体系建设要求，加大对全球重点跨国公司和行业龙头企业的投资促进力度，推动一批科技含量高、产业层次高、带动能力强的大项目落户。主要方向包括引进数控机床、智能制造、增材打印等先进制造业外资，引进电子商务、服务外包、研发设计等生产性服务业外资，引进计算机及通信设备、半导体及零部件等高新技术产业外资和工业软件、集成电路、平面显示等关键制造环节外资，引进新材料、新能源、生物医药、新一代信息技术等战略性新兴产业外资。

④建立与国际接轨的外资管理机制

实行普遍备案有限核准的管理制度，下放项目审批权，加强事中事后监管，探索建立外国投资者重大事项报告制度。建立外商投资信息共享平台和跨部门联合工作机制，构筑开放透明的市场竞争环境。在国家政策框架内实现外资准入前国民待遇和负面清单模式管理。

2）加快企业走出去步伐

①支持企业进行全球资源布局

鼓励有条件的企业通过新建、并购、工程承包等多种投资合作方式，进行全球资源、能源、技术、人才等要素配置。推动技术密集型企业利用国外先进的科技、智力资源，设立境外测试中心、研发基地，提高企业集成创新能力。支持企业根据市场需求在东南亚、南太平洋、非洲、中东等重点地区建立长期稳定的资源配置基地。

②支持企业介入国际标准制定

鼓励企业积极参加国际标准组织（国际标准化组织、国际电工委员会、国际电信联盟等），参与国际行业标准制定（电子电工、半导体、新能源、新材料等）。对成为国际标准组织成员的机构给予支持，鼓励其在国际技术标准和价格标准制定方面发挥积极作用。

③大力发展对外工程承包

鼓励企业利用自身产业、技术、人才、融资等优势，参与通信、环保、智慧城市等高技术含量国际工程招投标和境外工程分包。大力发展国际设计、软件系统集成、咨询业务，支持企业承揽技术资本密集型境外工程承包项目。积极推进国际基础设施合作，鼓励企业积极参与境外电信、电力、港口、基建等工程承包。

④有效推进境外合作区建设

以园区建设为抓手，加快推动企业抱团出海。推动中国-越南（深圳-海防）经贸合作区建设，支持招商局、盐田港、中集等优势企业在海上丝绸之路战略节点城市规划建设一批临港物流园区和产业园区，支持有条件的企业在印度尼西亚、泰国、柬埔寨等沿线国家重点城市共建经贸合作区或产业园，打造深圳企业境外加工制造、商贸物流基地，转移优质过剩产能，提升国际产能合作水平。鼓励园区开发运营企业“走出去”，在沿线国家投资建厂，输出园区运营管理模式。进一步发挥行业协会作用，搭建产业合作平台，引导企业赴境外管理规范、配套良好的产业园投资发展，提升企业集聚发展能力和投资影响力。

⑤大力推动国际科技研发合作

推动生物医药、新能源、新型空间载体、海洋产品等技术领域合作开发，实现“创新链+产业链”融合发展。鼓励企业充分利用境外的科技资源和人才，到科技实力较强的国家和地区设立境外研发中心及并购科技型企业。推进企业在“一带一路”沿线和发展中国家应用中国技术规范和标准开展项目，扩大业务规模。

⑥积极促进深圳服务输出

加快互联网服务、电子商务、网络游戏等领域对外发展，针对深圳市信息通信、生物医药、智能制造、软件开发等优势产业链，支持企业以承接系统集成项目、提供综合解决方案等方式参与境外政府、企业、民用设施建设和服务，带动产品、技术、服务等全面输出。推动专业服务合作，促进与“一带一路”沿线国家在会展、物流、创意设计、检验检测、旅游和文化等高端服务业合作。支持企业在有关国家建立业务总部、营销总部、研发总部、资金结算总部等。

⑦构建全方位服务支持体系

实行以备案制为主的对外投资合作管理方式，建立对外投资合作台账制度。优化现有海外办事处布局，支持在一带一路沿线国家、印尼等新兴市场国家和巴布亚新几内亚等大洋洲国家建立贸易投资推广机构。研究建立“走出去战略联盟”，完善“走出去”企业服务体系。完善对外投资合作贷款管理机制，创新金融支持模式。研究编写沿线国家投资合作指引，探索设立政府引导的走出去股权投资基金，联合中国出口信用保险公司等政策性金融服务机构，加快推进贸易摩擦预警系统建设，建立“走出去”企业风险保障机制，加强运行监测、国别风险评估和预警及突发性事件处置方面的服务。

3）主动参与“一带一路”建设

①推动基础设施建设，促进互联互通

对接“一带一路”沿线国家交通网络，全面布局面向沿线国家的物流支点，建设联通东南亚、东北亚、南亚的快速高效的航空、海运通道，构建一体化综合交通运输体系。参与重点港口建设，共建临港产业园区。利用深圳产业优势，深度参与国家信息丝绸之路建设，推动信息互联互通。积极参与国际、国家及行业标准的制修订，助推沿线国家技术标准体系的对接和统一。

②紧密经贸联系，便利贸易融通

实施拓展新兴市场、开拓“一带一路”市场专项计划，积极参与中国-东盟自由贸易区升级版建设，深度挖掘东南亚国家和孟中印缅经济走廊市场潜力，加强与韩国、澳大利亚、新西兰、巴布亚新几内亚等国家及南、北美洲经贸合作，开拓巴基斯坦等新兴市场，积极参与粤新欧国际大通道建设。依托丝绸之路多方合作机制，打造高标准综合经贸促进平台，着力推进中国（深圳）-越南（海防）经贸合作区等合作园区建设。支持优势企业开拓沿线国家市场，走出去建设营销网络、生产基地和区域总部。强化出口竞争优势，加快新型贸易方式发展，提升深圳在全球价值链构成相对位置。

③加强跨境合作，保证资金融通

依托深港资源配置能力，优化金融服务，搭建融资平台。开展多边金融合作，支持优质企业在境外募集资金，引导融资担保机构为中小外贸企业和民营企业服务，引导商业性股权投资基金和社会资金共同参与“一带一路”重点项目建设。争取沿线国家金融机构和主权基金、投资基金落户，大力发展贸易金融业务。加强跨境投资合作，利用“一带一路”和“两廊一圈”有利条件，积极参与中国-东盟自由贸易区升级版建设，打造海外经济合作发展示范平台。

④优化产业链条，拓展合作空间

加快与“一带一路”沿线国家产业融合和互补发展，构筑以品牌、技术、资本和管理为主导的新型区域产业合作体系。鼓励电子信息等优势产业与东盟等国家开展产能合作，加强海工装备产业合作，拓展远洋渔业发展空间，积极参与国家南海资源开发。鼓励企业与沿线国家在能源及上游领域开展合作，参与油气和矿产资源开发，扩大能源技术装备出口。加大沿线国家资源和农产品进口。推进与深汕合作区及喀什产业合作，鼓励企业链条式转移。

⑤发挥框架平台作用，强化人文交流纽带

依托自贸试验区和前海深港合作区，搭建文博会“一带一路”专馆、高交会丝绸之路专区、前海合作论坛等经济、文化交流大平台，全面深化与沿线国家人文交流与合作，提升城市国际知名度。积极参加国家与沿线国家互办的国际文化活动，推进国际友城文化周等人文交流项目，鼓励广播影视、新闻出版、教育等文化产品出口。加强与沿线国家的旅游合作，发展海上丝绸之路旅游专线。完善友城布局，积极发展与沿线国家地方及城市友城关系。加强与沿线国家华人华侨的广泛联谊、密切联系和常态来往。

（二）中部地区

1.山西省

双向投资是一国吸收国际资本来本国投资与输出本国资本到境外投资的能力与水平的反映，是一个国家开放程度与国际化发展水平的重要标志。随着当今经济全球化、区域经济一体化的日趋深入发展，双向投资已越来越多地成为世界各国参与国际分工和全球合作与竞争的重要选择。共建“一带一路”是我国适应国际经济格局新变化、顺应经济全球化和区域经济一体化纵深发展新趋势的重要经济和外交战略，是我国构建全方位对外开放新格局、培育发展新优势的重大战略部署。党中央、国务院高度重视“一带一路”双向投资，国家“十三五”规划提出，要以“一带一路”建设为统领，丰富对外开放内涵，提高对外开放水平，协同推进战略互信、投资经贸合作、人文交流，努力形成深度融合的互利合作格局，开创对外开放新局面。

山西省作为“一带一路”重要节点，在双向投资上采取了大量积极措施，有力地促进了山西经济的转型发展。

（1）近两年在促进双向投资发展方面制定的相关政策

为贯彻落实党中央、国务院关于构建开放型经济新体制的若干意见，山西省紧紧抓住全面扩大开放、发展开放型经济作为资源型经济转型的关键突破口，牢牢把握“一带一路”战略机遇，大力支持企业“走出去”，采取有力举措“引进来”，打造全球低碳环保经济开放高地，提升开放平台建设水平。2015年出台了《山西省人民政府关于全面扩大开放的意见》，将“一带一路”战略机遇作为山西全面扩大开放的首要任务，明确提出打造“山西品牌丝路行”开放新名片等举措，为山西省开放型经济规模和质量明显提升，基本形成全方位、宽领域、多层次、高水平的全面开放新格局提供有力支撑。2015年9月，出台了《山西省参与建设丝绸之路经济带和21世纪海上丝绸之路实施方案》，提出力争用3~5年时间，使山西省与沿线省（区、市）和沿线国家的交流合作取得实质性进展。

为推动山西省企业“走出去”开展跨国经营，山西省商务厅、发展改革委、经信委、财政厅、农业厅、外事办、国资委、外汇局8部门联合下发《关于促进企业“走出去”开展跨国经营的指导意见》（晋商合〔2013〕299号）。2014年开始，对非敏感类国家开展投资实行备案制，并且实行无纸化备案，全程网络申报，减轻了企业办事成本和负担，提高了对外投资便利化水平。2016年出台了《推进国际产能和装备制造合作工作实施方案》，通过投资便利化改革、综合信息服务、部门联席会议等一系列支持和服务措施，加大力度推进煤炭、焦化、钢铁、电力和装备制造等重点优势产业“走出去”，2016年，山西省出台了《推进煤焦国际产能合作实施细则》，对化解山西省煤焦过剩产能、推进煤焦国际产能合作起到了积极作用。

（2）山西省双向投资的基本情况

1）双向投资总规模的增长情况

2015年，新设外商直接投资企业（项目）个数为36个，同比下降28%，外商直接投资实际到位资金28.7亿美元，下降了2.8%。

2015年，全年山西省对外经济合作新签合同额3.5亿美元，增长1.0%，完成营业额7.4亿美元，下降0.3%。

2）双向投资的结构状况

山西省外商投资从行业分布来看，主要包括电力（包括火力发电、其他能源发电）、建筑业、畜牧业、卫生、制造业（包括机械制造、其他制造业）、仓储、给排水（自来水生产和供应）、设备产品批发、专业咨询、软件服务、技术推广等，具体分布详见表1-41。

表1-41　2015年山西省外商投资行业分布

行业	企业（项目）数量	比重（%）	投资总额（万美元）	比重（%）
火力发电	2	5.56	79541.25	38.28
其他能源发电	4	11.11	28724.4241	13.82
建筑业	2	5.56	35964.06	17.31
畜牧业	1	2.78	29000	13.96
卫生	1	2.78	9000	4.33
机械制造	7	19.44	2413.8603	1.16
其他制造业	4	11.11	11151.4307	5.37
自来水生产和供应	1	2.78	4904.19	2.36
仓储	2	5.56	3855	1.86
软件服务	3	8.33	1691.6396	0.81
设备产品批发	1	2.78	1301.344	0.63
专业咨询	2	5.56	70.7817	0.03
技术推广	2	5.56	60	0.03
其他	4	11.09	123.6742	0.05
合计	36	100.00	207802	100.00

山西省外商投资按照来源地分布来看，主要包括中国香港、中国台湾、中国澳门、韩国、新加坡、美国、加拿大、德国、英属维尔京群岛、萨摩亚、喀麦隆、塞舌尔等。2015年新设外商直接投资企业（项

目）来源地分布详见表1-42。

表1-42 2015年山西省外商投资来源地分布

来源地	企业（项目）数量	比重约（%）	投资总额（万美元）	比重约（%）
中国香港	13	36.11	104902.6197	50.48
新加坡	2	5.56	73611.25	35.42
投资性公司	3	8.33	15994.6341	7.70
英属维尔京群岛	3	8.33	10905.5571	5.25
塞舌尔	1	2.78	1301.344	0.63
韩国	2	5.56	299.9314	0.14
德国	2	5.56	269.7785	0.13
加拿大	1	2.78	244.212	0.12
萨摩亚	1	2.78	85	0.04
意大利	1	2.78	78.1715	0.04
中国台湾	3	8.33	60.6536	0.03
美国	2	5.56	18.7201	0.01
喀麦隆	1	2.78	16.8852	0.01
中国澳门	1	2.78	12.8974	0.01
合计	36	100	207802	100

山西省境外投资主要分布在美国、加拿大、澳大利亚、马来西亚、肯尼亚等国家，涉及制造业、餐饮业、房地产业、建筑业、批发零售业等领域，重点项目有五峰建设集团有限公司在加拿大酒店并购项目、山西广润在美国的农场项目、山西建筑工程（集团）总公司在马来西亚的工程建设项目。

3）双向投资面临的问题

从利用外资来看，存在的问题主要有：一是信息不对称，招商渠道较窄。近年来国家大力压缩了各类招商会议，地方政府对外出招商的资金和规模也一再控制，企业从政府层面得到的信息逐年减少，社会中介、民间组织的作用一直没有发挥出来，政府的招商奖励措施也没有到位，企业的招商兴趣比较缺乏。二是土地、规划仍存在掣肘。山西省当前招商乏力的主要原因仍在土地和规划方面，许多项目最后不能落地最终是因为土地难以落实，可以利用的土地偏少，吸引外商落户力度不大。三是缺乏吸引外商的亮点，外商投资行业较窄。山西省作为承担着“去产能”任务的大省，传统煤炭、冶金行业低迷，相配套的煤机、采矿和冶炼等机械行业也受到了波及，亟需挖掘开发新的产业增长点。四是外商投资力度不大，投资总额小，且多为传统产业，对拉动经济的作用不显著。

对外投资也存在一些问题：一是国际人才合作与交流仍有待加强，熟悉国际经贸规则特别是资本运作的各类复合型人才、专业型人才和技能型人才缺乏；二是企业国际化经营能力较弱，境外投资风险较大。部分省属企业在国际化经营过程中，受到投资国政策、法律、管理、外汇、劳工等多方因素影响，企业经验不足，把控能力不强，投资存在一定的风险。

4）2016年双向投资发展趋势和展望

从利用外资来看，一方面，山西省委省政府提出了“一个指引、两手硬”的重大思路和要求，进一步牢固确立以经济建设为中心的思想。经济工作成为省委的第一要务，体现了对历史的尊重和人民的担当，目前全省初步形成了加强经济工作的大氛围，为利用外资奠定了坚实的环境基础。另一方面，山西省经济的总量性、结构性问题较为突出，低位企稳向好的基础尚不牢固，总体上还比较低迷。新的、适合山西省发展的经济增长点还没有展现，使国外的企业、投资者都处在观望态度。总体说来机遇和挑战同在，困难和希望并存。

从对外投资来看，一是加快开放型经济建设，更加有效地采取一系列政策措施鼓励和支持企业“走出去”。二是支持大型企业参与国际市场分工合作，使企业产业链条不断延伸拓展，增强企业综合实力。三是进一步发挥山西省产业优势，大力推进国际产能与装备制造合作，争取取得良好的投资回报和口碑。

(3) 2015年山西省“一带一路”双向投资的发展情况

国家大力推进“一带一路”建设，设立亚洲基础设施投资银行和丝路基金，国际产能和装备制造合作进入实施阶段，为山西省采矿业、煤化工、装备制造业、电力、冶金等优势富余产能“走出去”提供了新的市场机遇。

1) “一带一路”沿线国家对山西省的投资

2015年 “一带一路”沿线国家对山西省的总投资规模较小，涉及到的国家和行业也较少。从数量上看，外商投资中属于“一带一路”沿线国家的企业（项目）仅有两个，从国别上看全部来源于新加坡，分别是山西潞光发电有限公司，总投资73541.25万美元，所属行业为火力发电；富尔腾（山西）企业咨询有限公司，总投资70万美元，所属行业为专业咨询。两个企业（项目）总投资占山西省所有外商投资企业（项目）总投资的35.42%。

2) 山西省对“一带一路”沿线国家的投资

截至目前，山西省共备案在“一带一路”沿线国家境外投资企业86家，开展实际投资的84家，累计投资4.64亿美元，分布在俄罗斯、蒙古、哈萨克斯坦、吉尔吉斯斯坦、塔吉克斯坦、新加坡、越南、泰国、马来西亚、菲律宾、印度尼西亚、缅甸、斯里兰卡等24个国家，涉及采矿、建筑、装备制造、化工、批发零售等领域。2016年上半年，山西省共有9家境外投资企业在“一带一路”沿线国家开展投资，投资总额7592万美元，占上半年对外投资总额的71.66%，分布在新加坡、蒙古、巴基斯坦、格鲁吉亚、土耳其、印度、印度尼西亚7个国家，涉及机械制造、煤矿、医药、房地产、印刷等行业。

较为典型项目为中车永济电机有限责任公司（以下简称永济电机）在印度的项目。从2008年进入印度铁路市场后，永济电机逐步从电机的初级供应商发展成为批量供应商，截至目前已经累计获得印度市场主发电机60台，牵引电机超过1100台的销售合同。该公司与印度先锋公司共同投资组建了合资公司北车先锋电气（印度）有限公司，其中永济公司占股51%，印度先锋公司占股49%，注册地址在印度新德里，生产厂区在哈里亚纳邦BAWAL工业区。

3）对2016年“一带一路”双向投资发展的展望

2016年，随着国家“一带一路”战略工作的推进，山西省将抢抓“一带一路”战略机遇，全面推动“一带一路”建设工作取得积极进展。一方面，创新体制机制，树立亲商意识，提高行政效率和服务质量，做好利用外资工作；另一方面，积极组织本地企业“走出去”，与“一带一路”沿线国家积极洽谈、对接，进一步扩大投资规模，优化投资结构，扩大经营范围。主要工作从以下四个方面开展：

一是用主动开放的合作意识，加强与国家战略对接。转变观念，积极作为，争取搭上国家“一带一路”战略快车。积极争取将山西参与“一带一路”的重大项目纳入亚洲基础设施投资银行、丝路基金、国家投资银行等一系列政策银行和基金的项目库，并进一步从影响投资和发展的突出问题入手，以创新机制和完善制度为突破口，转变政府职能，简化审批事项和办事程序，持之以恒地抓好各种环境建设，努力为客商营造一个公平竞争的市场环境，公正的法制环境，稳定的政策环境和高效的服务环境，更好地吸引和利用国外政府贷款。

二是推进优势产业转移。结合产业结构调整、转型升级和“去产能”的要求，组织重点煤炭企业、太钢、太重、建工等企业积极参加山西省组织的“一带一路”沿线国家推介对接活动，重点将钢铁、煤机制造、煤炭开采等优势产业，向境外转移，建立境外生产加工基地，推动企业“走出去”、优势产能“转出去”、技术标准“带出去”。

三是探索实施抱团出海策略。加强企业之间海外合作信息交流，实现资源共享。充分发挥龙头企业的带头作用，吸引上下游产业链转移和关联产业协同布局，支持企业建立研发、生产和营销体系，提升产业配套能力和综合竞争力。实行资源开发与基础设施建设相结合、工程承包与建设运营相结合，探索“资源、工程、融资”捆绑模式，实现综合投资效益最大化。

四是与央企合作借船出海。进一步深化与央企合作，充分利用央企山西行、能博会等合作平台，借助央企在项目、资金、技术、经验及管理等方面的优势，通过参股、引资等多种形式开展合作，通过央企总包工程获得分包项目，通过与央企合作提升省属企业国际化经营水平，有效防范和化解海外投资风险，实现借船出海的目的。

五是进一步构建“一带一路”交流合作平台。继续实施“山西品牌丝路行”年度行动计划，打造好“山西品牌丝路行”开放新名片，将其作为对接国家“一带一路”开发战略的重要载体。同时紧紧围绕“黑色煤炭绿色发展，高碳资源低碳利用”主题，做好以煤会友，加强与世界主要产煤地区及城市的多领域合作，并加强和“一带一路”沿线国家产能合作，推动山西省经济转型发展。

2.安徽省

（1）双向投资支持政策

主要有《安徽省参与丝绸之路经济带和21世纪海上丝绸之路建设的实施方案》《安徽省推进国际产能和装备制造合作的实施意见》《安徽省人民政府办公厅关于支持企业“走出去”开展跨国经营的指导意见》《安徽省外商投资项目核准和备案管理办法》《安徽省境外投资项目核准和备案管理办法》等。

（2）2015年利用外资和境外投资情况

1）利用外资

2015年，安徽省实际利用外商直接投资（以下简称到资）136.2亿美元，占全国10.8%，较2014年提高0.5个百分点。增长10.4%，增速低于2014年5.1个百分点，但高于全国5个百分点，保持了相对较快的增长速度。

①制造业利用外资增长强劲

安徽省三次产业利用外资比例为2：59：39。第二产业利用外资80.2亿美元，增长26.1%，其中，战略性新兴产业利用外资27.3亿美元，增长27.5%，占全省利用外资总额20.1%，占比较2014年提高2.7个百分点。第三产业利用外资53.4亿美元，下降5.9%，较2014年减少3.4亿美元，其中，房地产业利用外资3.2亿美元，下降10.4%，较2015年减少3.8亿美元，是影响第三产业利用外资下降的主要因素。

②皖江示范区外资保持较快增速

安徽省14个设区的市利用外资实现同比增长，合肥市、芜湖市、马鞍山市、蚌埠市、滁州市利用外资超10亿美元，其中，滁州利用外资首次突破10亿美元，宣城利用外资8亿美元，增长15.4%，增速全省第一。皖江示范区到资占全省七成，达到95.3亿美元，增长12.3%；皖北6市利用外资37.2亿美元、增长12.4%。县域利用外资51.6亿美元、增长12.9%；省级以上开发区利用外资79.2亿美元，增长17.2%。

③美洲、欧洲投资快速增长

利用外资超过5亿美元的来源地有：中国香港76.6亿美元，总量56.2%，增速多年来首次出现负增长，下降0.3%；英属维尔京群岛9.1亿美元，增长71.2%；美国8.1亿美元，增长18.3%；中国台湾7.6亿美元，下降6.8%；日本6亿美元，增长11.3%。受意大利、英国、法国、爱尔兰来皖投资增速拉动，欧洲利用外资13.4亿美元，增长56.7% 。

④新批外资项目规模增大

新批外商投资项目289个，合同外资39.4亿美元，分别增长12.9%、26.6%，单个项目平均规模1363 万美元，增长12.2%。其中，1000 万美元以上项目70个，合同外资22.6 亿美元，分别增长6.1%、26%。韩国三星、德国博世等境外世界500强企业在皖设立了7家企业，累计共有72家境外世界500强企业在皖投资设立120家企业。

2）境外投资

2015年，安徽省企业实际对外投资9.7亿美元，增长1.1倍，新批境外投资企业133家，协议对外投资额28.2亿美元，分别增长33%和56%，境外投资波动较大，但整体趋势积极向好。

①国际产能合作扎实推进

安徽省建材、汽车、农业、矿产资源开发等领域企业加快推进国际产能合作，其中，海螺集团在东南亚投资合作超过4亿美元，在印尼南加里曼丹岛、孔雀港、西巴以及缅甸皎施均有项目建设；中铁建铜冠在厄瓜多尔投资17亿美元铜矿项目开工；奇瑞在巴西投资3亿美元轿车项目建成运行。全年安徽省企业与“一带一路”沿线国家签订1000万美元以上项目46个，合同额29.7亿美元，分别增长15%、26.1%。

②跨国并购快速发展

安徽埃夫特智能装备有限公司拟收购意大利CMA 公司70%股权，该公司是全球第一家提出机器人自学习功能的喷涂机器人供应商。安徽中鼎密封件股份有限公司拟收购德国WEGU公司100%股权，WEGU公司抗震降噪技术处于世界领先水平。科大国创软件股份有限公司拟在日本东京设立全资子公司进行系统设计、软件开发及销售等。

③深化与重点国家合作

借助长江中上游地区与俄罗斯伏尔加河沿岸联邦区合作机制，推动与俄罗斯多领域合作，与伏尔加河沿岸12个联邦主体建立直接交往关系，与下诺夫哥罗德州结为友好省州。双方互访团组181批次，签订海螺集团在乌里扬诺夫斯克州投资项目等合作协议41个。中德两国总理来皖考察期间达成了8项重要合作成果，双方积极推动经贸、金融、科教、城镇化、农业、旅游、人文等领域合作，安徽省对德合作项目库中已有汽车、装备制造、化工、科教人文等领域55个重点项目。

3）面临的问题

2015年，安徽省利用外资和境外投资虽然取得了一定成绩，但仍存在一些困难和问题。一是利用外资大项目带动作用不明显。截至2015年年底，落户安徽省的境外世界500强企业只有71家，同期四川219家、湖北167家、河南84家。二是服务业外资结构有待改善。2014年，安徽省服务业利用外资增速达87.7%，而2015年增速为-5.9%。究其原因，主要是服务业利用外资结构不合理，过度依靠外资房地产拉动，商贸和社会公共服务等行业增速较快，但总量偏低。三是安徽省境外投资重点地区环境不佳。部分非洲、南美洲国家和地区政局不稳、法律制度不健全、政策多变等因素影响安徽省一些项目的落地和实施。四是缺乏有实力的市场主体。一方面省内缺少有实力的大企业和高新专技术、行业，难以承接外资大项目，另一方面境外投资一直以来主要依赖少数大企业、大项目的局面没有改观。五是经济大环境拖累。全球经济低迷，国内经济增速放缓，境内外很多企业面临多种生产经营压力，投资意愿下降，发展步伐放缓。

4）2016年双向投资工作展望

当前，安徽省仍处于新型工业化、城镇化、信息化、农业现代化快速发展阶段，内需潜力巨大；国家加快实施区域发展“三大战略”，有利于安徽省全方位扩大对外开放，安徽省处于大有可为的黄金发展期。同时也必须看到，世界经济仍将延续疲弱复苏态势，主要经济体走势分化，不确定性、不稳定性较大，国际关系复杂程度前所未有，外需空间仍然趋紧。2016年是全面建成小康社会决胜阶段的开局之年，也是全面实施“调转促”行动计划的攻坚之年，在对外开放的新形势下，安徽省应抓住机遇，练好内功，深入推进创新驱动，攻坚克难，着重做好以下工作。

一是认真开展利用外资和境外投资问题研究，做好“十三五”外资规划编制工作；二是贯彻实施国家“一带一路”战略规划，积极推进国际产能合作，构建安徽省对外开放新格局；三是加快构建安徽省开放型经济新体制，进一步破除体制机制障碍，积极探索对外经济合作新模式、新路径、新体制，加快培育国际合作和竞争新优势；四是探索研究外资准入前国民待遇和负面清单管理模式，积极推广上海自贸区可复制改革试点经验；五是积极参与长江经济带产业转移和分工协作，吸引外资进入战略性新兴产业和现代服务业；六是加强对境外投资的宏观指导和服务，积极推进皖俄、皖德合作，支持企业境外发债和利用国际商贷。

（3）“一带一路”双向投资发展状况

1）“一带一路”双向投资情况

2015年安徽省与“一带一路”沿线国家投资合作进一步加强，吸引沿线国家投资7.1亿美元、增长13.3%，对沿线国家投资4亿美元、增长5.7倍，与沿线国家新签1000万美元以上工程项目46个，合同总额29.7亿美元，分别增长15%、26.1%。

2）对外投资的主要企业与项目

目前，安徽规模较大、“走出去”影响力也较大的省属企业主要有，铜陵有色公司正在推进厄瓜多尔米拉多铜矿项目、加拿大锌业金属公司项目、秘鲁白河铜矿项目；安徽燕庄油脂公司与安粮集团在非洲乌干达、坦桑尼亚合资成立AY国际贸易公司；安徽省农垦集团正在推进与津巴布韦50公顷土地农业综合开发项目；江淮汽车与国外有关公司合作在巴西伊亚州卡马萨利市合资成立江淮汽车巴西股份有限公司；安徽省外经集团积极推进莫桑比克钛锆矿项目和俄罗斯德尔罗夫斯克州日产3000吨水泥厂项目；丰原集团在匈牙利建年产6万吨柠檬酸项目；安徽省建工集团与中国航空国际工程公司联合中标肯尼亚国际机场项目；马钢集团与南非Naledi公司合资新建6万件锻造车轮项目。

海螺集团针对“一带一路”沿线国家公共技术设施薄弱，在基础设施建设和经济发展过程中需要中国产品和技术的实际，海螺集团带着资金和技术，在投资建设水泥项目的同时，带动大型装备出口、工程总包、产品和劳务输出等相关业务在海外的拓展。目前，已先后完成对印尼、缅甸、柬埔寨、老挝等东南亚周边国家的投资考察和规划布局。其中，印尼南加首条生产线已经投产、第二条生产线正在建设；在缅甸曼德勒与缅甸工业部合作的日产5000吨生产线项目已经开工。在老挝、柬埔寨，刚刚与合作伙伴签订了合作框架协议。目前在印尼、缅甸、柬埔寨、老挝、俄罗斯等5国已基本落实的项目，可形成熟料3700万吨、水泥5020万吨产能，并与老挝签订了中老高速公路项目合作意向书。

3）合作展望

①切实抓好重点项目建设

按照国家《关于“一带一路”建设重大项目储备库管理暂行办法的通知》要求，按照“开工一批、储备一批、谋划一批”的原则，在基础设施、经贸合作、产业投资、人文交流等领域储备一批优质项目，完善安徽省“一带一路”重点项目库。建立健全规范化、制度化、常态化的项目协调调度和通报机制，按时通报项目进展情况、存在问题和下一步推进计划。对纳入“一带一路”的重点项目实行台账管理，并将相关信息录入“一带一路”重点项目信息管理系统，确保重点项目顺利实施。

②深入开展国际产能合作

把握国际经济合作新机遇，瞄准重点国别，推动国际产能合作与安徽省“调转促”相结合，培育经济增长新动力。加快落实《安徽省推进国际产能和装备制造合作的实施意见》的各项任务分工，推动安徽省建材、汽车及零部件、钢铁、化工、能源、工程机械、轻工纺织、农业等领域与“一带一路”沿线国家国际产能合作。做好江汽与德国大众合作后继事项跟踪落实，加快创建中德产业园区，推动海螺集团在东南亚国家和俄罗斯水泥项目建设。落实安徽省政府与国家发展改革委国际产能合作委省协同机制，积极争取政策、资金和信息等支持，做好牵头对接印度尼西亚、巴西、厄瓜多尔、罗马尼亚、匈牙利等国家产能合作。

③推动人文领域合作

以教育、文化、旅游、卫生、科技、环境保护等领域为重点，开展多层次、全方位对外合作交流。加强双方留学生交流，引进沿线国家优质教育教学资源，共同实施合作办学项目。积极参与“丝绸之路影视桥工程”和“丝路书香工程”，与沿线国家互办文化节、艺术节等。加强与沿线国家旅游合作，鼓励旅游企业开拓沿线国家旅游市场。建立医疗卫生长期合作交流机制，加强与沿线国家在医疗卫生人才培养、传染病疫情沟通、防治技术交流等方面合作。积极参与国家“科技伙伴计划”，联合开展重大科技攻关，促进科技人员交流。推动与沿线国家在环境保护方面合作。

④加快对外开放平台建设

推动奇瑞巴西工业园、安徽省农垦津巴布韦经贸合作区、安徽省外经建莫桑比克贝拉经贸合作区等国际产业合作园区建设，积极申建国家级合作园区。加快合肥、芜湖综保区和蚌埠（皖北）、安庆（皖西南）等B型保税物流中心建设，打造合肥跨境电子商务综合试验区、芜湖国家电子商务示范城市等开放平台。依托长江经济带建设和长三角合作机制，推动建立跨部门、跨地区的通关通检协作机制，融入长江经济带通关和检验检疫一体化。推广上海自贸区可复制改革试点经验，争取设立皖江自贸区。

⑤提升金融服务能力

引导商业银行创新金融服务，通过国际商业贷款、出口信用贷款、境外投资贷款、内保外贷等业务手段，提供境外项目融资支持。支持安徽省金融机构在“一带一路”沿线重点合作国家设立分支机构，提高对境外资产或权益的处置能力。研究设立安徽省“一带一路”发展基金。积极帮助企业争取国家丝路基金、中非基金、东盟基金、中投海外基金等。鼓励保险机构依法开展出口信用保险和海外投资保险，支持对风险可控的项目实施应保尽保。

⑥强化海外风险防控

贯彻落实《安徽省公民和机构海外安全保护工作实施方案》，建立“一带一路”沿线国家风险防控机制，制订应对重大国别政治、经济、社会等突发事件的应急预案。加强对走出去企业的安全教育和管理，增强企业维护国家安全和国家利益的意识，树立正确义利观。引导企业深化项目可行性研究，规避项目投资和运营风险。加强与我国驻外使领馆联系，综合运用外交、经济、法律等手段，妥善解决和处置项目运营中出现的各类问题，切实保障企业合法权益。

⑦完善服务支持体系

加快培育面向企业的境外投资和跨国经营中介服务机构，构建市场化、社会化、国际化的对外合作中介服务体系。鼓励安徽省高校、行业协会、商会与国际投资促进机构合作，开展“一带一路”沿线国家政治、法律、市场、劳工等专题研究，为“走出去”企业提供法律、会计、税务、投资、咨询、知识产权、风险评估和认证服务。大力引进、培育和发展翻译公司，推动语言服务市场化。

⑧加强与长江经济带战略互动

促进区域联动发展，共同推动“一带一路”建设。深化长三角区域分工协作，充分利用长江经济带城市群等区域合作平台，建立健全政府间合作交流机制。共同研究和推动跨区域重大基础设施项目建设，加快形成区域间铁路、公路、水路、航空等综合交通运输大通道。加强通关一体化、跨区域贸易平台、产业配套与协作等领域务实合作，共同推动企业、产品、技术装备和劳务走出去，协同参与周边基础设施互通互联、国际经济合作走廊建设。加快推进产业转移、环境保护、信息共享、社会保障等对接工作。

3.江西省

（1）近两年江西省促进双向投资发展制定的相关政策

江西省出台了《关于加快实施“走出去”战略的指导意见》（赣府发〔2014〕25号）、《关于全面扩大开放加快开放型经济发展升级的意见》（赣发〔2014〕9号）、《关于开展降低企业成本优化发展环境专项行动的通知》（赣字〔2016〕22号）、《关于印发省直有关部门全面扩大开放加快开放型经济发展升级工作责任分工方案的通知》（赣办字〔2014〕27号）、《江西省人民政府关于全面深化投资体制改革的意见》（赣府发〔2014〕23号）、《印发关于促进经济平稳增长若干措施的通知》（赣府发〔2014〕26号）、《江西省参与丝绸之路经济带和21世纪海上丝绸之路建设实施方案》（赣府厅字〔2015〕47号）、《2015年江西省参与丝绸之路经济带和21世纪海上丝绸之路建设工作要点》（赣府厅字〔2015〕47号）、《关于加快融入“一带一路”战略鼓励江西省企业参与国际合作的实施方案》（赣府发〔2015〕50号）等一系列相关政策。

（2）2015年江西省利用外资和境外投资基本情况

1）双向投资总规模的增长情况

利用外资：2015年，江西省新批外商投资企业640家，下降22.1%；实际使用外资金额94.7亿美元，增长12.1%。引进省外项目2158个，增长0.3%；实际使用外资5232.2亿元，增长15.2%。其中，亿元以上重大项目

1387个，增长4.3%；实际使用外资4654亿元，增长19.8%。

境外投资：2015年，江西省对外承包工程累计完成营业额35.1亿美元， 增长23.1%；全省核准境外投资企业110家。对外直接投资额10.5亿美元，增长59.9%。

2）双向投资的结构

利用外资：一是招大引强助推产业集群成效明显。2015年江西省引进世界500强企业3家和国内500强企业11家。项目产业集聚日益凸显，招商引资项目主要集中在第二产业，引进外资占比73.5%，引进省外项目资金占比70%；全省一、二、三产业利用外资占比分别为5.9%、73.5%、20.6%。二是主要国家、地区对江西省投资保持稳定。利用外资前十位国家/地区保持稳定，实际使用外资总额90.15亿美元，占全省进资的95.2 %。中国香港和台湾地区，分别占比80.1%和5.6%。三是引资结构进一步优化。服务业项目增速明显，全省引进省外亿元以上项目中，服务业项目328个，增加39个，实际进资1154.09亿元，增长31.7%，比重达到24.8%，提高2.25个百分点。制造业中，高新技术制造业比重加大。其中，电子信息产业占比7.1%，提高0.3个百分点，生物医药产业占比4.2%，提高1.1个百分点。四是外商投资企业增资踊跃。全省共有175家企业增资，增加合同外资18.6亿美元，增资1000万美元以上企业有54家，增加合同外资额12亿美元。

境外投资：一是对外承包工程规模快速增长。全年新签合同额40.4亿美元，增长52.6%，完成实际营业额总量跃居全国第11位、中部第2位。江西国际、中鼎国际和江西中煤3家外经企业连续入围全球最大250家国际承包商，分列112位、129位和142位，江西省上榜企业数量居全国第三、中部地区第一。二是对外投资取得跨越式发展。2015年，江西省共对全球54个国家和地区实现非金融类直接投资额10.5亿美元。三是境外经贸合作区建设有新进展。江西国际赞比亚中国投资合作贸易促进中心、华坚鞋业埃塞俄比亚国际轻工业城、江西华美马来西亚现代农业科技产业园、中格集团俄罗斯中俄国际商贸城等4个境外经贸合作区列入商务部的统计调度范围。

3）双向投资面临的问题

利用外资：一是江西省新批项目数和新增合同外资金额持续下降。对利用外资后劲影响较大。全省新批外资项目与全省新增合同外资金额都持续下降。二是全省现汇外资形势严峻，现汇比率不断下降。全省现汇外资、现汇比重呈现严重偏低现象。江西省现汇进资目前落后于湖南、湖北等省份，关键原因在于大项目的引进和推进不足。三是外商投资企业尤其是小微企业普遍存在用地紧张、用工不足、融资难等问题。据测算，近80%的县（市、区）外资项目用地紧张、落户相对困难，需要省、市平衡项目建设用地指标。另外，江西省承接产业转移的产业以电子、轻工、纺织服装鞋帽等劳动密集型产业为主，用工量大，加上江西有近700万人在外务工，熟练工招工难，影响企业开工率。同时随着金融危机深入，流通性差和投资流向发生一些新的变化，影响外资项目建设和企业生产。

境外投资：一是风险高。当前，随着欧洲、中东、北非等地区政局动荡的加剧，全球范围内的局势日趋复杂，江西省在境外的资源开发类项目将面临巨大的风险。而发达国家对中国投资采取更为严格的审查制度，也使江西省在境外的并购类项目投资出现了更多的不确定因素。二是信息获取渠道单一。江西省企业境外投资管理人才和经验不足。企业境外投资矿产资源的有效信息来源主要靠自行搜寻或通过合作伙伴获得，渠道比较单一。同时，对投资国的法律法规、投资情况、宗教信仰、风土习俗、合作伙伴等缺乏深入了解，也给企业投资带来一定的困难和风险。境外资源投资与开发是一项综合性工作，需要懂技术、懂生产、懂外语，同时又懂国际法、国际金融、国际贸易和宗教信仰等知识，以及有国外实际工作经验，这种懂经营、善管理的复合型人才在江西省十分缺乏，这将困扰着江西省企业的发展。三是融资存在困难。部分境外资源开发企业缺乏经济实力，“走出去”项目后续建设资金不足。在国内，由于信贷担保等因素，企业很难通过资本市场、融资贷款解决资金缺乏问题；在项目投资国由于缺少资信记录，也很难融资。

4）对2016年双向投资发展趋势展望

利用外资：一是继续优化外商投资环境。巩固活动成果，深入开展干部作风整治年活动，进一步优化服务环境、提高服务质量。采取外商投资项目核准事项一律进入绿色通道办理，重大项目列入“省重大项目调度会”重点调度协调，在用地、用工、用电、融资等方面优先给予支持。二是积极打造好招商引资平台。江西省充分利用好中博会、江西（香港）招商周、江西（台湾）活动周、赣台经贸合作研讨会、华侨华人赣鄱投资创业洽谈会、泛珠大会、九八厦门投洽会、景德镇国际陶瓷博览会等一系列重大招商引资活动，重点围绕重大基础设施、光电产业、新能源、汽车制造及零配件产业、生物和新医药、钨及稀土精深加工等16个重大产业，大力开展招商引资。三是继续围绕全省重点产业、鄱阳湖生态经济区建设和赣南原中央苏区振兴，进一步做好招商引资工作。坚定不移全力承接国内外产业转移。紧紧抓住国际产业转移加速的难得机遇，充分发挥中国香港是江西省外资主要来源地和招商品牌的优势，重点承接香港金融、物流、软件及服务外包等现代服务业。针对中国台湾新兴产业优势明显，重点承接台湾的电子信息、新材料等新兴产业；针对欧洲和美国实体经济发达的优势，重点承接汽车零部件、有色金属深加工及高新技术产业。特别是要重点对接世界500强及跨国公司，抓龙头项目引进，提升招商引资水平。

境外投资：一是做好境外投资环境研究。统筹国家对外投资国别和产业导向政策，加快推进江西省优势企业、重点行业龙头企业，尤其是省属大型国有企业集团赴境外投资，鼓励、支持民营企业“走出去”。二是加强协调服务，完善境外投资信息通报机制。加强“走出去”跨部门协调机制，完善促进体系，加强“走出去”战略的宏观指导和服务，帮助企业及时把握和了解投资目的地的政治、法律和投资环境，有效防范和化解各类风险。进一步密切与驻外使领馆的联系与沟通，强化境外投资的信息反馈和统计制度，以提供权威可靠的境外市场需求、投资环境、法律法规、企业资信信息，促进境外投资的健康发展。三是争取政策扶持和资金支持。密切与国家发展改革委、财政部等国家部委的联系，争取国家各项扶持资金，积极推进设立省级境外投资专项资金。针对长期困扰企业的对外投资风险大、融资难的问题，加强与省开行、进出口银行等有关政策银行、保险机构的协调与沟通，加大金融保险支持力度，对符合境外投资发展规划和产业指导政策鼓励类的项目给予重点支持。四是进一步做好服务工作，为大开放主战略营造更加宽松的环境。通过全省重大项目调度会、全省扩大开放推进重大项目建设调度会、十大战略性新兴产业项目调度会等促进机制，建立和完善重大项目统筹推进机制，对重大项目生产要素予以保障和推进。进一步推进投资便利化。完善并联审批服务方式，全面实行外资网上审批，优化审批流程，提高审批效率。进一步优化物流条件。大力推进昌北国际机场航空货运枢纽中心项目建设，加快九江保税港区申报，加开铁海联运五定班列，形成大口岸物流体系。

（3）2015年江西省“一带一路”双向投资发展情况

1）“一带一路”沿线国家对江西省的投资

一是农业投资合作，推进赣粮实业赤道几内亚农业技术示范中心及农业综合开发项目，九江欧文斯建材公司俄罗斯乌法市农业蔬菜大棚等重点项目建设。二是矿产资源合作。推进了江西铜业集团与土耳其公司合作开发土耳其铜矿项目，江钨控股集团与土耳其米塔公司镍钴矿合作开发项目等项目进展。三是能源合作项目。推进了晶科能源公司马来西亚槟城太阳能电池组件及太阳能电池生产线建设项目，江联国际公司巴基斯坦两个2×55MW燃煤电站项目等项目进展。四是先进制造业合作项目。围绕产业创新升级、提升产业国际竞争力，推进了江西昌兴航空公司与意大利公司轻小型民用直升机合作生产项目，晶能光电对飞利浦（亮锐）股权收购项目等项目合作。

2）江西省对“一带一路”沿线国家的投资

“一带一路”沿线的30个国家和地区直接投资额合计6.4亿美元，增长251%。江西省企业在“一带一路”相关的25个国家新签对外承包工程合同额5.98亿美元，同比增长6倍。2015年1~11月，江西对外承包工程累计完成营业额30.07亿美元，新签500万美元以上项目73个，合同总额25.35亿美元。2015年共安排了38个面向“一带一路”沿线国家的经贸合作活动，全年组织300家以上企业赴沿线国家开拓市场，使江西省产品覆盖沿线国家主要市场。

3）对2016年一带一路双向投资发展的展望

2016年，围绕落实好《江西省参与丝绸之路经济带和21世纪海上丝绸之路建设实施方案》和《关于加快融入“一带一路”战略鼓励企业参与国际合作的实施方案》的工作部署，加快江西省融入“一带一路”，推动一批战略通道实施建设，一批合作平台完成搭建，一批合作机制有效运转，深入开展一批对外合作交流，推动一批重大合作项目取得早期成果，形成江西省全面参与“一带一路”建设的良好局面。

4.湖南省

（1）近两年，湖南促进双向投资发展制定的相关政策

利用外资：《湖南省外商投资项目核准和备案管理办法》。

境外投资：《湖南省境外投资项目核准和备案管理办法》《湖南省参与建设丝绸之路经济带和21世纪海上丝绸之路的实施方案》《关于推

进国际产能和装备制造合作的实施意见》《湖南省对接“一带一路”战略行动方案（2015—2017年）》。

（2）2015年湖南双向投资的基本情况

1）双向投资总规模的增长情况

利用外资：2015年，湖南省合同外资118.2亿美元，同比增长5.8%；实际使用外资115.6亿美元，同比增长12.7%。新批外商投资企业项目562个，同比增长4.3%，其中投资总额3000万美元以上的项目34个。

境外投资：2015年，湖南省境外中方合同投资额27.8亿美元，同比增长53.1%；对外直接投资额14.8亿美元，同比增长55.9%。对外工程承包和劳务合作业务新签合同额59.1亿美元，同比增长13.9%；完成营业额51.8亿美元，同比增长27.1%。

2）双向投资的结构

利用外资：产业结构不断优化，制造业仍是吸引投资的重点领域。2015年，湖南省第一产业新批项目74个，同比增长32.14%，合同利用外资8.54亿美元，同比增长11.45%；实际使用外资6.27亿美元，同比增长8.29%。第二产业新批项目277个，同比下降8.88%；合同利用外资68.75亿美元，同比增长11.15%；实际使用外资71.45亿美元，同比增长8.52%。第二产业中，制造业项目255个，同比下降5.56%；合同利用外资59.69亿美元，同比增长15.04%；实际使用外资56.66亿美元，同比增长4.97%。制造业项目主要集中在非金属矿物制品业、通用设备制造业等行业。第三产业新批项目211个，同比增长17.88%；合同利用外资40.94亿美元，同比下降2.99%；实际使用外资37.93亿美元，同比增长22.21%。新批项目主要为房地产业、批发和零售业等行业。一、二、三产业实际利用外资比重为5.42：61.78：32.79。

实际利用外资地主要集中在中国香港、台湾等亚洲地区。亚洲新批项目464个，同比增长5.94%；合同利用外资97.86亿美元，同比增长

19.36%；实际使用外资86.86亿美元，同比增长12.43%，占全省总额的75.11%。亚洲国家和地区中，新批中国香港在湘投资企业数307个，同比下降2.23%；合同外资75.15亿美元，同比增长12.25%；实际使用港资67.87亿美元，同比增长6.09%。新批中国台湾在湘投资企业数88个，同比增长35.38%；合同台资12.39亿美元，同比增长120.27%；实际使用台资8.31亿美元，同比增长64.14%，港台地区对湘实际投资占全省总额的65.87%。欧洲对湘投资实际到位外资10.24亿美元，同比增长29.84%。拉丁美洲的英属维尔京群岛等自由港对湘实际投资5.49亿美元，同比下降37.28%。加拿大和美国等对湘实际投资3.08亿美元，同比增长4.53%。其中美国对湘实际投资2.54亿美元，同比增长7.49%。大洋洲对湘实际投资1.38亿美元，同比增长71.27%。投资性公司对湘投资8.11亿美元，同比增长113.12%。

境外投资：对接“一带一路”战略初见成效。从全年数据来看，湖南省在“一带一路”沿线国家共计核准境外企业66家，中方合同投资额15.04亿美元，对外工程承包和对外劳务合作新签合同额16.37亿美元，完成营业额18.55亿美元，分别占全省总额的54.1%、27.7%和35.8%，较前几年有大幅增长。同时一批位于“一带一路”沿线国家的重大项目正在策划和推进，如老挝800公里高速公路项目、柬埔寨农业产业园项目、孟加拉污水处理项目等。

国际产能合作成为对外投资重点。一批重大国际产能合作项目成为对外投资高速增长的重要支撑，带动了湖南省优势富余产能走出去。三一重工投资1.7亿美元在巴西建设生产基地并开展了境外工业园区建设；株洲旗滨投资1.9亿美元在马来西亚建立了浮法玻璃生产线；泰富重工投资2.2亿美元和巴西合作方成立合资企业，建造了8条重型船舶，从事海工和航运服务；湘乡建成水泥厂投资9000万美元在哈萨克斯坦建设了水泥生产线。转移产能的同时也带动了湖南省企业在当地的工程承包业务。湖南鹏辉水电公司投资7000万美元在尼泊尔开展水电站建设，充分发挥了湖南省在小水电开发方面的优势。

3）双向投资面临的问题

利用外资：受全球经济增速放缓和国内成本上升等因素的影响，跨国投资总体疲软，加之东南亚一些发展中国家以其低廉的投资和营商成本吸引了部分外资转移，以及中西部省市竞争日趋激烈，当前湖南吸收外资工作面临比较严峻的形势。

一是缺少统一的外资法律规范，外资准入门槛较高。目前，我国关于吸收外资的法律法规非常分散，除了“三法”以外，还有更多的行政法规、部门规章及政策性文件分布于各个领域和行业当中，在具体审批过程中，要求投资者所提供的材料也不尽一致。另一方面，目前我国部分行业特别是服务业对外资准入的门槛较高、限制条件较多，加上外资在行业准入审批、外汇等环节办理手续繁琐，比如外资并购某些行业需要安全审查等，部分投资者更倾向于以内资形式或者外商投资企业再投资的形式注册，也有少数已审批的外商投资企业转为内资企业。

二是国内成本大幅上升，外商投资更加谨慎。许多外商投资企业反映，其投资及营商成本逐年攀升，土地供应紧价格高、融资难融资贵、物流成本高、社保费用高等共性问题比较突出。外商投资企业利润也大幅下滑。

三是各地在招商引资方面存在恶性竞争。目前，我国对招商引资没有统一的政策规范和引导，行政区划与政绩考核阻碍区域有效协调，导致全国各地区产业同构化的现象十分突出，缺乏有效的区域分工。

四是部门之间关于外资审批权限和后续管理工作不匹配。外资审批及登记方面，省市两级发改、商务部门的核准、审批权限都不一致。此外，工商部门的外资登记权限仍然只在市级和国家级园区，与其他部门不同步。有的企业在办理审批和登记手续时，仍然得往返两地甚至三地，增加时间和成本。外商投资企业联合年报工作方面，目前，商务、工商、外汇等部门的企业联合年报系统未统一，年报工作启动的时间也不一致。

五是投资来源地过度集中，利用外资结构和质量不优。港台地区是湖南省最主要的外资来源地，2015年实际投资占全省总额的66%。投资来源结构的单一和缺乏重大项目支撑，特别是缺乏世界500强企业投资、产业带动性强的大项目，利用外资后劲明显不足。

六是园区平台作用发挥不够。虽然湖南省国家级园区的数量已居中西部前列，但其在吸收外资方面发挥的作用还不够，整体外向度较低，综合实力在全国排名靠后。

七是商事制度改革及政府职能调整后，统计工作难度加大。商事登记制度改革，注册资本由实缴制改为认缴制，释放了市场活力，但也出现了部分外商投资企业注册资本到位时间拖得较长、签约投资额大但实际到位资金少等现象。本轮政府机构职能调整，湖南省大部分市州、县市区的商务主管部门与粮食、经信、科技等部门合并，外资统计操作人员大多进行了更换，业务不熟悉；有的地方的统计人员一人身兼数职，且调整频繁，外资统计工作开展缓慢。

境外投资：湖南省“走出去”事业的发展取得了一定的成绩，培养了一些优秀的企业，但与国家实施“走出去”战略的整体规划、湖南省发展开放型经济的整体要求还有一定的距离，与沿海发达省份相比，整体水平相对落后，主要是以下几个方面：

一是思想不够解放，认识不够到位。对于“走出去”的重视程度和认识还不够，不仅没有对应的科室、人员负责相关的工作，也不了解对外经济合作的意义和政策，甚至将其与外贸相混淆。部分对这块业务有所了解的区县，也主要是停留在对外劳务合作上。认为“走出去”不仅对地方经济发展没有帮助，还会造成地方税收的流失。这与企业的积极踊跃形成了鲜明对比，“两头热中间冷”的现状严重阻碍了“走出去”的健康发展。

二是统筹协调不充分，管理体制不完善。“走出去”是一项系统工程，需要各级政府、各部门的通力合作，但一直以来，湖南省缺乏一个有力的统筹协调机构，资源整合力度不够，相关工作推动起来难度较大，实际成效不明显。特别是在境外投资的管理中，缺少相关的法律条文，行政手段不够，多头管理的现象客观存在，从“走出去”业务本身的特点来看，还存在主体在境外，监管服务难度较大等不利因素。缺乏有力、高效的管理体制，加重了企业负担，降低了企业决策的效率，导致了企业“走出去”的风险上升。

三是主体实力不够强，国际化战略缺失。实施“走出去”战略是高层次、综合性的经贸活动，要求主体有较高水平的经营实力，从湖南省的实际情况来看，具备相应条件的企业还不多，真正在国际上有较大影响力的湖南品牌还不多见。当前大部分湖南企业“走出去”是出于短期利益，缺乏长远的战略思考和系统规划。而外向型人才的缺失、国际化运营团队不成熟、开拓国际市场经验不足等问题也给企业“走出去”带来了风险，制约了企业国际化发展的规模、质量和水平。

四是服务保障体系滞后，“走出去”风险增加。国内金融机构融资门槛较高，渠道较少，而且当前各金融机构普遍不接受企业的境外资产做贷款担保，企业尤其是民营企业融资困难。而我国金融机构在境外的分支机构多设于欧美等发达国家和地区，在湖南省“走出去”较为集中的亚非地区较为少见，也造成了湖南省企业通过内保外贷融资的困难。国内法律、会计、财务、信息咨询等机构服务能力和水平较低，而国外的相关咨询机构费用往往较高，间接造成了企业国际化运营成本的增加。风险保障机制不全。“走出去”所面临的风险往往高于国内，尤其是亚非等国家和地区，突发事件、动乱时有发生，给企业开展跨国经营带来极大的不确定性。目前无论是政策性还是商业性的保险机构普遍存在机制不灵活、险种少、保费高的现象，很难为企业“走出去”提供有效的保障。

4）2016年双向投资发展趋势和展望

利用外资：按照“创新、协调、绿色、开放、共享”发展理念，以拓展招商引资来源、提升引进企业质量、优化区域布局，发挥湖南“一带一路”区位优势，主动对接、全面融入国家开放开发战略，创新招商引资手段，优化招商引资环境、提高招商服务水平、提升园区承载能力，实现针对湖南发展特点进行精准招商，使招商引资工作为湖南经济和技术实现跨越式发展做出应有的贡献。

一是坚持扩大总量与提升质量并重。努力扩大外来投资规模，提升外来投资质量，注重对产业带动能力强、转型升级作用大的好项目、大项目引进。一方面，要重视总量，不断拓宽招商引资来源，扩大规模；另一方面，要重视招商引资的质量，使招商引资与引进人才、技术同时进行。只有总量和质量并重，才能使招商引资既有助于促进湖南省经济短期发展，同时能提高湖南省产业层次，促进湖南省经济可持续发展。

二是坚持分类指导，突出重点。各市州和地区，根据自己产业发展特点、优势，以及地域特色，有针对性地进行招商引资工作，针对主导产业，进行重点招商；各地区根据自身区位和交通优势，以及现有客商基础，有针对性地对划分重点招商地区加强衔接，提高招商引资工作质量。在全省，根据国家发展战略和重点发展产业进行布局，使招商引资工作适应“一带一路”“中国制造2025”“互联网+”等国家战略。

三是坚持内资外资同步推进。内资和外资，对湖南省经济发展同等重要，在招商引资工作中，既要注重珠三角、长三角以及江浙地区招商引资和承接产业转移，同时也要注重港台地区投资的稳定与提升，以及日韩、欧美地区招商引资工作的拓展。在优惠政策等方面，内资和外资享受同等待遇，在部分行业准入方面，外资逐步向内资看齐。只有外资和内资引进规模同步扩大，才能使湖南省招商引资结构更加优化，更好地发挥招商引资工作的作用。

四是坚持问题导向和目标导向。针对湖南省经济发展的主要问题和发展目标进行招商引资，才能使招商引资成为促进湖南省经济可持续发展的可靠动力。针对湖南省当前经济发展的问题以及“十三五”经济发展目标，理清“十三五”时期招商引资工作需要达到的目标，坚持目标导向，坚持短期目标与长远目标相结合，并将目标转化为“十三五”时期的任务进行落实。同时，坚持问题导向，着力解决当前湖南省招商引资存在的问题，以及需要招商引资解决的主要问题，构建湖南省招商引资新局面。

境外投资：2016年是“十三五”的开局之年，从当前的情况看，湖南省“走出去”正处于历史最好的发展机遇期，尽管国际经济复苏仍然缓慢，国际金融市场存在不确定性，但湖南省“走出去”在未来一段时期内仍有望保持较快的发展速度。

从国际环境看，一是世界经济低速增长态势难以改变。国际金融危机后，全球经济再平衡步履维艰，增长动能明显不足；需求约束进一步加剧，市场成为各国竞相争夺的稀缺资源。二是国际产业分工格局发生新变化。一些中高端制造业向发达国家回流，替代部分跨境贸易和投资。全球贸易增速已连续3年低于世界经济增速，跨国投资远未恢复到国际金融危机前的水平。新一轮科技革命和产业变革蓄势待发，全球产业链、供应链、价值链加速整合。三是国际规则体系面临深刻变革。多边贸易体制发展坎坷，世界贸易组织多哈回合谈判步履维艰，区域经济合作方兴未艾。发达国家致力于制定新的国际贸易投资规则，试图增加新兴经济体和发展中国家的发展成本，占领未来国际竞争制高点。

从国内环境看，一是我国的比较优势发生新变化。近年来，我国要素成本持续攀升，资源环境约束加大，传统比较优势明显弱化。与此同时，我国人力资本、资金供给、科技创新、基础设施、产业集聚等方面的能力持续增强，资本技术密集型的比较优势正在形成和强化，培育国际经济合作和竞争新优势的基础更加坚实。二是我国的综合国力和国际地位持续上升。我国已经成为世界第二大经济体，在全球经济中的重要性和影响力显著上升。我们参与国际事务的能力明显增强，比以往更有条件主动谋划新的对外开放战略布局，更有条件主动为国内发展营造良好的外部环境。三是经济发展新常态要求进一步提高对外开放水平。随着经济发展进入新常态，我国调整经济结构、转变经济发展方式的任务更为迫切，需要通过扩大对外开放引进先进要素，提升产业核心竞争力；需要改变我国在国际分工中以组装制造为主的局面，全方位参与全球价值链，提高我国产业在全球价值链中的地位。

从省内环境看，一是湖南省“走出去”逐步形成规模效益。在东盟、非洲等国家和地区，通过开展对外经济合作，湘企的影响力正不断增强，湖南省工程机械、轨道交通、建筑建材和农业等优势产业在国际上的知名度不断上升，获得了较好的口碑。二是湖南省“走出去”的示范效应不断增强，一批优秀的“走出去”企业获得了良好的发展，为后来者提供了渠道、资源和信心，将帮助更多的企业实现国际化发展。三是湖南省企业“走出去”的内生动力不断增强。省内产能过剩现象普遍，去库存压力较大，通过“走出去”在海外开拓新市场、寻求新机遇的意愿不断增强，有利于湖南省推动优势企业“走出去”化解产能过剩，带动产业升级。

（3）2015年湖南省“一带一路”双向投资的发展情况

“一带一路”沿线国家对湖南省的投资没有统计。

湖南省对“一带一路”沿线国家的投资：从全年数据来看，湖南省在“一带一路”沿线国家共计核准境外企业66家，中方合同投资额15.04

亿美元，对外工程承包和对外劳务合作新签合同额16.37亿美元，完成营业额18.55亿美元，分别占全省总额的54.1%、27.7%和35.8%，较前几年有大幅增长。同时一批位于“一带一路”沿线国家的重大项目正在策划和推进，如老挝800公里高速公路项目、柬埔寨农业产业园项目、孟加拉污水处理项目等。

（三）西部地区

1.广西壮族自治区

（1）2015年广西利用外资情况

1）利用外资基本情况

①利用外资规模

2015年，广西全区共批准外商投资项目142个，同比增长2.9%；合同外资额33.57亿美元，同比增长75%；实际利用外资17.22亿美元，同比增长72%，再创历史新高。其中，“一带一路”国家对广西投资项目25个，合同外资额7.11亿美元，实际利用外资5亿美元，主要为马来西亚和新加坡投资。其中马来西亚投资项目13个，合同外资额216万美元，实际利用外资3986万美元，新加坡投资项目8个，合同外资额6.68亿美元，实际利用外资4.49亿美元，投资领域主要涉及交通运输、仓储和邮政业、制造业、批发和零售业。

②利用外资特点

一是主要外资来源地稳定。2015年共有26个国家和地区（或自由岛）到广西投资。中国香港仍然是广西壮族自治区利用外资的主要来源地，实际投资5.44亿美元，占全区实际外资的31.60%。东盟对广西壮族自治区投资恢复性增长，实际投资4.99亿美元，占全区总量的29.02%，同比增长了10倍多，巩固了第二大外资来源地的地位。东盟对广西壮族自治区投资主要为新加坡，实际投资达4.49亿美元。来自欧盟的投资有所增长，实际投资2.38亿美元，占全区实际外资的13.82%，其中瑞典实际投资达1.88亿美元。

二是外商投资产业领域保持稳定。外商投资集中在第二产业，制造业仍为吸引外资的主要行业，全年实际到位外资5.67亿美元，占全区实际利用外资的32.94%。得益于外资并购，交通运输、仓储和邮政业投资发展迅猛，实际利用外资4.51亿美元，占26.21%。房地产业实际利用外资3.62亿美元，占21.03%。农林牧渔业和水利、环境及公共设施管理业，分别占5.82%、3.48%。同时，外商投资逐步向服务业、高新技术产业、新兴产业和现代农业转移。服务业利用外资态势继续趋好，新批3家融资租赁公司、1家航空运输服务公司和4家旅游管理服务公司；房地产业增长放缓，实际利用外资占比由2014年的40.62%下降为2015年的21.03%，下降近20个百分点。

三是重大外资项目不断增多。重大项目进资有所恢复，新批大项目明显增加。全年利用外资达5000万美元以上的大项目共计9个（其中1亿美元以上项目4个），合计11.8亿美元，占全区实际利用外资总额的68.52%。投资总额近3亿美元的广西盛然生态农业有限公司和广西北部湾国际集装箱码头有限公司的落户，以及外资并购广西金川有色金属有限公司（1.47亿美元）、广西桂兴高速公路等3个交通基础设施建设项目（约4.5亿美元）成为一大亮点。

四是利用外资方式呈多样化趋势。除了以设立独资企业、合资合作企业等传统方式外，外资兼并收购内资企业成为利用外资的重要方式。如外资并购广西桂兴高速公路等3个重大交通基础设施建设项目，并购广西金川有色金属有限公司、广西广星汽车销售服务有限公司、广西维科特生物技术有限公司等一批重大项目，丰富了广西壮族自治区利用外资的方式。外资企业上市融资也取得进展，广西绿城水务股份有限公司在上海证券交易所成功上市，是广西壮族自治区水生产和供应业领域企业第一家上市公司。

五是各市利用外资取得较大发展。北部湾经济区依然保持强劲的发展态势，全年实际利用外资9.56亿美元，占全区实际利用外资的55.51%。从增长率看，14个地市中，11个市实现实际外资同比增长，其中桂林、来宾、百色、钦州、梧州5个市增幅较大。从绝对值看，桂林市以6.53亿美元居首位，占全区实际利用外资的37.89%；钦州市以3.24亿美元占全区总量的18.81%，居第二位；南宁市以3.10亿美元占全区总量的18.00%，排名第三位。

2）利用外资面临的问题

全球经济发展仍存在诸多不确定性，国际直接投资竞争趋于激烈；部分跨国公司对我国投资信心有所下降；我国投资环境有进一步改善的空间。国内经济下行压力仍然存在，加上土地、水电气、原材料、物流、劳动力等营商成本持续上升，外资企业经营压力加大，未来中国引进外资将进入平稳低速发展的新常态阶段。各省市对外资资源的竞争日益激烈，外资优惠政策弱化，对广西招商引资形成挑战。广西投资环境有待于进一步改善，利用外资管理体制机制有待进一步理顺。广西长期以来外资存量以及储备、落地的大项目较少，跨国公司在国内的产业布局基本确定，吸引外资越来越困难，实现本区域利用外资的大幅增长困难很多。

3）2016年利用外资工作安排

2016年将继续围绕“引资强贸”做文章，按照“主动作为，改革创新，精准发力，综合施策，全面带动”的原则，强化政策导向、提升服务效能、突出招商引资、打造园区引资平台，通过“两个转变”和“两个优化”，即“转变政府职能、转变利用外资模式、优化投资环境、优化外资结构”，加快培育利用外资竞争优势和新增长点，实现全区利用外资的总量的增长突破和质量的进一步提升。

一是深化外商投资管理体制改革。简化、优化外商投资审批流程，缩短审批时限，切实提高行政效率。大胆探索外资管理体制改革，积极研究探索负面清单管理模式。

二是创新利用外资方式，突出产业链招商。创新融资方式，鼓励外资在广西壮族自治区投资设立投资性公司、股权投资基金、创业投资基金等风险投资。将“引资、引技、引智”相结合，大力发展总部经济，吸引跨国公司设立地区总部、研发机构和功能性机构，培育新的经济增长点。认真研究企业的上下游配套及整条产业链，开展产业链招商。

三是统筹境内外市场，拓宽引资渠道。坚持“走出去”与“引进来”招商双项并举，大力开展投资促进活动。赴北、上、广等外资企业聚集地开展外商内招。赴东盟和港澳台等地区，开展点对点对接洽谈和系列专题投资促进活动。拓展和深化与德、英、法、美等欧美发达国家的投资合作。坚持招大引强，继续举办世界500强“八桂行”系列活动，力争在重点领域利用外资有突破。

四是进一步优化投资结构。加快培育利用外资竞争优势，将招商引资与广西的优势和特色产业相结合，鼓励和引导外资投向现代服务业和战略性新兴产业等行业，不断优化外商投资产业结构。积极引进高科技加工贸易外资企业，鼓励外商投资投向广西高端制造业、现代服务业和战略性新兴产业。重点引进服务业中的商贸、零售、物流、电子商务、物联网和金融业的龙头企业和跨国企业。

五是努力营造良好投资环境。做好项目跟踪与服务，积极主动帮助企业协调解决生产经营中存在的问题和困难，营造公平有序的市场环境。实施大项目攻坚战略，跟踪服务好重大投资项目，做好企业的各项协调和服务工作，促使一批有带动作用的大项目新批落地，力争让更多的项目增资、进资。加强对国家级开发区建设的指导，努力打造外资集聚新平台，促使全区利用外资量质齐升。

（2）2015年广西境外投资有关情况

1）境外投资规模及特点

①对外投资方面

2015年，广西壮族自治区共备案或核准境外投资企业72家（含增资和境外机构，下同），协议投资总额16.07亿美元，其中中方协议投资额13.66亿美元；实际投资额5.95万美元，同比增长105.50%。行业主要涉及服务业、基础设施、制造业、农业和矿业等。

②对外承包工程方面

2015年，对外承包工程新签合同额6.56亿美元，实际完成营业额9.40亿美元，工程项下期末在外劳务人数3656人。对外承包工程项目主要涉及房建、市政工程、电力安装、工业制造、通信等行业。

③主要特点

一是企业走出去基地化、园区化“两化”建设实现新突破。上汽通用五菱在印尼建立制造基地，北海贝因美在澳大利亚投资设立加工工厂，台资企业通过北海转投柬埔寨建电子产业工业园，丰林集团在新西兰建木材加工工业园，中•柬农业促进中心戈斯乐农业发展中心正式启动等，与往年相比，2015年以来广西对外投资呈现出明显的基地化、园区化趋势。

二是开拓新市场实现新突破。柳工机械开拓了南美洲市场，中方协议投资395万美元。其他企业在非洲和大洋洲的投资大幅度增长，其中在大洋洲中方协议投资8210万美元，同比增长80多倍；对非洲中方协议投资8012万美元，同比增长40倍多，助推了广西制造业和矿业走出去。

三是对外承包工程方面，广西海外建设集团有限公司在拉丁美洲的多米尼加共和国签订FERRAK生物能源糖厂及酒厂项目合同，合同额达2.19亿美元，是广西企业首次在该国开展承建对外工程项目。

四是民营企业走出去实现新突破。2015年，民营企业“走出去”信心大增，在广西壮族自治区对外投资的60家企业中，民营企业占6成以上，民营企业对外投资中方协议投资额达到11.01亿美元，同比增长2倍多，占同期广西对外投资中方协议总额的89%，打破了国有企业走出去长期占据绝对地位的局面。

五是工程项下出口货物增长实现新突破。2015年，受对外承包工程新签合同大幅增长影响，广西壮族自治区对外承包工程项下出口货物5663万美元，同比增长85%，助推了对外承包工程业务新发展。

六是对外投资合作综合信息服务平台初步建成。与中国银行合作开展了开据保函的专题培训班，与中信保公司一直在推动海外风险平台建设。

2）面临的问题

“走出去”能力仍然有所欠缺。总体上看，广西外经企业资本实力不强，投资能力不足，大多企业单枪匹马、集群效应不显现。2015年以来虽然核准的对外投资合作项目比2014年同期明显增多，但平均每个项目的协议投资额只有2500万美元左右，投资规模偏小。

对外投资合作市场集中度高、风险加大。广西壮族自治区对外投资市场主要集中在东盟，对外承包工程市场主要集中在安哥拉，目前还没有形成具有一定规模的市场。由于国际形势的不断变化，东盟和非洲的个别国家战乱不断、战争风险不断增大，少数国家政治暴乱、征收、汇兑限制、政府违约等政治风险趋强，一些国家项目业主违约、破产等商业风险加大，导致了海外资产和部分项目风险敞口很大。

对外投资合作企业融资难。随着“一带一路”建设和“走出去”战略的深入实施，尽管对外投资合作需求不断增大，但如何使中央和自治区的金融支持政策落地仍然是个重大课题，“走出去”企业仍然普遍面临国内融资难融资贵、国外又无融资渠道等多重困难，影响“走出去”能力。

对外承包工程项目资金回笼难。由于受外汇管制和工程项目进度影响，部分对外工程承包项目的工程款资金回笼困难，影响对外承包工程企业经营业绩。

3）2016年对外投资工作安排

认真贯彻党的十八大和十八届三中、四中、五中全会等关于实施“走出去”战略的系列精神，有效落实中央关于支持装备制造业走出去、加大金融支持走出去工作力度等系列政策，积极参与“一带一路”和中国—东盟自贸区升级版建设，不断完善对外直接投资合作促进体系，加大财政资金支持扶持境外基地化、园区化建设力度，更加重视对外投资质量，扩大对外承包工程市场，着力推动农业、制造业国际合作，加强境外园区建设，继续推动马中关丹产业园区、中国•印尼经贸合作区、上汽通用五菱印尼制造基地、中•柬农业促进中心等重大境外项目建设取得积极进展，加强境外安全生产管理，确保海外资产安全，提高应对TPP的能力和潜力。

一是推动出台支持企业走出去基地化、园区化“两化”建设的政策措施，引导企业扩大对外投资规模和质量。借鉴宁波市支持境外生产制造基地、贸易营销基地或资源开发基地“三大基地”建设的经验和措施，创新广西壮族自治区对外投资合作新途径，推动研究出台《广西自治区级境外园区、基地管理办法》以及《广西支持自治区级境外园区、基地建设政策规定》等专项政策支持企业抱团走出去，发挥积聚效应。利用国家支持装备制造业走出去和加大金融支持走出去工作力度的机会，积极引导广西壮族自治区有实力企业加强境外市场考察，扩大“走出去”规模。支持和鼓励有实力的企业加大境外市场开拓力度，重点开拓非洲、东盟、拉美等国家工程承包市场，承揽更多的互联互通、房屋、市政工程、输油管线等项目；加强与东盟、非洲等资源富集地区的农业、矿产合作，支持有条件的制造业企业、农业企业在境外建立生产基地，提高项目对出口的带动能力，重视企业在对外投资中的收益与质量。

二是促进广西壮族自治区在东盟重大项目取得新进展，深入挖掘东盟市场。积极支持马中关丹产业园区、关丹产业园钢铁项目、关丹港建设，为企业办证、融资、招商、宣传等提供更加便捷的服务；着力推动中国•印尼经贸合作区招商引资工作，协助合作区开展商务部确认考核有关工作；继续推动上汽通用五菱印尼制造基地以及中•柬农业促进中心“一区多园”建设；加强统筹规划、拓宽合作渠道，督促企业加强与园区的对接，吸引企业入区建厂，打造我国对东盟合作园区品牌，带动广西壮族自治区相关产业企业赴有关国家开展投资合作。

三是做好“一带一路”战略下企业走出去融资服务工作。加强对“一带一路”战略下企业走出去融资问题研究，推动建立广西“走出去”利用亚投行、金砖银行、丝路基金、中国-东盟合作基金等多渠道的统一服务平台和项目库，为广大“走出去”企业在融资咨询、信息服务、融资项目利用、融资业务办理等方面提供专业帮助。鼓励政银企合作，着力解决“走出去”企业融资难问题。加强与中国进出口银行、国家开发银行、中国工商银行、汇丰银行、中国出口信用保险公司等金融、保险机构的联系，进一步畅通银企合作渠道，支持广西壮族自治区企业通过境内外金融、保险机构获得贷款支持，降低融资成本。

四是加强海外风险保障综合服务平台建设。推动企业参加海外项目保险，加强风险防控，进一步实施广西海外资产风险保障计划，争取自治区财政加大资金支持力度，加强海外资产风险保障综合服务平台建设与政策研究。进一步加强企业海外风险教育，支持广西壮族自治区对外投资、承包工程企业与中信保公司合作，投保海外项目，防范境外项目风险；加大对外投资合作外派劳务人员保险支持力度，要求所有外派劳务人员必须全部参保。

五是积极开拓国际工程承包市场。积极推动广西壮族自治区企业参与“一带一路”互联互通基础设施建设，继续推动广西壮族自治区企业参与广西与越南陆路互联互通项目通道、泛北部湾海上通道等建设。支持企业继续开拓非洲、东盟、拉美等国家工程承包市场，承揽更多的房屋、市政工程、输油管线等项目。

六是分析TPP对广西对外投资合作的影响。深入分析TPP对未来广西对外投资合作的影响，特别是与越南投资合作可能产生的变化以及应当采取的应对措施。

2.四川省

（1）2015年四川省双向投资情况

2015年，面对国际、国内经济下行压力持续加大的复杂严峻形势和艰巨繁重的国内改革发展稳定任务，四川省认真贯彻落实党中央、国务院稳增长的各项决策部署，坚持稳中求进的工作总基调，主动适应经济发展新常态，通过抢抓国家扩大内陆开放、沿江开放、沿边开放和实施向西开放战略，积极打造“一带一路”和长江经济带联动发展的战略枢纽和核心腹地，加快建设内陆开放战略高地，四川省开放型经济取得新成效。

1）利用外资

2015年，四川省利用外资继续保持百亿美元规模，实际到位104.37亿美元，其中外商直接投资100.66亿美元，合同外资36.4亿美元，增长20.5%，新批外资企业319家，增长13.93%；利用国外优惠贷款17661万美元，利用港澳地区援建资金19400万美元。

外资拉动力呈多元化发展。2015年，34个国家（地区）在四川省新设立了企业，22个国家（地区）企业在川有实际投资，中国香港、新加坡、中国台湾是四川省外资重要来源地，占实际利用外资总额的80.8%，其中中国香港资金67.07亿美元。英、法、德、意等欧洲国家的资金成倍增长，其中德国增长748.3倍，荷兰增长14.7倍，意大利增长5.7倍。利用美国外资1.12亿美元，同比下降48.5%，继续呈下降趋势，但合同外资

2.03亿美元，增长62.3%。

外商投资的产业结构相对稳定。2015年，服务业实际利用外资53亿美元，占总额的52.7%，合同外资22.3亿美元，占总额的61.3%，继续保持利用外资主体地位。其中房地产业实际利用外资39.4亿美元，占服务业利用外资的74.3%。批发和零售、租赁和商务服务业、信息传输计算机服务和软件业正成为外资重点关注的行业，新批企业数分别为69、59、36家，占全年新批企业数量的一半以上。制造业利用外资总体保持平稳态势，实际利用外资33.12亿美元，下降4.36%，合同外资10.16亿美元，下降3.35%。

“4.20”芦山地震灾区灾后恢复重建利用国外优惠贷款项目正加快开展前期工作。法国开发署已启动赠款、技术援助和完善可研报告等工作。世行贷款芦山地震灾后重建项目完成正式评估工作。沙特、科威特基金会贷款项目已完成可行性研究报告编制工作。一般贷款项目进展顺利。世行贷款四川小城镇发展项目、武引二期灌区项目加快建设。世行贷款广安川渝合作示范区基础设施建设项目、四川扶贫六期项目已完成谈判签约，项目正式实施。以色列政府贷款内江职业技术学院、广元市第三人民医院项目已完成采购工作，德国促进贷款成都市第七人民医院项目已完成招标，欧佩克基金会贷款资阳市第三人民医院项目已完成外方评估工作和可研批复。企业借用国际商业贷款的积极性不断提高，新希望集团、四川航空等企业获得1.5亿美元商业贷款。

2）境外投资

2015年，四川省对外投资合作继续呈现较快发展态势，企业“走出去”的积极性进一步提高，新增境外投资企业145家，同比增长10.7%，全省备案境外投资企业中方投资额28.3亿美元，同比增长2.2倍。经发展改革部门备案的境外投资项目29个，备案金额15.68亿美元，同比增长84.5%。从投资方式看，并购仍是四川省开展境外投资的主要形式。从参与投资的企业看，民营企业依然是境外投资的主力军，新希望、科伦药业、天齐锂业等企业已将境外投资作为拓展发展空间和提升竞争力的重要手段。从投资领域看，能源电力、医药、化工、农业、游戏开发、影视文化正受到越来越多企业的关注。

对外承包工程有序发展。2015年，四川省完成营业额54.6亿美元，新签合同额45.3亿美元，增长25.1%。成达印尼10亿美元的100万千瓦火电项目、华西能源巴基斯坦2.5亿美元煤电项目、成都新筑路桥机械股份白俄罗斯轨道交通电容器项目、东方电气老挝水电站等重点项目进展顺利。同时，全省对外承包工程在“一带一路”沿线国家新签5000万美元以上项目合同总额22.69亿美元，占全省新签合同的50%，中铁二院莫斯科—喀山高铁、东方股份波黑火电站、中铁隆孟加拉吉大港市城市立交桥、中铁二局中老铁路等项目有序推进。

3）面临的问题

①与东部在利用外资上的差距进一步扩大

利用外资增长遭遇瓶颈。从直接利用外资看，近年来四川省外商投资实际到位金额始终在百亿美元徘徊，究其原因主要是缺乏大的外资项目拉动和新的产业增长点。特别是制造业利用外资增长乏力，而占比较大的房地产业也呈现了下滑态势。中国香港、新加坡、中国台湾、美国等传统外资来源地利用外资均出现了不同程度的下滑趋势，新的重要外资来源地还没形成，虽有部分国别增势较快，但在全省利用外资中占比较小，短期内无法形成规模。

②“走出去”还缺少亮点

从近年来的发展趋势看，四川省企业“走出去”的积极性不断增强，无论是企业数量还是投资金额均呈现上升趋势，但一些制约因素依然存在。一是部分企业还存在投资的盲目性，仅仅关注项目本身，而对项目所在国的产业状况、风险形势缺乏充分的判断。二是大多数项目的投资规模小，而且从领域和国别上看较为分散。三是企业走出去依然以单打独斗为主，很难形成合力抵御风险，这也是部分项目进展缓慢或停滞的重要因素。四是金融支持依然偏弱，相比于国有企业，民营企业更难获得与之同等的融资地位。五是受自身实力、信息渠道和合作方式的限制，民营企业参与国家推动实施的重大项目难度较大。

（2）四川推进“一带一路”建设工作进展

自“一带一路”战略构想提出以来，四川省抢抓机遇，积极谋划，主动作为，立定位，建机制，明思路，抓重点，促项目，务实推进“一带一路”建设，取得了积极成效。

一是抓统筹建机制。四川省政府成立了推进“一带一路”建设工作领导小组，建立健全了领导小组及其办公室工作机制，统筹推进各项重点任务顺利完成。省级各部门和市州也结合工作实际，制定了相应的工作机制，形成了全省上下协调联动、齐抓共推“一带一路”建设的良好工作局面。同时，按照开工一批、储备一批、谋划一批的滚动机制建立了省级重大项目储备库，以项目为支撑，推动各项工作。近期，四川向国家推进“一带一路”办公室报送了120余个项目，总投资超过1万亿元。

二是抓重点强措施。按照国家总体部署和统筹要求，结合四川实际及时进行贯彻落实，研究制定了四川省参与建设“一带一路”实施方案，从道路联通、经贸合作、产业发展、金融合作、人文交流、开放型体制机制、工作机制等7个方面提出了24条措施，并配套制定了“一带一路”战略“251三年行动计划”、制造业参与“一带一路”建设重点工作方案、涉外工作实施方案等政策措施。为突出工作的阶段性和针对性，细化制定了2015~2016年重点工作方案。2015年又明确了46项工作要务，目前正在有序推进。

三是抓项目促合作。四川围绕国家总体布局，以项目为抓手，着力打造空中丝绸之路，构建进出川国际大通道，大力促进投资贸易、人文交流等活动，与“一带一路”沿线国家和地区的交流合作不断拓展。成都天府国际机场全面开工建设，重点铁路大通道和高速公路大通道加快推进，中德、中法、中韩、中新等一批境内外园区建设务实推进。成都始发中欧班列、中亚班列实现稳定开行，中欧班列（成都）境外站点已从波兰罗兹延伸到德国纽伦堡和荷兰蒂尔堡，截至2015年6月底四川省中欧班列已运行往返班列334列，成为开行中欧班列数最多的省份之一，为四川省“走出去”参与国际分工、开拓国际市场起到了积极的推动作用。驻川领事机构达到15个，其中“一带一路”沿线国家8个；国际友城和友好合作关系达207对，国际（地区）航线达89条。

2015年四川省与“一带一路”沿线国家贸易额达到138.3亿美元，来源于沿线国家的合同外资增长2倍；在沿线国家的对外工程承包营业额增长30%、占全省总额的61.8%；对外投资8.8亿美元、增长近3倍。

（3）今后工作的主要设想

主动适应把握引领经济发展新常态，进一步破除开放型经济发展的瓶颈和障碍，突出全面创新改革的牵引作用，加快提升四川省对外开放的深度和广度，深度融入国际分工合作，积极打造“一带一路”和长江经济带联动发展的战略枢纽和核心腹地，加快建设内陆开放战略高地。

1）继续将加大承接产业转移作为推动四川省稳增长、调结构、促转型最直接的抓手

加快推进中韩创新创业园、中德创新产业合作平台、中法成都生态园等高层次的开放载体建设，努力打造成为四川省承接产业转移的重要平台，引进一批具有世界影响力的欧美、日韩、港台地区企业，围绕四川省着力发展的“双七双五”重点产业开展产业和技术合作。结合四川省产业自身优势和发展需要，继续加大对东部沿海地区的引资工作，不

断开拓新的引资来源地，瞄准重点目标企业，着力招大引优。进一步优化引资环境，更加重视重大履约项目的服务工作。

2）把推进国际产能和装备制造合作作为四川省对外经济工作的重中之重

以国家发展改革委和四川省建立推进国际产能合作委省协同机制为契机，努力推动四川省参与国际产能和装备制造合作，并将其作为四川省“走出去”工作的重中之重。结合四川省产业发展基础、优势富余产能现状和结构调整目标，努力创建中西部地区国际产能和装备制造合作示范省。进一步加强对企业开展国际产能和装备制造合作的统筹协调，制定具体扶持激励政策，加快设立财政专项资金，完善金融服务保障，加大支持力度，努力推动四川省部分国际产能和装备制造合作的重点项目取得突破。积极支持有条件的企业到“一带一路”沿线国家和部分非洲国家建设境外农业合作区、粮食产业示范园、医药化工产业集聚区、能矿产业集聚区。加大与国家相关部委的沟通协调，支持四川企业积极参与国家重大国际产能合作项目以及铁路、电力等重大装备“走出去”建设项目。

3.重庆市

（1）近两年，重庆市促进双向投资发展制定的相关政策

一是贯彻落实十八届三中全会“探索对外商投资实行准入前国民待遇加负面清单的管理模式”精神，对外商投资不再单设管理办法，出台内外资统一的《重庆市企业投资项目核准管理办法》和《重庆市企业投资项目备案管理办法》；二是根据《境外投资项目核准和备案管理办法》（国家发展改革委令第9号），重庆市印发了《重庆市境外投资项目核准和备案管理办法》（渝府发〔2014〕64号文），增强了重庆市企业境外投资的便利性。

（2）2015年重庆市利用外资和境外投资基本情况

1）双向投资总规模增长情况

2015年重庆市新批外商投资企业315个，同比增长26.00%；合同外资48.17亿美元，同比增长4.12%；实际利用外资107.65亿美元，同比增长1.28%。

2015年重庆市对外合同投资新核准境外项目99个，对外投资合同额16.1亿美元，同比增长66.6%。其中，民营企业（机构）境外项目共84个，投资合同额占全市总额的92.0%；国有企业境外项目14个，合同投资额占全市总额的8.0%。重庆市对外实际投资14.2亿美元，同比增长27.9%。其中，民营企业、国有企业对外实际投资额分别占全市总额的80.4%、15.7%。

2）双向投资的结构状况

①利用外资的结构状况

2015年，有37个国家（地区）的外商来渝投资。合同外资金额列前三位的分别是中国香港、韩国、新加坡。实际使用外资金额列前三位的国家（地区）分别是中国香港、英属维尔京群岛、新加坡，其到位资金总额占全市总额的70.09%。

重庆市第二、三产业合同外资分别为166554万美元、291956万美元，所占比重分别为35.69%、62.57%。实际使用外资第二、三产业分别为427659.73万美元、546695.65万美元，所占比重分别为43.88%、56.10%。

合同外资主要来源于制造业、房地产业和金融业，分别为145356万美元（占比31.15%）、100213万美元（占比21.48%）、94180万美元（占比20.18%）。实际利用外资均主要来源于制造业、金融业和房地产业，分别为417967.08万美元（占比42.89%）、274142.31万美元（占比28.13%）和161055.15万美元（占比16.53）。

②境外投资的结构状况

2015年，重庆市合同对外投资目的国家（地区）共31个，主要有中国香港82296万美元（51.1%）、巴基斯坦20000万美元（12.4%）、马来西亚15140万美元（9.4%）、美国9737万美元（6.1%）、中国澳门8871万美元（5.5%）、卢森堡6560万美元（4.1%）。其他国家（地区）分别是英属维尔京群岛、塞舌尔、吉尔吉斯斯坦、加拿大、泰国、柬埔寨、印度尼西亚、德国、韩国、埃及、中国台湾、哈萨克斯坦、丹麦、土耳其、厄瓜多尔、意大利、蒙古、荷兰、巴西、澳大利亚、缅甸、菲律宾、越南、坦桑尼亚、老挝。

重庆市合同对外投资行业前三位为其他金融业73810万美元（45.9%）、电力、热力生产和供应业20200万美元（12.6%）、房地产业19764万美元（12.3%）。

重庆市对外实际投资目的国家（地区）共39个，主要有中国香港111492万美元（78.3%）、俄罗斯6303万美元（4.4%）、英国3065万美元（2.2%）、利比里亚3038万美元（2.1%）、乌干达2637万美元（1.9%）、东帝汶2533万美元（1.8%）、肯尼亚1815万美元（1.3%）、加拿大1557万美元（1.1%），其他国家（地区）分别是越南、马来西亚、美国、老挝、英属维尔京群岛、贝宁、日本、中国澳门、委内瑞拉、澳大利亚等。

重庆市对外实际投资行业前三位分别为其他金融业59784万美元（42.0%）、零售业34252万美元（24.0%）、商务服务业9082万美元（6.4%）。

3）双向投资面临的问题

①重庆市利用外资持续性稳定性不足问题亟待解决

2015年，重庆市实际利用外资全年总体呈现出增速不断下降的态势，通过12月单月引入29亿美元外资的攻坚努力下，基本实现全年实际利用外资100亿美元目标，而外商直接投资增速低于全国平均增速17个百分点，且呈现大幅波动的增速特征。究其原因主要：一是随着国家加快实施“一带一路”和长江经济带战略，重庆迎来发展机遇的同时，全方位对外开放政策的利好正遍及中西部地区，西部省市加大开放开发力度，赛势发展局面愈加明显。二是上海自贸区扩容、津粤闽自贸区设立，东部沿海地区对外资吸引力增大，短期内对重庆等西部地区吸引外资将带来冲击。三是近三年全市合同外资规模长期低于实际利用外资规模，表明前期意向性投资项目储备偏紧，对后期外资持续增长支撑不足。四是外资投资结构处于转换期，外企投资正从生产或经营成本为目的的“成本型”投资，向“市场型”投资转移，生产性服务业等新热点行业投资带有“轻”资产运作特性，而十大战略性新兴产业正处于发展初期，新的吸引外资增长热点尚未成熟。

②对民营企业“走出去”指导帮助需进一步加强

随着民营企业实力的不断增强和政府对民企“走出去”支持力度的加大，对外直接投资由前期的国企主导已发展为民企引领。但民企 “走出去”面临比国企更多的难题，民企很大程度上缺乏长远战略规划和风险意识，对东道国投资环境和文化缺乏了解，欠缺海外投资管理经验，企业间易出现恶性竞争等。因此需进一步加强对民企“走出去”的指导和帮助。

4）2016年双向投资发展趋势和展望

重庆全方位、多层次、宽领域的开放体系发挥重要作用，积极因素有力支撑对外开放。一是中新（重庆）战略性互联互通示范项目的落地，将直接促进重庆金融服务、航空、物流以及信息通信技术等领域的开放合作，间接契合国家的“一带一路”和长江经济带战略，联动发展效应将显现。二是“1+2+8+36”开放平台的政策体系和制度环境更加完备，国际物流大通道、口岸经济以及全市服务贸易五大专项不断深入，

“三个三合一”的独特开放优势显现，将强化开放平台对外商投资的吸引能力；重庆五大功能区发展布局融入国家“一带一路”开放战略，将为重庆吸引外资提供新的机遇和平台。三是多方围绕《支持企业“走出去”战略合作协议》，搭建对外贸易服务平台，大力推进和服务外向型企业走出去，完善“走出去”工作体系。四是鼓励企业参与境外基础设施建设和国际产能合作，积极支持汽车、摩托车、机械制造等优势企业向境外转移，拓展海外市场。这些政策措施组合运用将积极推动重庆市外资和对外投资持续向好发展。

（3）2015年重庆市“一带一路”双向投资的发展情况

2015年，“一带一路”沿线国家有4个国家（金额从高到低分别为新加坡、菲律宾、白俄罗斯和泰国）的外商来渝投资，实际利用外资70555.03万美元。

重庆市对“一带一路”实际投资目的国家（地区）共12个，对外实际投资13149万美元，主要为俄罗斯联邦6303万美元（47.9%）、东帝汶2533万美元（19.3%）、越南1448万美元（11.0%）、马来西亚1365万美元（10.4%）、老挝1196万美元（9.1%），其他国家（地区）分别是印度尼西亚、柬埔寨、土耳其、科威特、阿联酋、巴基斯坦和格鲁吉亚。

4.贵州省

（1）制定的相关政策

2016年2月，贵州省招商引资扩大开放工作领导小组办公室、贵州省商务厅印发了《关于印发〈关于加快融入“一带一路”实施走出去战略的指导意见〉的通知》（黔招商领导小组发〔2016〕1号），明确了实施走出去战略的重要意义、总体目标、强化政策促进和健全服务保障、加强风险防控考核体系建设等方面内容，加快推动企业走出去，进一步提升对外经济技术合作水平。

（2）双向投资情况

1）利用外资

2015年度，贵州省实际利用外资总额为25.24亿美元，同比增长22.22%；批准外商投资项目187个，同比增长8.72%，其中新设外商投资企业75个，新增外商投资企业分支机构111户。

按产业来看，第一产业0.34亿美元，第二产业13.39亿美元，第三产业11.51亿美元，分别占总额的1.35%、53.03%、45.62%。

按资金来源地来看，位列前三位是中国香港、英属维尔京群岛和新加坡，分别为14.27亿美元、3.54亿美元、3.21亿美元，占实际利用外资的56.54%、14.03%、12.72%，总占比高达83.29%。

按市州分布来看，实际利用外资上亿美元的有贵阳市、黔东南州、六盘水市、黔南州、毕节市、遵义市、黔西南州、安顺市8个市（州），分别为9.27亿美元、2.24亿美元、2.12亿美元、2.03亿美元、1.8亿美元、1.56亿美元、1.22亿美元、1.21亿美元，总计23.96亿美元，占全省利用外资总额的94.92%。

2）境外投资

2015年，贵州省对外经济技术合作累计完成额为8.09亿美元，同比增长61.39%，其中，对外承包工程累计完成营业额67756万美元，同比增长35.16%；对外直接投资净额为13148.82万美元，同比增长30.28%；国际劳务合作累计派出各类人员6733人。

贵州三鑫投资开发有限公司等15家企业先后通过备案到澳大利亚、沙特阿拉伯、突尼斯、英属维尔京群岛、美国等国家和地区设立境外公司（机构），投资国别（地区）达到12个，投资领域涉及农业、建筑、机电、矿业、房地产开发、餐饮等，上述企业累计备案协议投资额为1.85亿美元，同比下降63.53%，对外直接投资净额为1.31亿美元，同比增长30.28%。

对外承包工程累计完成营业额为6.77亿美元，同比增长35.16%，新签约合同总额为5.76亿美元，同比下降6.77%，新增核准贵州桥梁设计院有限公司等2家对外承包工程企业对外承包工程经营资质。目前，贵州企业对外承包工程项目遍及49个国家和地区。

累计派出各类劳务人员6733人，批复同意在六盘水民族职业技术学校、兴仁县民族职业技术学校和贵州通途劳务合作有限公司新增3个省级对外劳务培训基地，贵州省外派劳务培训基地增至7家。

（3）面临的问题

1）利用外资方面

利用外资规模总体仍然偏小。近年来贵州省利用外资工作取得了长足进展，外资利用增长迅猛，2015年比2010年增长了8.6倍，但总体规模仍然偏小，约占全省GDP的1.6%，2015年贵州省实际利用外资约占全国总量的2%，利用外资工作对全省经济发展的拉动作用仍然不强。

利用外资涉及产业层次偏低。贵州省利用外资企业涉及产业大多属资源初加工型，产业链不长，产业幅不宽，低附加值传统产业仍占有较大比重，技术和资本密集型项目偏少，特别是高端产品生产和研发机构引进更为滞后，产业集聚度和关联度不高，产业配套能力不强，产业链短。

2）境外投资方面

从国际经济环境来看，世界经济增长乏力，仍处于一个缓慢复苏的周期，据国际货币基金组织（IMF）最新预计，2015年全球经济增长3.1%，增速较2014年降低0.3个百分点，降至2009年以来最低水平。国际市场需求萎缩，大宗商品价格下跌，新兴经济体和发展中国家内需不振、资本外流，经济增速进一步放缓，非洲埃博拉疫情后续影响依然存在以及金属矿产等资源型行业继续深度调整，增加了贵州省企业走出去的难度和风险。

从国内经济环境来看，我国“三期叠加”即经济增长速度进入换挡期、结构调整面临阵痛期、前期经济刺激政策进入消化期，各种深层次的矛盾和问题逐步显现，经济进入新常态，下行压力逐步增大，对贵州省外经工作在项目、资金等方面产生不利影响。

“走出去”工作资金匮乏。要推动企业“走出去”，无论从中介服务、前期投入、融资还是在国外资金的流动性，以及信用支持、风险防范、跨境结算、保险保函等，都需要资金和政策的大力支持。同时，非洲和东南亚各国推行基础设施的PPP（公私合作模式）项目，需要企业不仅带资金，还要带管理和运营经验走出去，现有工程承包企业面临资金、管理的巨大挑战，民企逐渐成为“出海”主力军，但政策支持和融资难题仍待破解。

“走出去”主体少，引导和宣传不够。对走出去的政策支持、发展理念引导和宣传不够，导致走出去主体少。贵州大多数企业仍然缺乏国际化发展理念，没有真正意识到海外投资的重要性及开拓国际市场的长远价值，缺乏锐意创新的意识和敢打敢拼的闯劲，“小富即安”的现象比较普遍，特别需要各级政府支持、宣传和引导。

“走出去”人才短缺。专业技术、金融、经济领域人才总量少、层次低，投融资平台缺乏，专业法律、财务服务机构严重缺乏是影响贵州省“走出去”工作的短板。

（4）2016年工作打算

1）利用外资方面

①创新招商方式，拓宽引资渠道

一是积极开展“精准招商”。瞄准国内外一流的高科技企业和高科技创新型成长性企业，深入研究，提高招商引资的命中率、成功率，更多更快落地实施一批大项目、好项目。着眼贵州省五大新兴产业，引进一批技术含量高、产品附加值高、财税贡献率高、劳动就业率高的产业项目。瞄准世界500强、国内外知名企业或行业龙头企业，引一个，带一批，形成招商选资的集群效应。

二是依托新区、园区、对外开放平台招商。加快建设“1+7”开放创新平台、“5个100工程”以及着力打造的年度生态文明贵阳国际论坛、中国（国际）酒类博览会、贵阳国际大数据产业博览会等对外开放平台。积极探索承接产业转移的新路径，按照各个园区的主导产业进行招商，着力引进一批带动力强、关联度高的外向型大企业，逐步形成产业集群。

三是利用现代化招商手段。充分发挥大数据在吸引外商投资中的引领作用，用数据寻商、数据引商、数据助商，建设专业数据库，利用全球的企业数据、市场数据，快速对接投资信息，通过网络平台分享贵州省的市场、人才、资金、项目库等各方面数据，吸引外商来投资。

四是建立以商招商引资模式。扶持和服务好现有的外资企业，借助他们的企业资源和合作伙伴资源，推动现有投资者增资、引资，形成二次招商效应。结合并购招商、专题招商、委托招商、专业招商、项目推介招商、上门招商、产业链招商等新模式，在探索思考创新方面下功夫，打破缺口，实现招商引资新突破。

②注重产业升级，优化外资结构

与前几年相比，落户贵州省的外商投资企业逐步从层次偏低的产业转向科技含量较高的产业。但在信息服务、教育培训、文化创意、咨询、高端服务业以及公共设施管理等领域，还有很大吸收外资的空间。紧紧抓住国家转方式调结构重要窗口期和推进结构性改革带来的重大机遇，侧重引进有利于促进外资结构优化的产业，引进有利于解决贵州省利用外资产业层次偏低、产业链低端、引智水平较低等问题的企业。

③优化落地服务，改善营商环境

进一步简化招商审批程序，优化办事流程，提高服务效率，落实服务责任，做到每个招商项目都有工作组、有负责人、有全程跟踪服务。不断完善配套服务体系，设立外资企业服务中心和投诉协调中心，大力发展各类中介服务组织，为外商提供高质量的法律、金融、保险、环评等服务。加强管理监督，规范市场秩序，落实外商政策待遇，为外资企业创造一个稳定的政策环境和宽松的发展环境。

④开展外商投资体制创新先行先试

积极推进12个外商投资体制改革先行先试区建设，逐步完善具有贵州特色的外商投资便利化较高的投资制度，并创新外商投资企业事中事后监管制度，完善外商投资全周期监管体制创新，以优质服务助推贵州省利用外资工作更好更快发展。

2）境外投资方面

①紧紧抓住“一带一路”和人民币“入篮”等重大机遇，加快走出去步伐

积极推动磷化工、煤化工、铝业、水电等贵州省具有技术优势的产业走出去，以承包工程、技术出口等为主要形式，拓展“一带一路”沿线国家市场。支持矿山机械、农业机械、工程机械、电力装备、铁路车辆及备件等资本技术密集型产业逐步扩大境外投资。鼓励水泥、钢铁、冶金等产能过剩行业向沿线国家转移产能，以生产设备入股为主要方式，产成品主要面向当地市场销售。鼓励以获取高端要素为目的的境外投资，积极探索在东南亚、北美、欧洲、大洋洲等设立研发机构，打造销售和服务网络。

②加快培育“走出去”市场主体，激发外经发展活力

加强部门联动、分工协作，坚持不同行业、不同所有制企业，传统产业企业与高新技术企业，大型企业与中小企业并举，培育和壮大走

出去市场主体。加强对企业走出去的分类指导，鼓励和支持有条件的国有、民营、外资等各类所有制企业参与国际经济技术合作和国际分工，积极摸排有走出去潜力的央企、省外大型民企在贵州省分支机构的基本情况，主动对接，主动宣传，主动服务。

③夯实加强贵州省外经企业战略合作联盟建设

以贵州省国际经济技术协会为平台，以签署的《贵州省外经企业战略合作协议》为基础，积极推动省内国有企业、民营企业通力合作、“抱团”走出去开拓国际市场。以优势产业的大型企业率先示范，推动企业间的合作，带动优势产业链走出去，鼓励和引导企业差异化发展、特色专业化发展，优化资源配置，形成合理分工体系，提高对外经济合作竞争力。

④建立500万美元以上境外投资和承包工程重点项目服务推进制度

对贵州省中铁五局、水电九局等重点外经企业和项目建立台账，实行“一企一策”“一类一策”“点对点”等个性化服务和分类指导，鼓励企业安全开展海外投资、承揽海外工程承包项目、出口成套设备和进行境外营销网络建设，努力构建传统承包工程、投资项下工程、成套设备出口、对外劳务合作“四措并举”新局面，做大外经总量，提高外经质量。

⑤搭建境外外经贸窗口平台

充分发挥中铁五局海外公司、水电九局、贵州海上丝路、瓮福、七冶等重点企业的引领作用，计划先期在非洲、东南亚、印度和澳大利亚探索建立“境外信息窗口和商品展示平台”，密切与当地使领馆、商会、企业的联系，实时追踪和汇总所在国及周边地区各类外经贸发展项目信息；探索建立驻外商务代表（联络处）常设制度，为贵州省企业走出去提供信息共享、安全评估、风险规避、产品展示销售等方面的综合服务，进一步促进三外融合发展，培育外贸竞争新优势。

⑥加强“走出去”人才培训工作

按照“企业培训为主，政府参与指导”的原则，与商务部、中国对外承包商会以及贵州省内金融、税务等机构合作，每年不定期邀请外经专家对贵州省企业进行专题业务培训，以加大对省内企业“走出去”人才的培训力度。

⑦加强企业调研，完善综合协调服务机制

进一步完善和发挥贵州省“走出去”工作联席会议机制。每年不定期召开“走出去”工作联席会议，各成员单位相互沟通，交流信息，研究解决贵州省实施“走出去”战略中的重大问题，增强合作和服务意识，为企业“走出去”营造良好的氛围，推动“走出去”战略顺利实施。

⑧着力推进金融支持企业“走出去”

积极争取建立贵州省“走出去”发展专项资金，以推进金融支持贵州省企业“走出去”工作。一方面在推动各金融机构在商业运作的基础上，为贵州省企业在开展对外承包工程、境外投资过程中提供保函、信贷、融资、结算、保险等方面的金融支持，另一方面充分发挥金融机构在国外的分设机构及财经人才，为贵州企业在海外设立公司或开展对外承包工程项目提供信息和咨询服务。

5.云南省

双向投资是发展中国家参与全球经济化与国际竞争的重要手段，两者之间是相互依赖、相互补充促进的关系。吸引外资是对外投资的重要基础，吸收外资有利于解决本国的资本短缺、获得先进技术与管理经验、促进产品销售渠道与国际市场的接轨，有助于本国企业竞争优势的形成。而竞争优势是企业对外投资的基础和动力，对外直接投资可以绕开贸易壁垒，为国内经济的发展提供战略性资源和技术的保障，利于吸引外资、促进出口和创造品牌，更好参与国际竞争与合作。通过资本的双向跨国流动，不断推动国家经济发展和产业结构调整升级。

近年来，中国已经成为国际直接投资流动中的一支重要力量，而云南省无论是吸收外商直接投资还是对外直接投资都取得了巨大成就。但是，云南省双向投资在存量结构、产业结构、区位结构以及投资方式结构上都有一定的差距。

（1）近两年云南省促进双向投资发展制定的相关政策

云南省基础设施建设大力推进，行政审批制度改革不断深化，良好的政务环境、法制环境和投资环境对外来投资的吸引力进一步增强。相继推动出台了《云南省招商引资工作委员会关于加强沿边地区招商引资工作的意见》《云南省依托招商引资加强人才引进工作的实施办法》《云南省招商引资工作委员会关于加大工作力度推动招商引资稳定增长的意见》《云南省人民政府关于推进国际产能和装备制造合作的意见》系列政策文件，全省招商引资的政策体系日益健全。同时，省直各有关部门积极推动出台关于工业转型升级、民营经济发展、吸引国内外研发机构和科技型中小企业落户等政策文件，为外来项目的引进和落地搭建了良好的政策平台。

（2）2015年云南省利用外资和境外投资的基本情况

1）双向投资总规模的增长情况

利用外资情况。2015年，在云南省委、省政府的坚强领导下，全省各州市、各有关部门积极适应经济发展新常态，围绕全省稳增长促改革大局，着力创新工作思路，拓宽引资渠道，突出精准招商，积极开展招大引强工作，狠抓项目推进，努力提高项目合同转化率及资金到位率，全力抓好利用外资重点工作，全年全省新批外资项目数142个，同比增长7.58%，合同外资22.6亿美元，同比增长108.7%，实际使用外资29.9亿美元（全口径数字），同比增长10.6%，高于全国增幅4.2个百分点，超额完成全年工作目标。外资来源地更趋广泛，目前已有50多个国家和地区在云南省投资，其中香港地区到位外资占全省外资总量的八成以上，重点区域来滇投资贡献突出。外商投资结构更加合理，逐步从传统领域向新型制造业、现代服务业、公共基础设施建设等领域拓展。外商投资对全省经济增长、民生改善的支撑作用也更加凸显。

境外投资情况。2015年云南省加快对外投资简政放权，进一步完善企业"走出去"的政策服务体系，使得对外投资持续保持较高的增长速度。截至2014年年底，全省境外投资企业（机构）已达635家，对外实际投资累计达57.6亿美元。其中，2015年全省新设境外企业103家，对外直接投资13.44亿美元，同比增长30.4%，对外直接投资业绩排名全国第14位、西部地区第3位。2015年，云南省共新签订对外承包工程合同95份，新签合同额128638万美元，同比减少4.29%；完成营业额234162万美元，同比增长13.1%，排名全国第17位。2015年，云南省累计派出各类劳务人员10398人，比2014年同期增加12.7%。其中，工程项下累计派出7348人，占70.67%；劳务合作项下派出775人，占7.45%；境外投资项下派出2275人，占21.88%。中高端劳务人员比例为6.8%。

2）双向投资的结构状况

利用外资方面：利用外资规模和质量持续提升。2015年，云南省利用外资在高位推动招大引强、全力提升项目合同转化率及资金到位率等工作举措的有效实施下，外资主要指标保持稳定增长，实际使用外资总量增长率同比提高了3.1个百分点，重回两位数增长速度，合同外资呈现十年来最快增长，为来年实际使用外资提质增量打下良好基础。同时，单个新批项目平均合同外资1590万美元，同比增长94%，为十年来最高额，全省利用外资质量进一步提升。

招大引强工作成效显现。2015年，外资招大引强工作扎实推进。云南省与华润集团签署新一轮战略合作协议，全面深化在医疗、地产、新能源、水泥等领域的合作且进展顺利，昆钢水泥与华润水泥合作项目已进入实施阶段，云天化集团与以色列化工集团合资成立云南磷化集团海口磷业有限公司投资4.5亿美元项目成为云南省年度最大中外合资项目。沃尔玛、可口可乐、星巴克等已落户大企业对云南省投资继续扩大。

投资领域结构进一步优化。2015年，云南省产业招商力度持续加大，第二产业实际利用外资占全省利用外资总量的40.4%，同比增长0.4个百分点，其中，电力、燃气及水的生产和供应业占比为20.3%，同比增长14个百分点，在各行业中增幅最大。第一产业实际利用外资占总量比重同比增长0.2个百分点，高原特色农业引进外资逐步增强。服务业中批发和零售业总量占比为9.6%，同比增长5.3个百分点，金融业占比同比增长0.8个百分点，房地产业总量占比同比下降5.6个百分点。

东盟国家对云南省投资增长较快。2015年，围绕南亚、东南亚辐射中心建设，云南省加大重点地区精准招商工作力度，来自东盟国家实际外资1.1亿美元，同比增长198%，占全省总量的4.5%，合同外资1.7亿美元，同比增长194%，占全省总量的8.4%，其中来自新加坡、马来西亚的实际使用外资投资增幅较大。同时，香港地区仍然是云南省主要外资来源地，实际外资17.4亿美元，同比增长12%，占全省总量73%。此外，欧洲国家中英国、荷兰投资增幅较大。

重点园区外资引进不断增强。2015年，云南省积极推动园区招商引资，重点园区在体制创新、科技引领、产业集聚、土地集约方面的平台和载体作用发挥较好，引进外资成效初显。昆明高新区、昆明经开区、滇池度假区、大理经开区等国家级开发区实际到位外资达9.9亿美元，占全省总量的32.9%。

部分州市引资增幅较大。2015年，云南省大部分州市利用外资工作积极有效，引进外资情况良好。昆明市继续发挥对全省利用外资的带动作用，全市实际利用外资近21.9亿美元，同比增长9.1%，占全省外资总量73.4%。曲靖市、大理州实际使用外资突破亿美元，保山市实际使用外资连续三年突破1亿美元。曲靖市、红河州、大理州大幅超额完成全年工作目标，楚雄州、迪庆州、曲靖市实际使用外资同比增长超过55%。

境外投资方面：传统市场地位稳固，新市场有突破。“次区域五国”（即大湄公河次区域的老挝、缅甸、泰国、柬埔寨、越南5个国家）是云南省企业“走出去”的主体市场，2015年，云南省企业在老挝、缅甸、泰国新设投资企业67家，占同期新设境外企业数的65%；在“次区域五国”实际投资共计7.93亿美元，占同期实际投资的59.4%。同时，云南省企业加快新市场开拓步伐，在英国、印度、新西兰、加拿大分别设立了投资企业，至此，云南省的投资国别达到45个。

国有企业投资稳健，民营企业表现突出。2015年，云南能投集团等国有企业实际对外投资6.55亿美元，占同期全省实际投资的49.1%，占据投资份额的半壁江山。民营企业表现活跃，全省新批的103家境外投资企业中，云南省民营企业达89家，占全省新批企业总数的86.4%；同期实际投资额达6.79亿美元，占全省实际投资额的50.9%。

投资行业渐显多元化，投资领域不断拓展。2015年，云南省对外投资共分布在国民经济行业分类的9个大类。从投资额来看，农业、矿业、电力等传统投资领域仍占据主导地位。但投资行业已呈现多元化趋势，表现为新批投资企业向高端制造业如医药制造业、新兴服务业如生态保护和环境治理业、电子商务服务业、文化产业等领域不断拓展。此外，2014年云南省跨国并购企业达到7家，中方协议投资额8.7亿美元，创下历史新高。

3）双向投资面临的问题

利用外资方面，一是投资者观望迟疑现象较为普遍，受宏观经济形势影响，投资商对经济形势的预期降低，投资意愿减弱。二是大项目引进仍存在诸多制约，受环境容量、土地及林地指标、土地调规等因素影响，造成部分项目推进缓慢，项目落地开工率亟待提高。三是招商引资结构有待优化，缺乏对全省产业发展及转型升级有重大引领示范作用的大项目好项目。四是州市发展不平衡，招商引资同质化竞争，针对性不强、项目质量不高、专业化程度不够等问题仍普遍存在。五是外商直接投资增长后劲不足，利用外资规模小、质量低的现状仍未得到根本改变，全省利用外资增长后劲明显不足。六是缺乏发达国家的直接投资。云南外商直接投资来源主要集中在亚洲地区，特别是我国香港地区占比过高。

境外投资方面，一是目前产业集团化发展的跨国龙头企业“走出去”尚未形成，企业在对外投资风险控制、国际融资、国际经营管理等方面均体现出经验和能力不足的问题。云南省以周边国家矿业、水电开发为主的“走出去”还面临着许多不稳定和不确定因素，由于行业结构不优，企业经营范围过于集中，同质化严重，以及对周边环境变化的能力较弱，在境外开展投资合作受到行业限制和发展制约。二是近年来，周边国家政治经济格局的快速调整，在资源领域加强对外的限制和监管，传统重点市场投资合作环境发生显著变化，“走出去”面临诸多风险和挑战。三是企业境外投资资金缺口较大。四是东南亚、南亚等一些国家当地金融系统容量较小，不足以支持一些较大项目的开展，项目的债务融资还需要由立足于国内金融市场主导落实。五是包括贷款抵押、担保条件等债务融资门槛较高，且风险评估程序繁琐，放贷速度慢。

4）2016年双向投资发展趋势和展望

利用外资。2016年利用外资要在2015年29.9亿美元的基础上增长5%以上，稳步提高招商合同履约率、项目开工率和资金到位率。推动落实外商投资准入前国民待遇加负面清单管理制度和外商投资产业指导目录，引导外资投向现代农业、生物医药、装备制造、金融等战略性新兴产业和现代服务业等领域，实现外资领域不断拓宽、结构继续优化，使外资在推动云南省扩大开放领域、优化开放结构、提高开放质量方面发挥更大作用。聚焦重点区域，加大对欧美、日韩、以色列等发达国家和地区引资力度，吸引更多的世界500强企业、国际组织、区域总部和研发中心入驻云南。全面贯彻落实国家利用外资政策措施，进一步完善外资统计和考核工作。更加注重发挥外、侨、台等部门作用，大力引进港资、侨资和台资入滇发展。

境外投资。2016年境外投资要达到15亿美元，较2015年增长12%。产业结构不断优化，全球资源配置能力不断提升，经济增长新动力基本形成，企业转型升级进程加快，企业海外投资能力不断提升，围绕电力、冶金、装备制造、化工、建材、轻工及物流落地一批项目，形成壮大一批骨干企业，海外企业投资数量翻一番以上。实现海外投资企业全面扭亏为盈，海外投资收益成为企业增长重要来源。

同时，还要改善投资软环境，鼓励跨国公司在滇设立地区总部及研发、采购、运营中心，逐步形成上中下游配套的产业聚集；鼓励外资进入养老、残疾人服务等社会公共事业领域。发挥驻境外商务代表处作用，及时提供驻在国市场信息、政策信息、大项目招投标信息。为实施“走出去”“引进来”战略提供服务；鼓励具有比较优势的产业和企业到境外开展产能合作，鼓励企业自担风险到各国各地区承包工程和劳务合作项目。

（3）2015年云南省“一带一路”双向投资的发展情况

1）云南省对“一带一路”沿线国家的投资

“十二五”期间，云南对外投资步伐不断加快。一批有条件的国有企业通过跨国投资，在更大范围内优化资产配置，加快海外资产布局，已成为对外投资的主体力量，在非金融类对外直接投资中占比一直在70%以上。同时，国有企业投资稳健，带动了一批中小企业和民营企业

“走出去”。2015年，全省新批的103家境外投资企业中，云南省民营企业达89家，占全省新批企业总数的86.4%。老挝、缅甸、泰国、柬埔寨、越南等周边国家已成为云南对外投资的重点国家。2015年，云南在这5个重点国家实际投资共计7.93亿美元，占同期实际投资的59.4%。通过实行本土化政策，带动当地公益事业发展，完善公路等基础设施，有效深化了双边经济合作，促进了投资合作国的包容性发展。

2）2016年“一带一路”双向投资发展和展望

云南省将主动服务和融入国家“一带一路”重大发展战略，积极参与孟中印缅经济走廊、中国-中南半岛国际经济走廊建设以及澜沧江-湄公河合作和大湄公河次区域经济合作，加强与周边国家在基础设施互联互通、人文交流、产业投资、经贸、金融等领域的交流合作，着力构建对外开放新优势，积极参与构建区域互动合作机制，努力建设我国面向南亚、东南亚辐射中心。

一是持续优化投资环境。以全面深化改革扩大开放为动力，不断推进招商引资政务环境、法制环境和社会环境建设，加快形成有利于创新发展的市场环境、投融资体制和要素配置体系。坚持国有企业、外资企业、民营企业一视同仁、公平竞争，积极引导外来投资投向国家没有明令禁止或特许经营的领域。规范政府及各有关部门在招商引资项目推进、项目落地及后期生产管理等方面的监管与服务，进一步取消下放行政审批事项，优化审批流程，提高审批效率，切实形成依法招商、运转规范、权责统一、协调有力的招商引资工作格局。把人才作为招商引资的第一推动力，加强招商队伍专业化建设和招商引资智库建设，提高招商队伍专业化水平。

二是改革对外合作管理体制，加强综合服务。深化境外投资管理制度改革，加大简政放权力度。坚持企业投资自主决策、自负盈亏原则，放宽境外投资限制，简化境外投资管理，除国家特殊规定外，境外投资项目一律实行备案制。引导企业做好项目可行性研究和论证，建立效益风险评估机制，妥善防范和化解项目执行中的各类风险。

三是加快周边互联互通基础设施建设。积极争取国家层面加快推动互联互通国际大通道建设，推动中缅瑞丽-皎漂铁路、中越河口-海防铁路前期工作，争取早日开工建设，积极参与磨憨-万象铁路建设。推动章凤-缅甸八莫公路、缅甸密支那-班哨公路建设前期工作，积极实施湄公河二期航道整治。积极争取世界银行、亚洲开发银行、亚洲基础设施投资银行等国际金融组织，以及丝路基金、中国-东盟合作基金等的支持，推动重大合作项目建设。

四是加强国际产能和装备制造合作。面向南亚、东南亚开展电力、装备制造、冶金、化工等领域的产能合作，建立“走出去”综合服务保障体系，打造国际产能和装备制造合作新样板。依托云南跨境经济合作区、边境经济合作区及综合保税区等，科学招商引资，积极承接汽车、先进装备制造、家用电器、建材、电子信息、生物医药等产业转移，发展外向型优势制造业，建设面向南亚、东南亚的外向型产业基地。

五是加快开放合作载体建设。加快滇中新区发展，加快推进瑞丽、勐腊（磨憨）国家重点开发开放试验区、临沧国家边境合作区和红河综合保税区建设，务实推进中国老挝磨憨-磨丁经济合作区、中越河口-老街经济合作区、中缅瑞丽-木姐跨境经济合作区建设，积极申报设立昆明综合保税区、中国（云南）沿边自由贸易试验区，加快发展铁路口岸、临空经济，鼓励各类开发区创新体制和运营模式，形成集聚效应。积极参与境外港口、园区等重大项目的规划建设。支持云南省有条件的企业“走出去”，参与缅甸皎漂经济特区规划建设，加快推进老挝万象赛色塔开发区、磨丁经济开发专区、密支那经贸合作区等境外合作区建设取得更大成效。

六是强化合作机制平台建设。深化孟中印缅经济走廊、大湄公河次区域合作及滇泰、滇老、滇越、滇缅、滇印合作，积极参与打造中国—东盟自贸区升级版、澜沧江—湄公河对话机制。继续办好中国—南亚博览会，筹备办好中国国际农产品交易会，发挥边境经济贸易交易会等开放型会展作用，搭建互利共赢的多边外交平台、经贸合作平台和人文交流、综合安全平台。

七是不断提升对内对外开放水平。加大沿边开放力度，着力提升边境口岸城市（城镇）功能，加快形成与周边国家通畅便捷的口岸通道、物流和金融服务体系，提高通关便利化、通行便捷化水平，把云南建设成区域性国际货物集散、投资和金融服务中心。深化国际国内区域合作，全面推动开放型经济发展，全面提升云南与周边国家的多边、双边合作水平。进一步加强与长三角、泛珠三角、港澳台等区域合作交流，提升滇沪等省际合作水平。

八是着力推进经贸人文交流合作。加快建设高水平的教育、卫生、科技、文化、体育、智库等对外服务平台，打造区域性国际人才培训基地、医疗服务基地、科技研发基地和文化交流中心。推进与周边各国、友城、毗邻地区间，以及国际金融组织、国际区域合作机构的多层次、宽领域的友好往来、经贸合作和人文交流，培育外贸竞争新优势。积极开展公共外交，鼓励和支持民间对外交流交往，加大民生援助力度。搭建国际认证认可服务和检验检测公共服务平台。

6.西藏自治区

（1）2015年西藏自治区双向投资情况

1）利用外资

2015年度西藏自治区新设外商投资项目3个，合同利用外资16964.01万美元；实际利用外资6997万美元。2015年，外商直接投资主要来自我国香港地区，不涉及“一带一路”国家。

西藏自治区利用外资领域主要涵盖特色矿产、啤酒、矿泉水、饮料、酒店宾馆、旅游、商贸、餐饮、医药与医疗保健、羊毛加工销售、能源、民族手工艺行业。外商直接投资主要来自中国香港、尼泊尔、英属维尔京群岛、开曼群岛、丹麦、加拿大、中国台湾、澳大利亚等国家和地区。

2）境外投资

2015年备案境外投资企业8家，投资金额1.26亿美元。投资目的地包括美国、尼泊尔、瑞典、毛里求斯和中国香港。投资行业涉及医疗器械研发销售、日用百货批发销售、软件研发、建筑等。2015年备案“一带一路”境外投资企业1家（含增资），投资额43.45万美元，投资目的国为尼泊尔。

西藏自治区境外投资呈现如下特点：一是投资主体以民营企业为主，投资规模较小；二是增速较快，参与境外投资的企业逐年增多；三是投资领域扩大。前期主要以商贸为主，近年来逐步拓展到医药、矿业、天然水、食品加工、民用航空运输等领域，投资合作层次逐步提高，规模有所扩大。

（2）面临的问题

1）利用外资

一是改革开放以来，西藏自治区经济社会取得了跨越式发展。但是，与全国相比，西藏自治区经济发展水平在全国乃至西部地区仍处于较低水平，对外资的吸引力远远不如其他地区，导致引进外资的规模和数量得不到较大提升。

二是随着中央对西藏自治区投资力度的加强，西藏自治区能源、交通、运输、通信等基础设施得到了较大改善，特别是青藏铁路、拉日铁路建成通车所带来的巨大辐射效应，极大地改善了西藏自治区的投资环境。但是与其他地区特别是东部沿海地区相比，西藏自治区的基础设施建设还很落后，吸引外资的条件和环境依然需要下大力气改善。

三是西藏自治区利用外资工作起步较晚，鼓励外资进入西藏自治区的政策体系和实施措施还不够完善，对外招商引资宣传工作开展得还比较少，宣传力度也还不够大，外国投资者对西藏自治区的实际情况缺乏了解。

2）境外投资

一是投资企业产业投资规模偏小且创新能力不足，在国际市场的抗风险能力偏低，削弱了特色产品的国际竞争力。

二是投资企业管理创新能力有待提升，特别是受资金、技术、人才和企业制度的约束，缺少从事境外投资高级管理人才，还未能真正适应当今激烈的国际市场竞争。

三是市场信息掌握不充足，缺乏对投资项目的深入了解，进行对外投资的过程中，特别是对投资国的投资环境、市场供需情况、行业竞争程度以及政府政策等方面信息了解不够充分，致使在经营过程中出现业绩不佳或无业绩等情况。

（3）2016年西藏自治区双向投资发展趋势

一是继续按照引进大项目，着力提高利用外资规模、质量和水平的思路，进一步努力改善投资环境，提高对现有外商投资企业的管理和服务水平，鼓励外资向西藏自治区特色优势产业、绿色清洁产业、产业联动性强的领域转移，大幅提升外资利用质量。

二是利用各类招商引资平台，加大招商引资工作的力度。

三是通过促进西藏自治区园区经济发展，培育西藏自治区发展双向投资的重要载体。

四是积极参与“一带一路”建设，扩大对印、对尼合作与开放力度，进一步提升双向投资规模和质量。

五是积极实施新版《境外投资管理办法》，简化审批手续，充分发挥政策资金引导作用，鼓励并推动企业开展境外投资工作。

7.陕西省

（1）外商投资情况

2015年新批外商投资企业112家，合同利用外资57.82亿美元，实际利用外资46.21亿美元，同比增长10.67%。500强企业落户数达到115家。外商投资企业平均投资强度进一步增强，单个新设外商投资企业平均投资总额4125万美元，同比增长39.5%。主要投资国和地区包括韩国（合同外资34.15亿美元）、中国香港（合同外资13.27亿美元）、新加坡（合同外资2.12亿美元）、德国（合同外资2.94亿美元）等。

充分发挥三星项目的辐射带动作用，做好三星增资扩能项目、三星SDI动力电池项目（二期）等重点外商投资项目服务工作，吸引92家配套企业落户西安。

第五届陕粤港澳经济合作活动周成效显著，共签订合同项目16个，总投资19.97亿美元。利用博鳌亚洲论坛2016年年会举办午餐会积极向外推介陕西。

（2）境外投资情况

2015年陕西省累计新设境外企业和机构69家。中方协议投资7.09亿美元，同比增加1.6倍；实际投资6.66亿美元，同比增加47%；投资项目主要分布在美国、中国香港等国家和地区，涉及股权并购、装备制造、矿产资源、批发零售等领域。

（3）“一带一路”建设和双向投资情况

1）出台相关政策

2015年以来，为促进企业参与“一带一路”建设出台了多项鼓励政策，主要包括《陕西省人民政府关于进一步做好境外投资工作的实施意见》《陕西省人民政府办公厅关于印发复制推广上海自贸试验区改革试点经验工作方案的通知》《陕西省人民政府关于改进口岸工作促进外贸发展的实施意见》《陕西省人民政府关于加快培育外贸竞争新优势的实施意见》《陕西省人民政府办公厅关于印发“一带一路”建设2015年行动计划的通知》《陕西省人民政府办公厅关于促进加工贸易创新发展的实施意见》《陕西省人民政府办公厅关于印发“一带一路”建设2016年行动计划的通知》《陕西省人民政府关于推进国际产能和装备制造合作的实施意见》《五项便利外国人签证居留措施》等。

2）互联互通水平全面提升

陕西作为沟通内陆和亚欧大陆桥及海上丝绸之路的交通枢纽，在“一带一路”建设中“筑路为先”，加快建设“陆空数字”三条丝路通道。以铁路联通、公路畅通为核心的陆上丝绸之路加快发展，高速公路累计通车里程超过5000公里，铁路营业里程4900公里。以开拓洲际航线为重点的空中丝绸之路实现重大突破，新增莫斯科、巴黎、大阪、马累、巴厘岛、阿拉木图、旧金山等多条国际直飞航线，国际（地区）航线达到40条，已达成墨尔本、新德里、雅加达、加德满都和伊尔库茨克等五条航线通航意向。积极打造“长安号”国际货运品牌，加大去程班列货源组织力度，截至2016年6月底，“长安号”中亚班列累计开行206列10158车30.5万吨。积极推进海铁、陆铁联运，开通西安（新筑）至青岛（黄岛港）国际货运班列，目前累计开行23列910车。国际内陆港功能不断完善，“西安港”正式获批国家代码和国际代码，步入国际运输“始发港/目的港”序列，成为中国首个获得这两个代码的内陆型港口；全国首个获批的西安多式联运监管中心正式挂牌运营。以跨境电商试点为抓手的网上丝绸之路正在加快形成，西安国家级互联网骨干直联点开通，西安跨境贸易电子商务服务试点顺利推进，国内首条从阿姆斯特丹至西安的“陆空联运”跨境电商货运直飞航线开通，使得货物国际物流周期缩短了三分之二，物流成本降低了四分之一。区域通关一体化改革成效显著，进出口平均通关时间减少50%，物流成本降低20%~30%。除此之外，向西与新疆霍尔果斯、阿拉山口等口岸建立了直通放行合作机制，向东与上海港、天津港、青岛港、连云港通关合作关系进一步完善。这一系列立体的交通网络让陕西成为了“西来东去”与“东联西出”的结合点，也让陕西成为汇聚各方力量和向外辐射的中心。

3）国际经贸合作迈向纵深

依托各类国际合作平台，陕西正在切实加大“引进来、走出去”力度，加强与“一带一路”沿线国家区域间的互补联动，以前所未有的速度融入全球经济。中韩、中哈、中吉、中意等国际合作聚集区加快建设，围绕三星、微软、强生等世界500强的一批产业配套企业竞相落户，各项重点项目建设有序推进。陕煤化、陕有色、陕汽、法士特等大型国企国际化战略稳步推进，与沿线国家多领域合作不断深入，“海外陕西”空间持续拓展。陕煤集团在吉尔吉斯斯坦的石油炼化厂成为该国最大投资项目，为即将启动的中亚、非洲3个“陕西产业园区”建设打下了基础、积累了经验。陕西省积极开拓中亚地区市场，组织30家品牌企业参加了“第十三届哈萨克斯坦—中国商品展览会”，在哈萨克斯坦举办了第二届陕西特色产品展。2016年3月，“长安号”开行以来的首个回程班列标志着陕西与中亚铁路贸易真正实现了“有来有往”，这也是哈萨克斯坦首次向中国内陆地区出口大宗商品。2015年，陕西省对中亚国家境外投资大幅增加，协议投资额2.36亿美元，对哈萨克斯坦、吉尔吉斯斯坦、塔吉克斯坦协议投资额分别为1.21亿美元、1.07亿美元、0.92亿美元，主要涉及石油化工、水泥建材、农业、纺织等行业。截至2015年年底，全省在中亚五国的重点项目投资额已超过6.49亿美元，项目涉及石油化工、能源、矿产资源开发和建材等行业。陕西省同时加大韩国市场开拓力度，组织22家重点食品企业参加了“2015首尔国际食品产业大展”，扩大了陕西省特色食品的对韩宣传和交流。组织企业参加厦洽会和东盟博览会，开展了多场对接洽谈和项目推介活动，加大了与中国台湾地区和东盟地区的经贸合作。目前，陕西省已有194个境内主体累计实现境外投资24.3亿美元，涵盖美国、泰国、吉尔吉斯斯坦等48个国家和地区，涉及装备制造、矿产资源勘探等15个行业。

4）对外科教合作成果丰富

借助于丰富的科教资源，陕西在落实“一带一路”战略中，与丝路沿线国家在教育、技术、产业等领域开展了一系列丰富合作。中俄丝路创新园和中国西部科技创新港建设加快推进，打造国际合作的科技创新特区。积极开展与中亚国家在能源开采、精细化工、生物医药、电子信息等领域联合技术攻关，在产业发展中提升创新水平。依托杨凌旱作农业国际合作中心建设，为中亚国家在旱地作业、设施农业、绿肥种植等方面提供技术支撑。杨凌示范区在哈萨克斯坦、吉尔吉斯斯坦、澳大利亚、荷兰等国重点建设的7个国际合作园区顺利推进。西安交通大学领衔成立“丝绸之路大学联盟”，目前共有五大洲30个国家和地区的124所大学加入该联盟，英国、埃及、伊朗驻华使馆等机构也在积极商谈加盟与合作事宜。省内医疗机构先后与俄罗斯、印尼、韩国开展了中医医疗、护理培训等项目，并与俄罗斯医学科学院签订了科技合作协议。科技、教育以及相关产业的跨国合作正成为陕西对外开放的新特点。

5）人文交流互动日趋活跃

为充分发挥与沿线国家友好交往源远流长的优势，陕西积极传承历史文化，弘扬丝路精神，以前所未有的深度走向开放包容。成功举办了2015年欧亚经济论坛、2016丝博会暨第20届西洽会、沿线国家统计局长会议、“一带一路”海关高层论坛、上合组织经贸部长第14次会议，形成了一系列深化务实合作的意向和成果。丝绸之路国际艺术节和电影节、丝路万里行、2015年丝绸之路国际青少年风采大赛等活动相继举办，规模及影响力日益扩大。上合组织国家商品展、第22届中国杨凌农业高新科技成果博览会等活动收效良好、反响强烈。成功举办了2015中国西安丝绸之路国际旅游博览会，吸引了33个国家和地区、24个国内省区市的政府机构、旅游企业参会。开通了西安到罗马、迪拜、伊斯坦布尔等20多条丝路国际旅游线路及西安至乌鲁木齐丝绸之路旅游专列，取得了较好的社会反响。优秀青年公务员、大学生互访交流活动有序开展，新增友城和准友城关系14对，与中亚等国友好省州关系进一步加强。

6）综合保障能力有效加强

为有序推进“一带一路”各项工作，陕西在政策制定、环境优化、舆论引导等多个方面提升了综合保障能力。《陕西省“一带一路”建设2015年行动计划》印发实施，72小时过境免签政策顺利落地，实行境外旅客购物离境退税政策正式获批，成为西部第二个、西北第一个退税省份，与已经执行这项政策的国内其他8个省市相比，退税率高出1%，对境外旅客更具吸引力。陕西省“一带一路”语言服务及大数据平台正式启动，为促进陕西省与沿线国家开展深层次合作奠定了良好的基础。多家金融机构为陕西“走出去”企业开展了个性化创新服务和融资支持，金融服务机制不断完善。2016年5月底，陕西省国税局与中烟、陕重汽、西电等8家企业签署税收服务保障协议，这是目前全国税务系统首次以服务协议的形式给“走出去”企业以公开的承诺。与韩国环境部建立了推动环保技术产业合作平台，与日本京都府开展了环境保护、污染防治合作，环境治理能力不断提升。相继举办了“丝路寻梦人文陕西”中外媒体采访、“全球商报媒体高层陕西行”“‘一带一路’上的陕西”等大型采访，“丝路起点”的陕西名片更加响亮。与香港大公报联合推出了“陕西：建设丝路新起点”专刊，在哈萨克斯坦通讯社网站开办“中国陕西：丝绸之路开始的地方”专栏，使陕西故事传播更远。

8.甘肃省

2015年，甘肃省认真贯彻党的十八大、十八届二中、三中、四中、五中全会精神和习近平总书记系列讲话精神，按照“四个全面”的总部署，主动适应经济发展新常态，积极抢抓“一带一路”政策机遇，进一步加强利用外资工作，大力推进国际产能合作，较好地完成了各项工作。甘肃省实际利用外资4.7亿美元，其中，借用国外贷款3.5亿美元，吸收外商直接投资1.2亿美元；实现境外投资2.3亿美元。甘肃省利用外资和境外投资呈现出平稳发展态势。

（1）利用外资情况

1）继续加强国外贷款管理

一是大力谋划国外贷款项目。紧紧围绕甘肃省委省政府重大决策部署，密切结合国外贷款最新政策导向，以特色农业、扶贫开发、新型城镇化、文化建设等领域为重点，大力利用国外贷款推动深化改革、解决系统性全局性问题，主动谋划具有战略性、基础性、示范性意义的重大项目。谋划申报了丝绸之路经济带甘肃东部重要节点城市天水水资源综合利用、甘肃丝绸之路经济带文化传承与创新项目，申请国际金融组织贷款6亿美元（折合人民币约36亿元）。根据国家发展改革委和财政部《关于申报2015年外国政府贷款备选项目的通知》（发改办外资〔2015〕2592号）要求，省发展改革委和省财政厅向甘肃省各市州和省直部门征集了各类项目，经报请省政府常务会审定后已上报国家，目前正在衔接争取。二是加快实施规划内国外贷款项目。专门向省政府呈报了《关于利用国外贷款助推甘肃省经济社会发展有关情况的报告》（甘发改签报〔2015〕78号），提出了相关建议，省政府第98次常务会进行审议，明确了省直部门的相关职责。甘肃省实施的国外贷款重大项目共37个，可完成投资44亿元， 可拉动其他社会投资120亿元左右，投资撬动和扩大效应显著。

2）大力吸引外商直接投资

继续加大简政放权工作力度，不断完善外商投资服务体系，优化投资环境，以兰州新区等开发区和工业集中区为载体，以特色优势产业和战略性新兴产业为突破口，加大实施向西开放和向东合作开放力度。针对甘肃省吸收外商直接投资长期低迷的状况，以甘肃省石化、有色、冶金、新能源等优势产业为突破口，加快放开教育、文化、金融等服务业领域对外开放，积极承接东部产业转移。认真做好权限内外商投资项目核准和备案工作，积极协调服务，不断优化外商投资环境。及时为符合政策的外商投资项目办理免税确认书，积极落实外商投资优惠政策，为更多外商投资落地甘肃省创造有利条件。

（2）境外投资情况

为贯彻国务院《关于推进国际产能和装备制造合作的指导意见》（国发〔2015〕30号）和国家发展改革委《关于建立推进国际产能和装备制造合作部省协同机制有关问题的通知》（发改外资〔2015〕1149号）精神，抢抓机遇，争取签署协同机制协议，甘肃省开展了研究实施方案等一系列工作。一是会同省工信委及相关部门和企业，经过深入调研、多次座谈讨论、反复修改完善，完成了甘肃省推进国际产能和装备制造合作实施方案。二是经认真研究论证，共谋划了20个重点项目，总投资额195亿美元，涉及石油化工等多个领域，覆盖哈萨克斯坦等多个国家。其中，酒钢集团印尼铝土矿和氧化铝等8个项目已被列入国家发展改革委和外交部制定的《国际产能和装备制造合作重点国别规划》（发改外资〔2015〕2588号），总投资129亿美元，项目数量和投资额列各省前列。三是起草了委省协同机制协议，通过省政府第88次常务会审议。四是把争取签署委省协同机制协议作为头等大事，派专人督办盯办，确保尽快尽早签约。这是国家支持甘肃省发展的又一重大举措，对甘肃省新时期的发展不仅具有重要的经济和社会意义，更重要的是具有重大政治意义，特别是对甘肃省“一带一路”建设和开放型经济发展具有里程碑意义。

9.青海省

（1）2015年双向投资发展的总体情况

在青海省委、省政府和国家发展改革委的积极支持和帮助下，青海省利用外资工作紧紧抓住国家实施“一带一路”战略的重大历史机遇，立足自身优势，坚持对外开放与深化改革相结合，对内开放与对外开放相结合，充分利用两种资源、两个市场，在利用外资和对外经济合作水平方面迈上新台阶。

1）利用外资

围绕国外政府贷款重点投向，提前筛选、谋划项目，做深做细项目前期工作。根据《国家发展改革委、财政部关于国际金融组织和外国政府贷款管理改革有关问题的通知》（发改外资〔2015〕440号）精神，严格按照国外贷款工作程序，及时审批青海省人民医院利用以色列政府贷款引进医疗设备项目可行性研究报告、国际农业发展基金青海省六盘山片区扶贫项目可行性研究报告和德国促进贷款西宁市绿化和生态保护项目可行性研究报告，并积极上报了上述项目资金申请报告。同时积极开展大量沟通协调工作，加快项目建设进度。

同时根据《国家发展改革委办公厅、财政部办公厅关于申报2015年外国政府贷款备选项目的通知》（发改办外资〔2015〕2592号）精神，上报青海省第五人民医院利用美国进出口银行主权担保贷款引进先进医疗设备医养结合项目、法国开发署贷款青海省海东市南北山生态绿化低碳工程建设项目和以色列政府贷款青海省海东市农田水利设施建设项目共计1.27亿美元外国政府贷款项目。

2015年1月青海省出台了《青海省外商投资项目核准和备案管理办法》。2015年青海省新批准外商投资项目8个，办理外商投资企业增资项目6个，外资总额49986.2万美元，注册资本24067.56万美元，合同利用外资15950.76万美元。外商直接投资来自中国香港、新西兰、印度、英属维尔京群岛、马来西亚，项目涉及商贸、餐饮、金融期货经纪、瓶装水的生产、销售和光伏发电。

2）境外投资

2015年1月青海省出台了《青海省境外投资项目备案管理办法》。2015年，青海省核准境外投资项目16个，核准投资额达104281.47万美元，实际投资额7344万美元，投资国别为美国、阿联酋、阿富汗、吉尔吉斯斯坦、尼泊尔、马来西亚和几内亚等国家，投资项目涉及建材制造、酒店管理、贸易等领域。与2014年同期相比，实际投资额增长260.18%。

2015年，青海省对外承包工程完成营业额12510万美元，新签合同额为2350万美元，工程主要分布于安哥拉、乍得和加蓬等国，项目领域涉及高速公路、房建、市政、输变电工程等。与2014年同期相比，完成营业额略有下降。

（2）双向投资面临的问题

一是外资规模偏小，地区外资不平衡。青海省吸收的外资在全国外资总量中占比低，与沿海省市差距大，对本省经济的拉动力不强；利用外资项目主要集中于西宁、海东、海西等地区，青南地区尚未涉及。

二是外资质量不高。从投资来源看，来青海省投资的境外客商大多为中小投资者，世界知名跨国公司、超大型企业集团在青海省没有投资。外商投资项目的科技含量普遍较低，缺乏品牌企业和名牌产品，还没有形成具有族群聚集效应的外商投资产业链。

三是境外投资企业数量不多，规模不大，领域不广，从事境外投资的大多数为民营经济体，经营管理和企业组织化程度不高，懂国际化经营管理的人才不足，境外企业经营水平普遍较低，综合竞争能力较差；企业境外抗风险能力偏低，多数企业不具备抵御突发事件或工程事故的能力。另外境外投资鼓励政策不完善，缺乏有效的促进政策、监管及服务手段。

四是吸引和承载外资能力不强，经济技术开发区是青海省外资企业的主要载体，吸引外资一直是青海省经济技术开发区的重要工作之一，但是在实际发展过程中，吸引外资的能力和水平一直呈下降状态。

五是国外优惠贷款资金配套能力仍显不足，前期工作仍有待进一步加强。利用国外贷款项目管理人才相对较弱，项目储备不足、前期工作不够扎实和细致，亟待加强。

（3）2016年双向投资发展趋势和展望

青海省利用外资与境外投资工作都面临着更大的机遇。从政治环境和政策上看，结合“一带一路”建设的宏伟构想已得到了沿线国家的积极响应，青海省将继续立足自身优势资源，结合周边市场需求，以中亚、西亚、东南亚有关国家为重点交流国家，促进政策沟通、设施联通、贸易畅通、资金融通、民心相通。继续推动双向投资的健康发展，加快培育国际合作和竞争新优势，推动向东和向西双向开放，形成全方位、多层次、宽领域对外开放新格局，以对外开放的主动赢得经济发展和国际竞争的主动。

10.新疆维吾尔自治区

（1）近两年新疆维吾尔自治区促进双向投资发展制定的相关政策

1）利用外资

一是自治区人民政府制定了《新疆维吾尔自治区人民政府关于发布政府核准的投资项目目录（2015年本）的通知》（新政发〔2015〕45号）：将《外商投资产业指导目录》中有中方控股（含相对控股）要求的总投资（含增资）小于10亿美元的鼓励类项目，下放由地州市人民政府（行政公署）投资主管部门或国家级开发区核准。二是自治区发展改革委印发实施了《关于创新重点领域投融资机制鼓励社会投资的实施意见》，向社会公布了2015年自治区两批总投资达2570多亿元的125个引入社会资本示范项目名单，引入社会资本初见成效。

2）境外投资

一是为贯彻落实好《国务院关于进一步做好境外投资工作的若干意见》（国发〔2014〕9号），以及《国务院关于推进国际产能和装备制造合作的指导意见》（国发〔2015〕30号），结合新疆维吾尔自治区实际，自治区发展改革委起草了《关于进一步做好境外投资工作和推进国际产能与装备制造合作的实施意见》（新政发〔2016〕47号），并于2016年4月由自治区人民政府印发。二是加强境外投资分析研究，根据国家发布的国际产能和装备制造合作重点国别规划，编制了新疆维吾尔自治区周边国家的《国际产能和装备制造合作重点国别信息》，及时为企业提供国别信息和投资指导，加强对企业境外项目的跟踪服务。

（2）2015年新疆维吾尔自治区利用外资和境外投资的基本情况

1）双向投资总规模的增长情况

①利用外资

2015年，新疆维吾尔自治区累计新批外商投资项目50个，同比增长2%；合同外资金额85651万美元，同比增长62.82%；实际利用外资金额45250万美元，同比增长8.51%。主要特点：一是9个合计5亿美元的大项目拉动合同外资增长；二是利用外资质量提升，金融服务业合同外资金额逾1.6亿美元，发挥霍尔果斯合作中心金融创新的优势，批准设立了三家外资融资租赁公司；三是实际使用外资金额增长缓慢，由于注册资本登记制度改革将注册资本实缴改认缴，投资者普遍延长了出资时限。

申请国际金融组织贷款和外国政府贷款是利用外资的另一有效途径。本着“引资、引智、引技”相结合的目标，新疆加大争取国外贷款力度。2015年，新疆有4个项目列入国家利用亚洲开发银行贷款2015—

2017年备选项目规划，贷款总额5.5亿美元。

②境外投资

2015年，备案的境外投资项目11个，中方出资额达11.02亿美元，同比增长37%。截至2015年年底，新疆维吾尔自治区境外投资企业376家，境外机构88家，协议投资总额81.7亿美元，项目主要分布在30多个国家，其中53%集中在哈萨克斯坦、吉尔吉斯斯坦、塔吉克斯坦、乌兹别克斯坦、土库曼斯坦等中亚五国。

2）双向投资的结构

①外商投资

2015年，新疆外商投资各行业占总投资的结构比例为农、林、牧、渔业2.9%；采矿业5.7%；制造业59.7%；电力、燃气及水的生产和供应业7.7%；交通运输、仓储和邮政业11.8%；批发和零售业7.4%；房地产业0.6%；租赁和商务服务业0.5%；科学研究、技术服务和地质勘查业3.6%；居民服务和其他服务业0.1%。

共有23个国家和地区的客商来新疆投资，主要有中国香港、中国台湾、印度、日本、马来西亚、新加坡、韩国、土耳其、塞舌尔、英国、德国、卢森堡、荷兰、格鲁吉亚、阿塞拜疆、哈萨克斯坦、俄罗斯、开曼群岛、英属维尔京群岛、加拿大、美国、百慕大、澳大利亚。

②境外投资

2015年，新疆境外投资各行业占总投资的结构比例为农牧业35%、能源29%、矿业12%、基础设施10%、轻工业8%、其他6%。投资国（地区）主要分布在哈萨克斯坦、吉尔吉斯斯坦、乌兹别克斯坦、中国香港、美国、意大利等。

3）双向投资面临的问题

①新疆外商投资环境有待改善

从硬环境来看，新疆维吾尔自治区现有的交通、通信、园区、口岸以及城市基础设施比较薄弱，还不能满足自身发展和对外开放的要求，入驻新疆的外资企业还很有限。从软环境来看，稳定形势不容乐观，外商对入驻新疆投资信心不足。

②周边国家的政治经济形势不确定性，直接影响新疆维吾尔自治区企业境外投资的积极性

一是政策风险：部分中亚国家资源利用争议增多、政策多变、透明度差，民族主义情绪高涨，增加了企业投资的不稳定性和不确定性。二是安全风险：周边中亚国家有的政局动荡不安，如吉尔吉斯斯坦的政治动乱影响了新疆企业在吉尔吉斯斯坦的利益。三是经济风险：哈萨克斯坦等周边国家经济增速回落、物价上涨，使新疆企业境外投资回报下降。

③国内对境外投资支持不够

一是融资难：国内银行在为大型境外投资项目提供融资方面，政策和力度不足，费率高，融资和保险机构对高端装备制造业也无专门支持政策。二是通关难：与新疆接壤的周边国家基础设施和口岸建设滞后，通关效率低。企业往来人员签证办理困难，费用高。三是政策限制多：国家对进口原油和矿产资源的标准和限制较多，一定程度上影响了新疆企业“走出去、拿回来”的积极性。四是协调引导少：针对国内企业境外投资快速发展的形势，国家政策和资金支持不足，缺乏有效的协调、引导和激励机制，对新疆的企业，尤其是民营企业“走出去”也没有特殊政策支持。

④新疆企业总体实力较弱

相比于内地省份，新疆走出去的企业95%以上都是民营企业，受政策、资金、技术等因素限制，相对境外生产规模小、实力弱、人才匮乏，跨国经营经验和企业文化融合能力不足，企业信誉度及产品知名度还不高，面临的限制性措施和国外政府干预风险也有所增加。与

内地一些知名企业相比，新疆“走出去”的民营企业在各方面均存在较大差距。

4）2016年双向投资发展趋势和展望

中央新疆第二次工作座谈会及第五次全国对口支援新疆工作会议召开以来，国家及19个对口援疆省市加大对新疆的支持力度，新疆以实现社会稳定和长治久安为总目标。按照国家将新疆作为“丝绸之路经济带”核心区的定位，将深入推进新疆与“丝绸之路经济带”沿线国家在能源、经贸、金融、文化、科技、生态及旅游等相关领域全方位、多层次交流合作。新疆的地缘区位优势进一步发挥，将加快推动新疆对内对外开放，有利于自治区利用外资和境外投资更好地发展。

2016年，受经济下行压力影响，实际使用外资金额保持平稳发展，争取比2015年增长5%；国外贷款保持2亿美元规模；境外投资5亿美元左右。

（3）2015年新疆维吾尔自治区“一带一路”双向投资的发展情况

1）“一带一路”沿线国家对新疆的投资

2015年，“一带一路”沿线国家（地区）对新疆实际总投资约2.2亿美元，主要投向制造业59.7%；交通运输、仓储和邮政业11.8%；批发和零售业7.4%。外商国别投资结构占总投资比例为亚洲国家和地区（中国香港、中国台湾、印度、马来西亚、新加坡、韩国、土耳其）82%；欧洲国家（英国、德国、卢森堡、荷兰、格鲁吉亚、阿塞拜疆、哈萨克斯坦、俄罗斯）17.3%；非洲国家（塞舌尔）0.7%。外商投资企业为新疆正合通信设施服务有限公司、新疆佳地农业科技有限公司、上海大众汽车有限公司等。

2）新疆对“一带一路”沿线国家的投资

2015年，新疆对“一带一路”沿线国家境外投资项目7个，中方总出资额6.69亿美元。主要投向能源41%、农牧业29%、矿业18%、轻工业12%；投资国别结构占总投资比例为哈萨克斯坦67%、乌兹别克斯坦14%、塔吉克斯坦19%。投资企业为中亚石油天然气有限公司、新疆皆美通农牧产业有限公司、紫金矿业、阿拉山口金源恒工贸有限公司、新疆阿蒙能源有限公司、新疆准东石油技术股份有限公司、新疆广汇石油有限公司、新疆元坤金谷农业科技有限公司和奎屯利泰丝路投资有限公司。

3）2015年“一带一路”双向投资工作总结

2015年，根据国家的战略部署，新疆维吾尔自治区完善核心区建设政策规划体系，扎实推进重大项目建设，深化与沿线国家的经贸合作和人文交流，推动核心区建设取得良好开局。

①政策规划体系初步建立

一是开创性完成丝绸之路经济带核心区商贸物流中心建设规划编制工作。二是编制核心区建设指导意见和工作要点。三是加快核心区专项规划编制和政策研究工作。

②重大项目建设扎实推进

一是完善重点项目推进机制。二是加快重大基础设施建设。三是积极开展境外项目投资。鼓励企业通过链条式转移、集群式发展、园区化经营“走出去”，加快中泰新丝路、利华棉业塔吉克斯坦农业产业园建设，形成跨国农业合作示范效应。推动塔城国际资源中塔工业园区建设。做好格鲁吉亚华凌工业园区的配套完善及前期验收准备工作。促进新疆与俄罗斯、哈萨克斯坦农业合作，推进农业产业园区建设。支持特变电工、广汇能源、三宝集团等企业的境外项目建设。做好“走出去”企业配套服务工作，与哈萨克斯坦阿拉木图州举行消费维权跨境合作非正式会晤，与蒙古国科布多省和巴彦乌列盖省消协签订了保护消费者权益合作协议，帮助规避潜在的投资风险，保护“走出去”企业合法权益。

③对外经贸合作不断深化

积极搭建合作平台、完善合作机制，推动与沿线国家经贸合作向更宽领域、更大范围和更高水平拓展。

一是开放平台建设有效推进。喀什、霍尔果斯经济开发区建设稳步推进。2015年两个经济开发区完成基础设施投资32亿元，招商引资99亿元。综合保税区建设进展顺利，喀什综合保税区封关运营，乌鲁木齐综合保税区获得国家批复。中哈霍尔果斯国际边境合作中心中方配套区通过预验收，口岸汽车整车进口实现零的突破，阿拉山口、霍尔果斯汽车整车进口口岸通过国家验收并已开展进口业务。

二是对外交流活动不断加强。2015年成功举办亚欧商品贸易博览会，展会完成签约项目149个，金额1260亿元。全力办好哈萨克斯坦中国商品展览会等境外展会。积极组织企业参加西洽会、津洽会、厦投会等国内重要展会，累计签订项目362个，签约金额2018亿元。自治区代表中方于2015年10月15~17日同格鲁吉亚共同成功举办丝绸之路国际论坛、丝绸之路经济带国际研讨会、2015中国新疆发展论坛、中巴经济走廊（新疆•克拉玛依）论坛等大型论坛活动，进一步提升了新疆的影响力。组织召开了新疆-吉尔吉斯斯坦经贸合作工作组第八次会议和新疆—塔吉克斯坦经贸合作分委会第四次会议，与周边国家的区域经济合作进一步加强。

三是西行国际班列稳步扩增。2015年，新疆—中亚国际货运班列实现市场化运行，打通了格鲁吉亚、俄罗斯、德国直达铁路通道，共开通西行国际班列80列。到达国家有哈萨克斯坦、乌兹别克斯坦、土库曼斯坦、塔吉克斯坦、吉尔吉斯斯坦、俄罗斯、格鲁吉亚、德国等8个国家。

四是国际人文交流更加密切。发挥与周边国家民族血缘相亲、语言相通、文化相近的人文优势，加强与周边国家在文化、科技、教育、医疗服务等领域合作交流，夯实与周边国家各领域交往交流的基础。

4）2016年“一带一路”双向投资发展和展望

2016年，新疆维吾尔自治区将深入贯彻党的十八届三中、四中、五中全会、第二次中央新疆工作座谈会、中央经济工作会议和自治区党委八届十次全委（扩大）会议、自治区党委经济工作会议精神，认真落实国家推进“一带一路”的战略部署，顺应我国经济深度融入世界经济的新趋势，适应国内经济发展新常态，坚持创新、协调、绿色、开放、共享发展理念，以核心区建设统领各项工作，全面启动“五大中心”和“十大进出口产业集聚区”建设，推进双向开放、深化互利合作、扩大有效供给，发展更高层次的开放型经济，确保核心区建设在关键环节和重点领域取得新突破。

一是健全完善政策和规划体系。强化政策支撑，出台推进核心区建设的指导意见，编制2016年核心区建设工作要点和任务分工，推动各项工作任务落实。

二是促进基础设施互联互通。积极推进公路、铁路、民航等重点项目建设和进出疆国际通道建设，完善疆内综合交通网络，提升与周边国家“设施联通”水平。

三是推进自贸区和综合保税区建设。配合国家相关部门推进与周边国家开展共建自贸区谈判。加强综合保税区建设，加快中哈霍尔果斯边境合作中心中方配套区进出口加工保税物流园区建设，加强伊宁、伊尔克什坦、塔克什肯、吉木乃、巴克图等综合保税区前期工作，构建多点呼应、互为支撑的全方位开放格局。

四是加快喀什、霍尔果斯经济开发区建设。加快两个经济开发区基础设施和公共服务设施建设。依据两个经济开发区总体发展规划和国家产业结构调整指导目录，扶持主导产业加快发展。推行PPP和政府购买服务模式，推动《新疆喀什、霍尔果斯经济开发区跨境人民币借款业务试点管理暂行办法》尽快落地实施。加快霍尔果斯、伊尔克斯坦口岸基础设施建设，推动喀什陆路港，喀什、伊宁国际空港建设，推动海关、国检“三个一”通关模式正式落地，提高通关效率。

五是推动中欧班列集结中心建设。完成《中欧班列新疆集结中心建设规划》编制，将新疆打造成中国—中（西）亚—欧洲铁路货运班列的重要始发站和中转集结中心，深化与全国各省市中欧班列平台公司的合作，成立中欧国际货运班列平台运营公司联盟，建立全国中欧班列平台公司联系机制。

六是加强国际产能合作。以中亚、西亚、南亚等周边国家为重点，鼓励和支持区内企业扩大境外投资，促进国际产能和装备制造合作，促进经济持续健康发展，实现产业转型升级。出台《关于进一步做好境外投资工作和推进国际产能与装备制造合作的实施意见》，指导各地开展与周边国家的国际产能合作交流。

七是提升能源资源外送能力。通过加强“疆电外送”特高压直流输电工程、资源开发性铁路及油气管道建设，打造综合立体能源输送网络，提高能源资源输送能力。加强风电、光伏行业的预测分析及技术攻关，提高新能源规模化开发利用水平。

八是积极搭建经贸合作平台。办好第五届中国—亚欧博览会等境内外展会。依托乌鲁木齐、喀什、伊宁等区域中心城市，建设一批物流节点和配送中心。发挥现有的地方政府间经贸合作机制作用，用好跨境人民币创新业务试点相关政策。加快跨境电子商务公共服务平台、电子口岸建设，大力发展跨境电子商务，为深化与周边国家经贸合作提供平台和支撑。

九是促进扩大人文交流。加快新疆中亚文化交流中心、新疆丝绸之路经济带旅游集散中心等项目建设。办好乌鲁木齐亚欧电影展，启动新疆师范大学、新疆财经大学、新疆医科大学等国际交流中心建设工作，鼓励新疆维吾尔自治区高校发展中外合作办学，推动“中国—中亚科技合作中心”建设，继续组织实施一批国家、自治区的国际科技合作项目。

11.新疆生产建设兵团

（1）近两年兵团促进双向投资发展制定的相关政策

根据国家发展改革委《境外投资项目核准和备案管理办法》（国家发展改革委令第9号）要求，结合兵团近年来境外投资工作的实际情况，兵团制定了《新疆生产建设兵团境外投资项目备案管理办法》（新兵发

〔2015〕6号）。

根据国家发展改革委《政府核准的投资项目目录》《外商投资项目核准和备案管理办法》《国家发展改革委关于修订〈外商投资项目核准和备案管理办法〉有关条款的决定》及《中央机构编制委员会、国家发展改革委员会关于一律不得将企业自主权事项作为企业投资项目核准前置条件的通知》要求，结合近年来外商投资工作的实际情况，兵团制定了《新疆生产建设兵团外商投资项目核准和备案管理办法》（新兵发〔2015〕25号）。

根据国务院《关于推进国际产能和装备制造合作的指导意见》（国发〔2015〕30号）主要精神，结合兵团推进国际产能和装备制造合作的现实需要，兵团制定了《实施意见》。

（2）2015年兵团利用外资和境外投资的基本情况

1）双向投资总规模的增长情况

在国家“积极、合理、有效”地利用外资方针的指引下，兵团利用外资工作也取得了一定成绩。2015年新批外商投资企业5家，投资总额3.46亿美元，其中外资占比72%。实际利用外资金额2.68亿美元，比2014年同期增长17.1%。2015年兵团新备案境外投资企业16家、增资1家，新备案境外机构10家，兵团完成对外投资额7160万美元。根据《兵团境外投资项目备案管理办法》（新兵发〔2015〕6号），应用国家境外投资备案系统，兵团发展改革委对新疆如意纺织公司股权收购项目信息确认和建工师北新路桥公司2个境外投资项目予以备案。项目总投资7852.15万美元，投资主体分别为新疆如意毛纺织有限公司和新疆北新路桥集团有限公司。兵团在境外投资取得了较快发展。

2）双向投资的结构

利用外资金额主要涉及食品加工（外方占比100%）、新能源（外方占比100%）、机械制造（外方占比100%）等行业，投资分别来源于中国香港、开曼群岛、英属维尔京群岛等地区。2015年兵团境外投资行业为农林牧渔业、建筑业、制造业、批发零售业、交通运输仓储业、商务服务业等，主要分布在塔吉克斯坦、吉尔吉斯斯坦、乌兹别克斯坦、古巴、中国香港等9个国家和地区。

3）面临的问题

虽然兵团利用外资和境外投资工作有了一定进展，但同全国其他省区相比，无论是数量、规模还是质量和效益，都有很大差距。一是对国际金融市场的认识、风险管理能力的不足。国外贷款项目还贷期限长，利率较低，但国内有利于企业积极防范外债风险的制度不够健全，缺乏熟悉国际资本运作的人才，导致部分项目出现汇率损失。人民币汇率调整、汇率制度改革、内外贸体制改革、财税制度、价格制度改革等也使一些贷款项目承担了政策性损失。二是投资环境尚需改善，利用外资缓慢。受国内外形势的影响，国内外经济下滑，企业盈利能力普遍降低，对外投资意愿不强。园区基础设施落后。兵团目前有29个兵团级以上产业园区，很多园区仅仅完成了“三通一平”，制约了园区的引资和企业的落地。三是人才队伍建设需要加强。兵团缺乏高素质的专业引资人才队伍，导致兵团引资项目签约多、落地少。四是兵团企业目前的对外投资还处于数量少、规模小、效益低的起步阶段，国际经验等方面都处于相对弱势地位。加上兵团外经企业资金短缺、融资困难、出口信用保费过高等因素，都相对制约了兵团向中亚等周边国家实施资源开发及农业综合开发等项目。

4）2016年双向投资发展趋势和展望

全面贯彻落实党的十八大、十八届二中、三中、四中、五中全会精神和第二次中央新疆工作座谈会精神，紧紧抓住建设丝绸之路经济带战略机遇，以扩大开放、深化改革为动力，以加快促进兵团发展为目标，全面提高开放经济水平，实行更加积极主动的开放战略，加快转变对外经济发展方式，创新开放模式，坚持循序渐进、稳步发展的原则，不断提高利用外资综合优势和总体效益，加快“走出去”步伐，提高抵御国际经济风险能力。坚持创新思路，优化投资环境，大力引进国际先进设备、技术、理念和管理经验，积极支持有利于经济结构调整、产业升级和增加就业的外商投资项目。加大实施向西开放战略，充分发挥兵团组织化、集团化优势，支持企业“走出去”合理有效利用国外资源和市场。加强外资项目管理，切实提高利用外资的质量和效益。2016年外商直接投资目标2.74亿美元，借用国外贷款目标5592万美元，境外投资目标7876万美元。为做好利用外资和境外投资工作，下一步要集中精力推进以下几方面工作。

一是放宽外商投资准入，简化管理程序，提高工作效率，增加透明性。鼓励外商投向制造业、高新技术产业、现代服务业、新能源和节能环保产业；稳步扩大金融、物流、教育、医疗、文化等领域开放，引导外商参与生态文明建设和创新驱动发展战略，支持外商投资企业增强创新能力，深层次融入兵团发展，引导外资向兵团重点发展领域流入。

二是密切关注借用国际金融组织贷款和外国政府贷款的国内外环境条件和发展趋势。做好外国政府贷款规划工作，积极扩大美国、德国、以色列、法国等重点国别贷款规模。在重点领域（节能减排、产业升级、社会发展等）、重点区域（城市、经济技术开发区、产业园区）率先获得突破，进而推动利用外资工作的全面整体推进。

三是依托国内外“两种资源”“两个市场”，充分发挥市场的决定性作用，加快各类资源要素在疆内外的优化配置，积极在疆内外拓展发展空间，依托新疆周边国家优势矿产资源，支持兵团企业参与新疆周边国家矿产资源开发利用；推动以企业为主体，通过出口、对外援助、劳务输出、对外投资和经济技术合作等多种形式，加快企业“走出去”步伐。将兵团农业走出去作为兵团参与丝绸之路经济带建设的突破口和切入点，全面推进农业走出去战略。

（3）2015年兵团“一带一路”双向投资的发展情况

1）“一带一路”沿线国家对兵团的投资

2015年，中国香港对兵团的投资总额达到2.23亿美元，占兵团利用外资的83.2%，全部为独资企业，投资领域涉及食品加工、新能源、机械制造等行业。

2）兵团对“一带一路”沿线国家的投资

2015年兵团对“一带一路”沿线国家投资额3010.78万美元，投资行业为建筑业、农林牧渔业、制造业。重点企业有新疆北新路桥、兵团建工集团、新疆恒瑞国际贸易有限公司、兵团设计院等。主要分布在塔吉克斯坦、吉尔吉斯斯坦、乌兹别克斯坦、中国香港等8个国家和地区。

12.宁夏回族自治区

（1）宁夏积极出台促进双向投资发展的政策措施

为深入贯彻习近平总书记系列重要讲话精神，主动融入“一带一路”建设，加快实施开放带动战略，宁夏出台了一系列的政策，为开放宁夏建设提供政策支撑，积极打造对外开放平台，推动开放宁夏建设。在短短一年间，共出台了三个对促进宁夏双向投资发展具有重要作用的政策文件。

2015年7月，中国共产党宁夏回族自治区第十一届委员会第六次全体会议通过了《关于融入“一带一路” 加快开放宁夏建设的意见》（宁党发〔2015〕22号）。《意见》明确了开放宁夏建设的总体要求和目标任务，提出坚持扩大开放与深化改革相结合、引进来和走出去相结合、全面开放与重点突破相结合，用好内陆开放型经济试验区和中阿博览会两个“金字品牌”，着力提升对外开放水平。

2015年10月，宁夏回族自治区政府办公厅发布了《自治区政府办公厅关于支持企业“走出去”的若干意见》（宁政办发〔2015〕138号）。该《若干意见》是落实《关于融入“一带一路” 加快开放宁夏建设的意见》的重要配套文件。2016年7月，宁夏回族自治区政府办公厅印发了《加快“走出去”融入“一带一路”建设三年行动计划（2016年—2018年）》（宁政办发〔2016〕116号），围绕加快“走出去”，对今后三年宁夏“走出去”工作做了详细的部署，对各部门做了明确的职责分工和任务安排，要求打造“走出去”经贸合作载体、加快经贸投资合作、拓展合作领域、建立“一带一路”经贸合作项目库、畅通经贸合作渠道，加大“走出去”财税金融政策支持、优化“走出去”合作环境等。

（2）2015年宁夏利用外资和境外投资的基本情况

1）2015年双向投资增长情况

2015年宁夏实际利用外资2.1亿美元，同比增长50.5%；其中吸收外商直接投资1.8亿美元，同比增长101.6%，利用国外贷款0.3亿美元，比2014年同期有所下降。

2015年，全区境外投资完成额达14.5亿美元，同比增长310%，呈现出超大幅增长的局面。其中，宁夏中绒圣达股权投资合伙企业、宁夏亿利达股权投资合伙企业收购盛大游戏公司等3个重大项目的境外投资额，占到2015年境外投资额的90%以上。但其余项目仍为投资额为百万美元左右的小项目。

2）双向投资的结构状况

①利用外资

2015年，宁夏新批外商投资项目37个，比2014年同期增长了68%。合同利用外资10.18亿美元，同比增长1.7倍，实现了较大幅度的增长，为2016年外商实际投资的稳定奠定了一定基础。

外商投资项目的行业主要包括制造业（葡萄酒、羊绒纺织产品加工、清真食品生产、新能源、冶金），电力、热力、燃气及水生产和供应业（加油站、加气站的运营，污水的回收利用），体育设施建设经营、农业节水灌溉技术的开发和利用等。其中制造业和能源领域成为投资的重点领域，占到外商投资项目的60%以上。外商投资国（地区）分布中，来自中国香港的外商投资项目最多，共20个，占全部外商投资国（地区）的54%，其他分别为美国4个、马来西亚4个、中国台湾3个，也门、以色列、埃及、约旦、澳大利亚、法国各1个。外商对这些领域的积极投资，较好促进了上述产业的发展，丰富了宁夏外商投资的内容，提高了外资利用水平。

②境外投资

2015年，宁夏境外投资首次超过吸收外资规模，境外投资活动十分活跃，涌现出了中银绒业、电通等一批境外投资企业。投资领域包括羊绒纺织、农作物种植、建筑建材、冶金等，呈现出多元化的投资态势。境外投资地不断扩展，投资国（地区）包括柬埔寨、美国、英国和阿曼等国家和地区。

3）面临的问题

①外商投资方面

一是2015年，因有大项目资金到位，仅2015年年初的外商到位资金额就超过了2014年全年吸收外商投资的总和，但是剔除大项目影响，外商直接投资整体增长并不明显；二是宁夏经济总量小、产业结构不合理，创新驱动发展能力不强，创新型、复合型、外向型人才严重短缺，对吸引外商投资形成了一定的制约；三是受国际经济复苏缓慢、世界经济发展大环境持续低迷、发达国家制造业回流等因素的影响，外商资金投入最集中的行业依然是农副产品加工、乳业、纺织、冶金和能源等领域，投资高新技术产业、大数据和健康养老等新兴产业领域的很少，宁夏吸引外资的困难仍然较大。

②境外投资方面

一是宁夏在境外投资的总体实力增长不明显，境外大型投资项目建设带有偶然性。但如去除大项目拉动因素的影响，境外投资总体还是百万美元左右的小项目，境外投资整体增长并不明显，没有出现稳定、持续的增长态势。二是境外投资的领域仍然比较狭窄，纺织、农业、建筑建材等依然是宁夏企业投资境外的主要领域，与境外企业在高新技术领域的合作增长缓慢。三是“走出去”企业的整体实力较弱。尽管宁夏的钢铁、电解铝、水泥等优势产能企业“走出去”的愿望十分迫切，但也面临着与国内同行业的竞争，与境外投资国（地区）的合作基础有待进一步加强等问题。境外投资企业间彼此没有联系，项目分布零散，没有形成产业聚集。

4）2016年双向投资发展趋势和展望

围绕开放宁夏建设，以融入国家“一带一路”战略为契机，着力提升开放型经济产业支撑、基础设施互联互通、开放平台辐射带动、人文经贸互融互动的能力。2016年全年利用外资计划2.64亿美元，增长21%。其中吸收外商直接投资为2.14亿美元，增长15%。借用国外贷款稳定在0.5亿美元，增长64%。境外投资规模预计与2015年持平。

一是继续做好外资项目的管理和指导工作。针对外资项目管理模式的转变，进一步简政放权、优化流程、减少自由裁量权，继续做好对企业的投资咨询服务，力争有更多的外资项目落地实施；针对市县发改部门外资项目少、缺少经验和专职人员等问题，继续加强对市县发改部门的指导和培训，帮助基层发改部门提升外资工作能力，引导外商投资。

二是加快推进境外产业园区建设。结合国家“一路一带”开放战略和国际产能合作，研究宁夏利用外资和境外投资的重点问题，对与境外产业园区建设给予切实有效的帮助。加快推动中阿（阿曼）产业园、中沙（沙特）产业园、毛里塔尼亚农业合作园区等境外产业园区建设。

三是积极引导和支持优势产业走出去，推动大中型企业主动参与国际市场分工，在“一带一路”沿线国家和地区建设若干个境外产业园和经贸合作区，带动宁夏发电与输变电、冶金化工、装备制造、建筑建材、现代农业等优势产业走出去，推动企业把技术、标准带出去，开拓市场，实现合作共赢。鼓励有条件的企业在国外建立合作研发机构，利用和吸纳当地的科技人才，开展跨国的科技研发合作，增强企业在海外市场的核心竞争力，为企业“走出去”提供可持续发展的发展动力。

（3）2015年宁夏“一带一路”双向投资的发展情况

1）宁夏与“一带一路”沿线国家双向投资情况

2015年，宁夏积极推动与“一带一路”沿线国家开展双向投资。宁夏中银绒业积极对在柬埔寨的纺织企业增资，宁夏电通收购美国公司成功，宁夏中绒圣达股权投资合伙企业、宁夏亿利达股权投资合伙企业收购盛大游戏公司项目继续推进，宁夏与阿曼在中阿（阿曼）产业园建设方面达成共识，在毛里塔尼亚投资建设农业园和海洋产业园的各项工作有序推进。

2）2016年“一带一路”双向投资发展和展望

2016年，宁夏将加快实施开放带动战略，努力构建内陆开放型经济新体制，积极推动双向投资发展。

一是积极打造“走出去”经贸合作载体。引导和支持区农业、畜牧业、纺织服装、装备制造、食品加工、能源等企业在“一带一路”沿线国家和地区进行产业投资、收购并购，支持银川经济技术开放区等单位和企业通过建立产业联盟，率先在沙特阿拉伯、阿曼、毛里塔尼亚、阿联酋等国家投资建设境外产业合作园区和经贸合作区。

二是加快“走出去”经贸投资合作。支持企业境外投资，拓展境外工程承包和劳务合作，推动宁夏企业在非洲、中亚、东南亚等国家开展基础设施建设、地矿勘探、采掘等业务，承揽境外工程。开展国际产能合作，积极推动宁夏钢铁、电解铝、铁合金、水泥、平板玻璃等优势产能企业，在中亚、西亚等“一带一路”沿线国家和地区建立境外生产基地，促进宁夏优势产业有序向境外转移，加快国际产能合作。

三是建立“一带一路”经贸合作项目库。按照在建项目、拟建项目、储备项目分类建立“一带一路”重大项目动态储备库和重点支持企业清单，筛选基础设施、优势产业、经贸合作等领域重点项目，进入国家的“一带一路”合作项目库。

四是畅通“走出去”经贸合作渠道。鼓励大中型国有企业与中小型企业、高等院校、科研机构合作，推动捆绑式、集群式“走出去”。支持宁夏企业与国内“走出去”骨干企业以及国外相关企业、商（协）会建立战略合作关系，吸引区外“走出去”企业在宁夏设立分支机构，带动区内企业联合“走出去”。加快境外营销网络建设，提升境外经贸联络处职能作用。

五是加大“走出去”财税金融政策支持。加大财政政策支持，对企业在境外开展绿地投资、资源开发、跨境并购、营销网络等项目，给予适当补助；对“走出去”企业来源于境外的应税所得，依法进行税收抵免。高新技术企业来源于境外的所得可以按规定享受高新技术企业所得税优惠政策等；强化融资对接服务，完善融资保险服务等。

六是促进外商投资和境外投资便利化。进一步完善外商投资和境外投资办事流程，简化投资项目审批和企业核准、备案程序，推进外商投资和境外投资便利化，提高审批效率。

七是强化人才队伍建设。鼓励企业与高校、行业协会、科研院所合作，培养一批复合型跨国经营管理和科技研发人才。积极引进海外高层次跨国经营管理和科技研发人才，建立“一带一路”专家人才库。

（四）东北地区

1. 辽宁省

2015年，辽宁省深入学习贯彻党中央国务院精神，认真落实省委、省政府各项决策部署，实行更加积极主动的开放战略，积极应对严峻复杂的国内外发展形势，充分发挥外资对经济的促进作用，国外贷款规模保持稳定，贷款渠道更加丰富，境外投资增长势头强劲，质量不断提升，对全省经济社会转型发展起到了积极的促进作用。

（1）相关政策

为贯彻落实《国务院关于推进国际产能和装备制造合作的指导意见》（国发〔2015〕30号）和《国家发展改革委、外交部关于印发国际产能和装备制造合作重点国别规划》（发改外资〔2015〕2588号），进一步加强辽宁与"一带一路"沿线重点国家开展国际产能和装备制造合作，促进辽宁省产品、产业和资本输出，做好"一省一国"对接机制工作，按照省政府要求，结合《辽宁省推进国际产能和装备制造合作实施方案》（辽政发〔2015〕26号），起草了辽宁省落实《国际产能和装备制造合作重点国别规划》工作方案，目前正在修改完善中。

（2）2015年辽宁省利用外资和境外投资总体情况

1）利用外资情况

2015年，辽宁省新批准外商投资企业475个，同比下降0.6%；外商直接投资51.9亿美元，同比下降34.4%；合同外资额68.4亿美元，同比下降25.5%。

从外资来源地看，中国香港投资占主导。来自中国香港的外资共41.3亿美元，占全省总量的79.6%。来自新加坡的外资2.5亿美元，增长11.5%，来自日本的外资2.4亿美元。

从行业投向看，房地产业支撑作用明显，现代服务业表现突出。房地产业利用外资27亿美元，同比下降12.8%，占全省利用外资的52%；现代服务业利用外资9.6亿美元，同比下降59%；装备制造业利用外资5.3亿美元，同比下降61%。

从各市分布看，大连市、沈阳市利用外资仍占全省总额的绝大部分。大连市利用外资27亿美元，增长9.9%，占全省总量的52%，龙头作用更加突出；沈阳市利用外资10.6亿美元，同比下降53%，占全省总量的20%；铁岭市利用外资1.7亿美元，增长5%，表现突出。

2）境外投资情况

2015年，辽宁省共核准和备案对外直接投资企业178家。协议投资总额为44.21亿美元，同比增长25.53%，中方投资额为38.17亿美元，同比增长15.63%。

3）2016年双向投资发展趋势和展望

虽然国内外经济环境中仍然存在一些不确定、不稳定因素，但辽宁省扩大利用外资和境外投资的政策、经济、环境等方面的有利因素增多，总体形势较好。预计2016年，辽宁省吸引外资规模稳中有升，结构进一步优化，境外投资将持续保持快速增长，经济发展的国际化水平和综合竞争力进一步提升。

（3）2015年辽宁省“一带一路”双向投资的发展情况

1）辽宁省对“一带一路”沿线国家投资情况

辽宁省对“一带一路”沿线国家投资快速增长。2015年核准和备案在“一带一路”沿线国家投资8.57亿美元，主要集中在俄罗斯。

境外产能转移大项目带动作用明显。辽宁省冶金、能矿、建材、石化等行业领域纷纷向境外转移产能，如辽宁永成经贸发展有限公司俄罗斯化肥生产厂项目、辽宁沃夫石油装备有限公司俄罗斯石油钻机装备制造产业园项目等。

加快收购海外优质资产、品牌和高端技术，如辽宁春城工贸（集团）有限公司并购吉尔吉斯斯坦共和国诺爱利集团有限责任公司项目。

2）2016年“一带一路”双向投资发展和展望

我国是全球最大的发展中国家，政治社会稳定，市场潜力巨大，仍然是外商投资首选的目的地之一。预计2016年辽宁省“一带一路”双向投资将进一步发展。

一是国家各项体制改革红利进一步释放，扩大开放的条件更加成熟。国家先后出台《关于进一步做好境外投资工作的若干意见》、不断修改完善外商投资和境外投资管理办法，加大了对利用外资和境外投资的支持力度。进一步简政放权，扩大开放领域。辽宁省深化改革工作全面推进，营商环境进一步优化。此外，上海自贸区取得阶段性成果，经验将在全国范围内复制推广。

二是我国经济转型工作向纵深发展，对外开放的作用更加突出。预计2016年我国经济将继续保持稳中求进的经济增长态势，经济发展更加突出结构性调整，增长与质量、结构和效益趋于改善，各地更加注重发挥利用外资的综合优势和总体效应，以引进外资为途径，引进国外先进技术、人才和管理经验，更加注重境外投资在化解产能过剩矛盾和缓解环境压力方面的作用，以境外投资获取国外能源资源，转移富余产能，对外开放对经济转型发展的作用更加突出。

三是区域发展战略深入实施，对外开放的空间更加广阔。国家加快实施“一带一路”战略，推动亚洲基础设施投资银行建设，有利于辽宁省争取国家资金支持，借船出海，进一步拓展对外合作空间。辽宁省正在全力推进“走出去”重大项目建设，对国际产业、资本、技术和人才的吸纳能力将进一步增加，中韩自由贸易区、中德产业园等对外合作园区加快建设，逐步形成资源聚集平台和产业链，对外开放的平台作用更加明显。

2. 大连市

2015年在国际经济艰难复苏、国内经济进入新常态的背景下，大连市抢抓“一带一路”建设、新一轮东北振兴等重大历史机遇，坚持创新驱动、稳中求进的总基调，在推动双向投资提质增效、稳定增长、优化结构等方面进行了积极的探索和创新，取得了显著的成效。

（1）2015年双向投资发展总体情况

1）利用外资

2015年大连市新批外商投资企业222家，新增合同外资25.2亿美元，同比增长127.3%，实际利用外资27.03亿美元，同比增长8.1%。

2015年大连市积极巩固传统市场，主动开拓“一带一路”新兴市场，先后赴日韩、欧洲、中国香港、新加坡、马来西亚、斯里兰卡、哈萨克斯坦、白俄罗斯、土耳其等16个国家和地区进行招商推介活动，招商引资成果丰硕。推动英特尔二期、松下汽车电池、辉瑞制药二期、固特异“龙五”和研发中心的加速落地，促成了三星生物制药、韩华集团金融、柏威年第二综合体、太古广场、底特律电动汽车、固特异航空轮胎等一批新项目。通过大连夏季达沃斯会议，策划组织了签约仪式、高层会见、产业游等一系列活动，推动固特异五期扩建、万能国际赛道等13个大项目实现签约，合同外资17亿美元。通过软交会，大连西姆集团、金州新区、印度扎莫珠宝公司签订了战略合作协议，金州新区与越洋通商株式会社达成了跨境贸易电商平台和仓储物流基地项目合作意向，生态科技创新城和维布络有限公司签订了软件和服务外包交付中心项目合作协议，大连神谷中医医院有限公司、阿塞拜疆罗洛德国际贸易公司、东软集团签订了远程医疗平台项目合作协议。外资大项目在加速传统产业转型升级，促进战略性新兴产业发展方面起到了重要作用。

积极吸引外资进入租赁领域，全年新批外商投资融资租赁企业31家，注册外资4.6亿美元，较2014年全年分别增长了210%和88.5%，主要项目包括一正融资租赁、后英融资租赁、国大信融、尧顺融资租赁、春德融资租赁，有效地推动了大连市实体经济和中小企业的发展。

不断完善优化对外开放平台。政策平台不断优化，出台了《关于推进新一轮对外开放的若干意见》，是指导大连市“十三五”期间对外开放的纲领性文件。金普新区是大连市对外开放的核心，管理体制机制优化在有序推进，国务院正式批准了普兰店撤市设区；积极复制上海自贸区经验，推行“区间自行运输、统一备案清单”等8项制度创新，深入开展专题调研，进一步完善了自贸区规划布局和总体方案，自贸区申办工作不断深入。19个沿海重点园区在基础设施建设、产业集群发展等方面步伐加快。全年，19个重点园区完成固定资产投资2736.25亿元，占大连市的59.5%，实际利用外资10.5亿美元，占大连市的38.9%。

2）境外投资

2015年大连市核准境外投资项目108个，中方协议投资33.56亿美元，同比增长17.5%。

组织实施各类推进活动。一是承接和组织企业参加俄罗斯、美国、捷克、波兰、英国、罗马尼亚、坦桑尼亚、乌干达等国家在辽宁省大连市召开投资政策说明会和项目对接会。二是举办政企银座谈会，宣传国家相关政策，引导企业开拓国际市场，帮助企业获得银行、信用保险公司的支持。三是赴哈萨克斯坦、白俄罗斯、土耳其、马来西亚、斯里兰卡等“一带一路”沿线国家举办项目推介和经贸活动。促进了大连国合集团参与马来西亚、斯里兰卡的公路、港口、经济保障房建设和固体废弃物处理等基础设施项目合作，大连广盛元实业有限公司在哈萨克斯坦投资建设轨道交通产业园和大连机床集团拟在白俄罗斯中白工业园投资建厂，以及大连西姆五矿与哈萨克斯坦CACM项目投资公司签约。

支持企业开展境外工程承包。支持和推动对外承包工程企业正式组建了企业联盟，开启了信息共享、优势合作、抱团出海、承揽国际重大承包工程的新模式。中冶焦耐与印度塔塔集团所属钢铁公司签订的两个焦化工程项目、大连国合集团开工建设的约旦石油终端和液化气储罐等一批超亿美元的对外承包项目开工建设；大连国合股份公司承揽的缅甸公路建设、与中电投合作承包的科威特电站建设、大连华锐重工承揽的俄罗斯哈巴罗夫斯克码头建设等另一批超亿美元的项目正在积极推进。

（2）2016年双向投资发展和展望

2016年大连市将秉持创新、协调、绿色、开放、共享发展理念，全面参与全球经济合作，努力创新投资便利化服务体制机制，探索对外开放发展新模式，推动投资模式升级、拓展投资新空间，形成对外开放发展新优势。

预计实际利用外资不低于30亿美元，境外投资中方协议投资额同比增长10%。

一是拓展对外开放新空间。继续加大力度复制和推广上海、天津、福建、广东自贸试验区的经验，加快以负面清单为核心的外商投资管理制度、以贸易便利化为重点的贸易监管制度、以资本项目可兑换和金融服务为开放目标的金融创新制度等方面的探索和突破。围绕“一带一路”和新一轮东北振兴战略，拓展对外开放平台。科学制定《大连市对接“一带一路”战略构建开放新格局发展规划》，加快形成与“一带一路”沿线国家的对外开放与经贸合作对接目录，充分构建和拓展大连市的对外开放新的空间格局。按照《关于推进新一轮对外开放的若干意见》，加快培育参与和引领国际经济合作竞争新优势，在更大范围、更广领域和更高层次开放发展。

二是开辟招商引资新局面。进一步巩固日本、韩国、中国香港地区等传统市场，积极拓展欧美、新加坡、中国台湾地区等中坚市场，大力开发澳大利亚、东南亚、南美等新兴市场。结合有关国家和地区的产业优势，与大连市产业发展有效对接，策划组织好今年的境外招商活动。进一步做好“外商内招”工作，组织赴京津冀、长三角、珠三角等外企总部集中的地区招商，推动外企总部将投资重点向大连市倾斜、转移。加快实施“重大项目攻坚工程”和“‘中国制造2025’大连行动计划”，优先推进金融、商贸、物流、文化创意、产业地产、旅游、医疗、养老等现代服务业项目招商；进一步加大石化、装备制造、船舶、电子信息、服装等促进传统产业转型升级的项目引进力度；积极鼓励外资参与集成电路、储能技术、工业机器人、新材料、生物工程、节能环保等战略性新兴产业的发展；大力推动港口、道桥、垃圾处理等基础设施和公共服务领域的项目对外合作。按照重点园区发展定位，大力开展主题招商、产业链招商和产业集群招商。金普新区招商重点放在以集成电路为核心的电子信息产业，以生物制药、新能源为核心的战略性新兴产业，以数控机床、汽车及零部件为核心的高端装备制造业以及航运、物流、国际贸易等现代服务业；长兴岛主要针对石化和海洋装备产业开展招商；高新园区以软件与信息外包、金融为招商重点；其他各重点园区围绕产业发展方向，有针对性地开展招商工作。积极引进融资租赁、商业保理、创业投资、产业投资基金、PPP、互联网+、并购、国企混合所有制改革等新的利用外资方式。

三是搭建国际合作新舞台。积极引领大连市装备制造企业参与国际产能合作，逐步建立政府推动、企业主导、商业运作的“企业走出去”有效机制，推动企业开拓国际市场。指导企业参与“丝路基金”“亚投行”战略，帮助企业获得国开行和中信保的金融支持。协调行业协会等服务机构，建立服务体系，同我国驻外经商机构和各国驻我国使馆建立经常性联系，为企业参与国际产能合作提供全方位服务。充分发挥对外工程承包企业联盟的聚集优势，从单一工程承包向总集成、总承包转变，从低层次、低利润、价值链低端领域向高技术、高利润、高附加值领域拓展，带动专有技术、机电产品、成套设备出口。

四是打造全域开放新格局。树立全面开放、深度开放理念，力争打造全域开放的升级版。进一步加大海关特殊监管区的优化整合，推动长兴岛设立综合保税区申办工作，加快综合保税区的建设和招商。加快市级园区转型升级。结合现有市级园区的升级诉求及大连市对外开放发展需求，加大升级推进力度，力争多数园区升级为省级园区，并在升级数量上保持全辽宁省领先优势，促进沿海重点园区全面建设再上新台阶。

3. 吉林省

2015年，吉林省努力应对国内外错综复杂的形势和各种挑战，围绕国家“一带一路”重大战略，大力推进与周边国家互联互通基础设施建设，积极开展招商引资工作，坚持实施“走出去”与“引进来”相结合，利用外资规模保持了稳定增长，境外投资不断取得新的突破。

（1）利用外资

1）外商直接投资

2015年，吉林省新批外商投资企业70家，同比下降35.19%；合同外资119360万美元，同比下降23.24%。新批的外资企业中，合同外资超500万美元以上的项目有14个，合同外资47809万美元；增资合同外资超500万美元以上的项目有11个，合同外资52377万美元。

实际利用外资85.72亿美元，同比增长12.01%。其中直接利用外资21.27亿美元，同比增长8.19%。

2015年，吉林省主要外资来源国家和地区集中在中国香港、韩国、德国、中国台湾、新加坡、卢森堡、美国等，占全省直接利用外资80%以上，其中韩国、中国台湾、美国、英属维尔京群岛增长幅度较大。

2015年，吉林省直接利用外资在三个产业的分布情况：第一产业4310万美元，占2.0%；第二产业164773万美元，占77.5%；第三产业43664万美元，占20.5%。直接利用外资在第一产业是以农业为主，第二产业主要以交通运输制造业、燃气制造业、化学原料及化学制品制造业、医药制造业、食品制造业、农副食品加工制造业为主；在第三产业主要以金融业、房地产、租赁和商务服务业、餐饮业、批发零售业为主。

长春市、吉林市、延边州，三地外资企业占全省外资企业总数的85%以上。

2）国外贷款

2015年，吉林省共实施国外贷款项目5个，利用外资7735万美元。其中借用国际金融组织贷款项目1个，世行农产品质量安全项目资金1100万美元；外国政府贷款项目4个，共使用外资折合6635万美元，包括长春市卫生系统六家医院引进医疗设备项目利用以色列政府贷款2000万美元、吉林大学第一医院引进医疗设备项目利用以色列贷款2700万美元、白城中心医院引进医疗设备项目利用以色列贷款990万美元、长春汽车工业高等专科学校引进教学设备项目利用奥地利贷款700万欧元。

（2）境外投资

2015年，吉林省共设立境外机构和企业90家。其中，境外机构6家；境外企业84家，中方协议投资额13.43亿美元；境外投资备案项目3个，总投资11.52亿美元，主要投资领域是矿产资源，即铜镍矿、镍铁矿和煤矿，主要投资国家是加拿大、印尼和俄罗斯。具体项目是吉林吉恩镍业股份有限公司再次增资42167万美元加拿大皇家矿业努纳维克铜镍矿建设项目；吉林昊融集团有限公司在印尼投资2.8亿美元，建设镍铁工程项目；吉林省华峰能源开发有限责任公司在俄罗斯滨海边疆区与俄方合作投资4.5亿美元，建设亚当斯煤矿区建设项目，其中中方投资2.7亿美元，340万美元为项目前期费用。

（3）2016年吉林省利用外资和境外投资工作基本思路

2016年要紧紧抓住国家实施“一带一路”对外开放战略和东北老工业基地振兴的重大机遇，立足本省实际，坚持科学发展、创新发展，进一步巩固、发挥和创造比较优势，突出重点国家和地区，突出重点产业和领域，以重点项目为依托，大力推进装备制造和国际产能合作，创新工作思路和方法，加强引资平台建设，坚持“引进来”和“走出去”相结合，拓宽外资来源渠道和利用外资方式，进一步扩大利用外资和境外投资规模，拓展领域，注重“引资”和“引智”并重，不断提高利用外资的质量和效益，为促进全省经济社会又好又快发展做出新贡献。

2016年实际利用外资预计同比增长10%，外商直接投资预计同比增长6%。

1）继续做好利用国外优惠贷款有关工作

一是积极谋划和组织申报2016年贷款备选项目工作。利用国际金融组织贷款重点围绕国务院支持东北振兴28号文件中涉及的政策投向和重点倾斜领域，着眼全省老工业基地改造、资源枯竭性城市转型发展、重大水利交通基础设施、棚户区民生改造等领域准备谋划1亿美元左右的贷款项目。利用外国政府贷款要准确把握国家由“援助型”向“合作型”转变的政策趋势，准备围绕社会事业、环境保护、节能减排等领域重点谋划8000万美元左右的贷款备选项目，并及时向国家进行项目的组织申报。

二是积极推进规划内的项目开展前期工作。继续组织已列入国家备选规划的长春水务集团利用德国促进贷款的中水回用项目、东丰县职教中心利用以色列贷款引进教学设备项目、长春市卫生系统六家医院利用以色列贷款引进医疗设备项目、延边州卫生系统三家医院利用科威特贷款引进医疗设备项目进行可研和资金申请报告的编制及批复工作，推动项目早日开展谈判签约及设备的引进工作。

三是积极推进落实东北振兴重大项目——吉林碳谷碳纤维有限公司利用美国进出口银行贷款4500万美元引进年产1000吨碳纤维生产线项目有关工作。指导项目单位编制完成项目资金申请报告，推动项目单位与美方开展设备采购商务合同的磋商谈判工作，协助项目单位签署商务合同和转贷协议，及完成进口设备的验收和免税确认等工作。

2）进一步加强外商投资管理工作

密切关注国家外商投资负面清单的编制工作。同时加强对《吉林省外商投资项目核准和备案管理办法》落实情况的服务和指导。

3）继续做好境外投资有关工作

一是根据国家“十三五”境外投资规划纲要要求，在总结吉林省“十二五”规划的基础上，按照国家要求，结合吉林省实际情况，制定全省“十三五”国际产能合作规划，加强对《吉林省境外投资项目备案管理办法》落实情况的服务和指导。

二是做好境外投资企业的跟踪服务。收集境外投资信息和相关国家投资政策法规，对吉林省有实力开展境外投资的企业进行跟踪指导，对已在境外投资的企业做好后续服务，提升吉林省境外投资企业的投资水平和规模。

三是建立全省境外投资重点项目库，加强项目的事中事后服务。为切实推动吉林省境外投资工作，加快企业“走出去”步伐，建立全省境外投资企业重点项目库，搞好项目的跟踪调度，不断提高境外投资项目的事中事后服务水平。

4. 黑龙江省

（1）黑龙江省促进双向投资发展制定的相关政策

1）发布对外开放规划

按照国家“一带一路”总体战略，黑龙江省发布了《“中蒙俄经济走廊”黑龙江陆海丝绸之路经济带建设规划》，该规划是黑龙江省对外开发开放的统领，明确了对外开放的方向和路径。为贯彻落实该规划，发布了《黑龙江省参与建设丝绸之路经济带和21世纪海上丝绸之路的实施方案》和《2016年黑龙江陆海丝绸之路经济带建设工作要点》。

2）出台促进对外开放发展政策

为了促进绥芬河-东宁重点开发开放实验区建设，发布了《黑龙江省人民政府关于贯彻落实国务院支持沿边重点地区开发开放若干政策措施的实施意见》。发布《黑龙江省人民政府办公厅关于印发黑龙江省推进国际产能和装备制造合作工作实施方案的通知》，指导促进黑龙江省国际产能和装备制造合作健康有序发展。发布《黑龙江省人民政府办公厅关于做好推广中国（上海）自由贸易试验区可复制改革试点经验工作的通知》，推动国际投资便利化发展，建立高效便捷的管理体制和监管模式，创新沿边开放开发机制。发布《黑龙江省人民政府办公厅关于促进全省开发区转型省级创新发展的实施意见》，更新利用外资理念，转变招商方式，充分发挥开发区在吸引外资方面排头兵的作用。

3）进一步简政放权提高涉外项目管理水平

十八大以来，黑龙江省两次修订《政府核准的投资项目目录》，大幅下放外商投资项目管理事权。除国家不允许下放的限制类外商投资项目和部分省直企业外资项目，其他所有外商投资项目都按属地化原则，由项目所在地投资主管部门核准和备案，进一步简化外商投资项目备案程序。采取内外资项目备案程序、申报材料相同要求，统一按《黑龙江省人民政府办公厅关于进一步简化企业投资项目备案手续的通知》，大大简化备案程序，提高备案效率。严格执行《国家发展改革委关于实施〈境外投资项目核准和备案管理办法〉有关事项的通知》，对境外投资项目实行网上备案，提高工作效率。

（2）2015年双向投资的基本情况

1）利用外资情况

①外商直接投资

2015年，黑龙江省新设立外商投资企业80家，同比下降18.37%；全省实际使用外资54.49亿美元，同比增长7.09%。从投资国别上看，有来自23个国家和地区的外商投资企业在黑龙江省投资。实际利用外资前五位的国家和地区依次是，中国香港27.99亿美元，同比下降27.77%；英国4.78亿美元，同比增长3.8倍；美国1.79亿美元，同比增长167.73%；开曼群岛1.61亿美元，同比增长6.9倍；英属维尔京群岛1.33亿美元，同比增长7.829%。从投资领域上看，第一产业实际利用外资9663万美元，同比下降12.94%；第二产业实际利用外资36.11亿美元，同比增长27.89%；第三产业实际利用外资17.41亿美元，同比下降19.14%；涉及黑龙江省“十大重点产业”实际利用外资48.06亿美元，同比增长4.32%。

②国外借款

亚行贷款黑龙江省煤炭资源枯竭型城市转型发展促进项目又获得增加贷款6000万美元，项目总计批准申请贷款3.1亿美元，是黑龙江省迄今为止最大一笔国际金融组织贷款。本项目也获得了亚行110万美元赠款用于技术援助，目前项目正在开展前期准备工作。亚行贷款1.5亿美元佳木斯市现代农业生态灌排体系建设项目前期工作已经开展。亚行贷款1.5亿美元黑龙江省集中供热项目、世行贷款2亿美元北方高寒城市智能交通项目、欧投行贷款5000万欧元哈尔滨市既有建筑节能改造项目顺利实施。德国促进银行贷款2400万欧元哈尔滨市职业教育项目和七台河技师学院利用德国促进贷款建设新校区及购置实习实训设备项目资金申请报告已获国家批复。

2）境外投资情况

①对外投资

2015年，黑龙江省境内127家投资企业共对23个国家和地区投资备案163家境外企业，同比增长83.1%，备案金额69.01亿美元，同比增长4.1倍。全省92家境内投资企业对外实际投资，实际投资额2.92亿美元，同比下降49.1%。截至2015年年底，全省对外投资存量为43.12亿美元，其中在俄罗斯投资存量25.72亿美元，在非俄罗斯国家投资存量17.4亿美元。从投资国别看，38家境内企业对俄罗斯进行实际投资，同比下降7.32%，实际投资额1.46亿美元，同比增长0.69%；54家境内企业对25个非俄国家（地区）进行实际投资，同比下降1.81%，实际投资额1.46亿美元，同比下降51.97%。实际投资俄罗斯仍保持稳定。因亿阳集团投资中国香港项目和轩辕集团投资白俄罗斯项目接近完工，黑龙江柏杉林公司投资圭亚那项目银行二期贷款暂停等影响，非俄国家实际投资出现大幅度下滑。但随着2015年备案企业的大幅增长，预计2016年实际投资将有所回暖。从投资主体性质看，92家投资主体中有80家民营企业，占86.96%，实际投资额2.67亿美元，占91.44%；国有企业12家，占13.04%，实际投资额0.25亿美元，占8.56%。民营企业中较大的有：梦兰星河能源股份有限公司投资俄罗斯项目4247万美元，轩辕集团投资白俄罗斯项目2795万美元，黑龙江紫金龙兴矿业有限公司投资俄罗斯项目1504万美元。

②对外承包工程

2015年，黑龙江省对外承包工程新签合同额23.46亿美元，同比增长3.18倍，在全国各省市中排名第15位；完成营业额25.16亿美元，同比增长1.8倍，在全国各省市中排名第14位。截至2015年年底，对外承包工程业务累计签订合同额100.8亿美元，完成营业额91.9亿美元。全省对俄罗斯新签合同额0.16亿美元，占全省0.68%，同比增长0.06%，完成营业额2.35亿美元，占全省9.34%，同比增长48.5 %。全省对俄罗斯以外国家新签合同额23.30亿美元，占全省新签合同额99.2%，同比增长3.16倍，完成营业额22.81亿美元，占全省完成营业额90.66%，同比增长2.08倍。亚洲业务占比大，全省企业在亚洲地区的新签合同额高达21.9亿美元，占全球业务总量的93.4%，完成营业额18.3亿美元，占全球业务总量的72.7%。

3）面临的问题

①外商投资的“引智”和“引技”水平有待进一步提高

总体上看，虽然外商投资保持较高的增长，但是大项目少，技术含量高的项目少，带动产业链的龙头项目少，能够形成产业集群的项目少。外商投资项目主要集中在组装、食品加工、轻工产品初级加工等劳动密集型产业和中低端加工制造环节，技术溢出效应较小，经营理念和管理经验推广流动性不高。总的来说，外商投资的“引资”“引智”和“引技”尚未达到有机结合。

②外商投资来源地过于集中，跨国公司少

外商投资主要来自中国香港、英属维尔京群岛、开曼群岛，投资主体主要是国内公司在境外注册的特殊目的公司，国外技术公司少，世界500强公司少，这种情况会直接导致不能真正做到“引资”“引智”和“引技”。

③境外投资国家单一、主体实力较弱

黑龙江省境外投资主体以民营企业居多，大型企业少，企业资金紧张，国际市场开拓能力和竞争力较弱，法律、税务、财会、技师等专业人才匮乏，有些投资者片面追求经济利益，没有长远规划，甚至盲目投资，缺乏社会责任感，不能很好地融入当地社会，违反当地政策和法律事件时有发生。目前，黑龙江省境外投资地主要集中在俄罗斯远东地区，投资领域主要集中在轻工产品加工、森林采伐、木材加工、农业种植、食品加工等低端领域，产品附加值较低。

4）2016年双向投资发展趋势和展望

当前，黑龙江省双向投资面临的挑战与机遇并存。从国际形势看，全球新一轮技术革命和产业变革逐步形成产业结构的“新常态”，发达国家积极抢占制高点，重塑在高端制造业领域的优势。新型经济体积极推进工业化进程，大力引进国外先进技术设备，提升本国制造业在全球价值链的地位，跨国投资和产业转移出现新动向，新的国际投资贸易格局正在演化生成。从国内形势看，经济增长进入新常态，经济发展速度进入中高速阶段，供给侧改革持续推进，去产能步伐不断加快，新一轮产业结构调整深入开展，依靠要素成本优势吸引外资的传统做法已经不能适应新形势需要。“一带一路”重大战略构想，为新时期双向投资发展创造了历史性机遇，国家推进国际产能和装备制造合作战略，为企业“走出去”指明了方向。随着《“中蒙俄经济走廊”黑龙江陆海丝绸之路经济带建设规划》实施，通过基础设施和配套服务设施的不断完善，以欧亚大陆桥跨境运输为代表的国际物流业和以对俄电子商务为代表的跨境电商服务产业在黑龙江省蓬勃发展。全国第一粮食大省地位的确立、生态化优势的形成、资源开发及深加工的巨大潜力、对俄合作的长期积累、高科技成果转化和市场化改革的巨大空间，构成了黑龙江省加快发展的后发优势，为相关领域双向投资合作创造了重要机遇。

按照国家赋予的发展定位，黑龙江省将以政策沟通、设施联通、贸易畅通、资金融通、民心相通为合作重点，以哈尔滨为中心，以大（连）哈（尔滨）佳（木斯）同（江）、绥（芬河）满（洲里）、哈（尔滨）黑（河）、沿边铁路四条干线和俄罗斯西伯利亚、贝阿铁路形成的连接亚欧的“黑龙江通道”为依托，建设连接亚欧的国际货物运输大通道，吸引生产要素向通道沿线聚集，发展境内外对俄产业园区，打造跨境产业链，构建发达的外向型产业体系，努力形成区域经济新的增长极，为我国扩大与俄欧、东北亚合作提供重要平台，建设我国向北开放的重要窗口，为国家“一带一路”建设提供重要支撑、做出重要贡献。为此，黑龙江省将以通道沿线为重点，在商贸旅游、金融物流、进口资源精深加工、出口产品加工、高科技成果转化等领域进一步加大招商引资力度，促进利用外资结构优化升级。同时，加大境外基础设施建设和能源资源开发合作力度，积极推进国际产能合作和装备制造业合作，推动加工制造企业“走出去”规避国际贸易壁垒，增强可持续发展的能力。

（3）2015年黑龙江省“一带一路”双向投资的发展情况

1）“一带一路”沿线国家对黑龙江省的投资

2015年，“一带一路”沿线国家的俄罗斯、新加坡、巴基斯坦和叙利亚等4个国家在黑龙江省投资了22个项目，主要行业为制造业、批发、零售业，餐饮业等。

2）黑龙江省对“一带一路”沿线国家的投资

2015年，黑龙江省96家境内企业对“一带一路”沿线12个国家备案投资设立企业110家，备案金额62.4亿美元，同比增长5.74倍，占全省90.42%。全省52个境外企业对“一带一路”沿线国家进行实际投资，实际投资额1.96亿美元，同比下降21.29%，占全省对外实际投资总额的67.1%。“一带一路”中除俄罗斯规模较大，其余国家也都出现较快增长，而对非“一带一路”国家和地区的投资如美国、中国香港则出现大幅下降，分别下降46.54%和87.75%。全省对“一带一路”沿线9个国家（巴基斯坦、蒙古、伊拉克、土耳其、印尼、哈萨克斯坦、土库曼斯坦、菲律宾、俄罗斯）新签合同额22.06亿美元，占总签约额的94.0%。全省对“一带一路”沿线13个国家（土耳其、伊拉克、俄罗斯、印尼、蒙古、巴基斯坦、沙特、乌兹别克斯坦、土库曼斯坦、哈萨克斯坦、孟加拉、印度、菲律宾）完成营业额20.64亿美元，占营业总额的82.0%。

3）2016年“一带一路”双向投资发展和展望

更加注重引进外资的质量，做到“引资”“引技”和“引智”有机结合。加强与技术先进型、管理高效型和市场开拓型国际大公司合作，鼓励支持合资合作在黑龙江省建立研发中心、营销中心、采购中心和财务中心。巩固中国香港地区、新加坡等“一带一路”沿线国家和地区在黑龙江省投资规模，吸引以色列、俄罗斯、乌克兰等技术先进国家在农业、航空、信息技术领域投资。结合黑龙江省实际情况，修订《中西部地区外商投资优势产业目录》黑龙江省部分，将更多优势产业目录列入鼓励类。引导鼓励黑龙江省企业赴俄罗斯开展农业开发、食品加工、轻工产品生产、森林采伐、木材加工、矿产资源开发，大力加强在俄境外园区建设，以俄罗斯远东大开发为契机，不断加强对俄国际工程承包和劳务输出，带动技术、资金、品牌的输出，巩固黑龙江省在俄投资地位。继续挖掘哈电集团在东南亚、南亚开展国际工程承包的潜力，加快签约开工项目建设。支持省内企业赴中亚开展农业开发、矿产资源开发。

第二篇 基础数据篇

一、全球直接投资统计

1.2010~2015年按地区和经济体划分的FDI流量统计（见表2-1）

表2-1　2010~2015年按地区和经济体划分的FDI流量统计

地区/经济体	FDI流入量（百万美元）						FDI流出量（百万美元）					
	2010	2011	2012	2013	2014	2015	2010	2011	2012	2013	2014	2015
世界[a]	1328102	1563749	1402887	1467233	1228263	1762155	1366070	1587448	1283675	1305910	1354046	1474242
发达国家	673200	827301	678801	696851	451040	932904	963210	1156137	872860	833627	822829	1065193
欧洲	404845	489657	400794	325531	241044	473569	565948	586793	376400	316816	315924	576254
欧盟	358646	444824	364868	333082	209845	409458	459365	519862	316724	285131	280126	487150
奥地利	2575	10616	3989	10376	4675	3837	9585	21913	13109	16216	7690	12399
比利时	60635	78258	9308	23396	−49573	1029	9092	46371	33985	17940	8534	38547
保加利亚	1525	1849	1467	1920	1710	1774	230	163	347	240	215	86
克罗地亚	1133[b]	1682[b]	1451[b]	955[b]	3451[b]	174	−91[b]	42[b]	−56[b]	−180[b]	1886[b]	13
塞浦路斯	766	2384	1257	3497	679[b]	4534	679	2201	−281	3473	2176[b]	9718
捷克	6141	2318	7984	3639	5909	1223	1167	−327	1790	4019	−529	2305
丹麦	−9163	11463	418	−742	3652	3642	1381	11254	7355	9537	10952	13214
爱沙尼亚	1024	974	1569	553	983	208	156	−1488	1030	375	236	306

芬兰	7359	2550	4158	−5165[c]	18625[c]	8290[b]	10167	5011	7543	−7519[c]	574[c]	−10538[b]
法国	13889	31642	16979	42892	15191	42883	48156	51415	31639	24997	42869	35069
德国	65642[b]	67515[b]	20316[b]	18193[b]	1831[b]	31719	125451[b]	77930[b]	66089[b]	30109[b]	112227[b]	94313[c]
希腊	330	1144	1740	2818	2172	−289	1557	1772	678	−785	856	379
匈牙利	2193	6300	14375	3097	4039	1270	1172	4702	11678	1868	3381	1533
爱尔兰	42804	23545	45207	37033	7698	100542	22348	−1165	15286	23975	31795	101616
意大利	9178	34324	93	25004	11451[b]	20279	32655	53629	7980	30759	23451[b]	27607
拉脱维亚	379	1453	1109	903	474	643	19	61	192	411	137	16
立陶宛	800	1448	700	469	217	863	−6	55	392	192	−36	−10
卢森堡	38588[c]	9748[c]	79645[c]	23248[c]	7087[c]	24596	23243[c]	10737[c]	68428[c]	34555[c]	−4307[c]	39371
马耳他	929	15510	12061	9575	9279	9532[b]	1921	922	2574	2603	2335	−215[b]
荷兰	−7184	24369	17655	32039	30253	72649	68358	34789	5235	56926	40809	113429
波兰	12796	18258	7120	120[c]	13883[c]	7489	6147	3671	−2656	−3299[c]	5204[c]	2901
葡萄牙	2424	7428	8242	2234	8807	6031	−9782	16495	−9157	−90	6664	8167
罗马尼亚	3041	2363	3199	3602	3234	3389	6	−28	−114	−281	−77	310
斯洛伐克	1770	3491	2982	591	479	803	946	713	8	−423	−123	−183
斯洛文尼亚	105	1087	339	−144	1564	993	−18	198	−259	−223	−9	−65
西班牙	39873	28379	25696	41733[c]	22904[c]	9243	37844	41164	−3982	25829[c]	30688[c]	34586

（续）

地区/经济体	FDI流入量（百万美元）						FDI流出量（百万美元）					
	2010	2011	2012	2013	2014	2015	2010	2011	2012	2013	2014	2015
瑞典	140	12923	16334	3571	10036	12579	20349	29861	28952	28879	12156	23717
英国	58954	41803	59375	47675	72241	39533	46633	107801	28939	-14972	-59628	-61441
欧洲其他发达国家	46199	44833	35926	-7551	31199	64111	106583	66931	59676	31685	35798	89104
直布罗陀	165[d]	166[d]	168[d]	166[d]	167[d]	-412[d]	—	—	—	—	—	—
冰岛	246	1108	1025	397	436	-76	-2357	23	-3206	460	-247	-599
挪威	17044	15250	18774	14441	8682	-4239	23239	18763	19561	20987	19247	19426
瑞士	28744	28309	15989	-22555[c]	21914[c]	68838	85701	48145	43321	10238[c]	16798[c]	70277
北美	226449	269531	208946	301333	146261	428537	312502	448717	365285	378879	389563	367151
加拿大	28400	39669	39266	70565	53864	48643	34723	52148	53938	50536	52620	67182
美国	198049	229862	169680	230768	92397	379894	277779	396569	311347	328343	336943	299969
其他发达国家	41906	68163	69061	69987	63735	30798	84760	120627	131175	137932	117342	121788
澳大利亚	36443	57050	55802	54239	51854	22264	19804	1669	5583	-3063	-351	-16739
百慕大	231[c]	-258[c]	48[c]	55[c]	-32[c]	204[d]	-33[c]	-337[c]	241[c]	50[c]	93[c]	-84[d]
以色列	5458	9095	8055	11804	6432	11566	8010	9166	3258	4671	3975	9743
日本	-1252	-1758	1732	2304	2090	-2250	56263	107599	122549	135749	113629	128654

新西兰	1026	4034	3424	1585	3391	−986	716	2530	−456	525	−4	214
发展中经济体	579891	639135	639022	670790	681387	764670	340876	357570	357249	380784	468148	377938
非洲	44072	47705	56435	53969	53912	54079	9264	6500	12386	15951	13073	11325
北非	15746	7547	17150	13580	11540	12648	4781	1491	3332	952	1676	1831
阿尔及利亚	2300	2580	3052	2661	1488[d]	−587	220	534	193	117	—	103
埃及	6386	−483	6031	4192	4783	6885	1176	626	211	301	253	182
利比亚	1909	—	1425	702	50[d]	726[b]	2722	131	2509	180	940[d]	864[b]
摩洛哥	1574[c]	2568[c]	2728[c]	3298[c]	3582[c]	3162[d]	589[c]	179[c]	406[c]	332[c]	444[c]	649[d]
南苏丹	—	—	—	−78[d]	−700[d]	−277[b]	—	—	—	—	—	—
苏丹	2064	1734	2311	1688	1277	1737	—	—	—	—	—	—
突尼斯	1513	1148	1603	1117	1060	1002	74	21	13	22	39	33
非洲其他国家	28327	40157	39284	40388	42371	41432	4483	5009	9053	14999	11401	9493
西非	12052	18957	16321	14207	12264	9893	1304	2581	3508	2228	2246	2028
贝宁	177	161	230	360	377	229	−18	60	19	59	31	26
布基纳法索	35	144	329	490	342	167	−4	102	73	58	59	28
佛得角	159	155	70	70	78	95	0	1	−3	−5	−5	−3
科特迪瓦	339	302	330	407	462	430	25	15	14	−6	9	8
冈比亚	20	66	93	38	28	11	—	58	10	48	17	19

（续）

地区/经济体	FDI流入量（百万美元）						FDI流出量（百万美元）					
	2010	2011	2012	2013	2014	2015	2010	2011	2012	2013	2014	2015
加纳	2527	3237	3293[d]	3226[d]	3357[d]	3192	—	25	1	9[d]	12[d]	221
几内亚	101[d]	956[d]	606[d]	135	68[b]	85[b]	—	1	2	—	1[b]	1[b]
几内亚比绍	33	25	7	20	21	18	6	1	—	—	3	—
利比里亚	450	785	985	1061	302[d]	512[b]	369	372	1354	698	—	—
马里	406	556	398	308	199	153	7	4	16	3	1	1
毛里塔尼亚	131[d]	589[d]	1389[d]	1126[d]	492[d]	495[b]	17[b]	2[b]	1[b]	13[b]	30[b]	15[b]
尼日尔	940	1066	841	719	769	525	-60	9	2	101	89	52
尼日利亚	6099	8915	7127	5608	4694	3064	923	824	1543	1238	1614	1435
塞内加尔	266	338	276	311	343	345	2	47	56	33	27	27
塞拉利昂	238[d]	951[d]	225[d]	144[d]	440[d]	519[b]	—	—	—	—	—	—
多哥	86	711	122	184	292	53	37	1060	420	-21	358	198
中非	8316	7663	9529	9036	12056	5829	-34	-38	398	121	214	360
布隆迪	1	3	1	7	32	7	—	—	—	—	—	—
喀麦隆	538[d]	652[d]	526[d]	326[d]	501[d]	620[b]	-36[b]	-110[b]	-71[b]	-138[b]	-106[b]	-105[b]
中非共和国	62	37	70	2	3	3	—	—	—	—	—	—

乍得	313[d]	282[d]	343[d]	538[d]	761[d]	600[b]	—	—	—	—	—	—
刚果（布）	928	2180	2152	2914	5502	1486[b]	4[b]	53[b]	−31[b]	−2[b]	6[b]	−9[b]
刚果（金）	2939	1687	3312	2098	2063	1674	7	91	421	401	344	508
赤道几内亚	2734[d]	1975[d]	2015[d]	1914[d]	1933[d]	316[b]	—	—	—	—	—	—
加蓬	499[d]	696[d]	832[d]	968[d]	973[d]	624[b]	−9	−72	79	−155	−36	−37
卢旺达	251	119	255	258	268	471	—	—	—	14	2	—
圣多美和普林西比	51	32	23	11	20	28	—	—	—	1	4	3
东非	4520	4618	4878	6455	7635	7808	174	162	259	110	162	279
科摩罗	8	23	10	9	14[d]	5	—	—	—	—	—	—
吉布提	37	79	110	286	153	124	—	—	—	—	—	—
厄立特里亚	91[b]	39[b]	41[b]	44[b]	47[b]	49[b]	—	—	—	—	—	—
埃塞俄比亚	288[b]	627[b]	279[b]	1281[b]	2132[b]	2168[b]	—	—	—	—	—	—
肯尼亚	178	335	259	505[d]	989[d]	1437[b]	2	9	16	6[b]	28[b]	217[b]
马达加斯加	808	810	812	567	351	517	—	−1	1	—	—	—
毛里求斯	430	433	589	259	418	208	129	158	180	135	91	54
塞舌尔	211	207	260	170	229	195	6	8	16	16	16	8
索马里	112[d]	102[d]	107[d]	107[d]	106[d]	516[b]	—	—	—	—	—	—
乌干达	544	894	1205	1096	1147	1057	37	−12	46	−47	27	—

（续）

地区/经济体	FDI流入量（百万美元）						FDI流出量（百万美元）					
	2010	2011	2012	2013	2014	2015	2010	2011	2012	2013	2014	2015
坦桑尼亚	1813	1229	1800	2131	2049	1532[b]	—	—	—	—	—	—
南非	3485	8759	7961	11018	10758	17901	2442	1926	5127	12668	9717	6825
安哥拉	−3227	−3024	−6898	−7120	−3881[d]	8681	1340	2093	2741	6044	2131	1892
博茨瓦纳	218	1371	487	398	393	394	−1	10	−8	−85	−43	−84
莱索托	30	61	57	50	46	169	—	—	—	—	—	—
马拉维	97	129	129	120	130	143[b]	42	50	50	−46	−50	−15[b]
莫桑比克	1018	3559	5629	6175	4902	3711	2	3	3	—	97	2
纳米比亚	793	816	1133	801	414	1078	−4	−5	12	13	58	−55
南非	3636[c]	4243[c]	4559[c]	8300[c]	5712[c]	1772[d]	−76[d]	−257[d]	2988[d]	6649[d]	7669[d]	5349[d]
斯威士兰	120	107	32	84	13	−121[b]	1	−9	−6	—	−4	−3[b]
赞比亚	634	1110	2433	1810	2484	1653[b]	1095	−2	−702	66	−213[b]	−283[b]
津巴布韦	166	387	400	400	545	421	43	43	49	27	72	22
亚洲	401851	425308	400840	427879	465285	540722	284078	313648	299424	335318	431591	331825
东亚和东南亚	306975	327413	320563	347537	381047	447876	250008	268534	266214	292427	382581	292752
东亚	203578	233574	213191	221578	258533	322144	134311	213309	215888	233228	289766	226073

中国大陆	114734	123985	121080	123911	128500	135610	68811	74654	87804	107844	123120	127560
中国香港	72319[c]	96212[c]	70841[c]	74546[c]	114055[c]	174892[c]	88025[c]	95972[c]	84072[c]	81025[c]	125109[c]	55146[c]
朝鲜	14[b]	120[b]	221[b]	89[b]	63[b]	83[b]	—	—	—	—	—	—
韩国	9497[d]	9773[d]	9496[d]	12767[d]	9274[d]	5042[d]	28280[d]	29705[d]	30362[d]	28360[d]	28039[d]	27640[d]
中国澳门	2831	726	3894	4527	3294	3907[b]	−441	120	469	1673	681	942[b]
蒙古	1691	4715	4452	2140	508	195	62	94	44	41	106	12
中国台湾	2492[d]	−1957[d]	3207[d]	3598[d]	2839[d]	2415[d]	11574[d]	12766[d]	13137[d]	14285[d]	12711[d]	14773[d]
东南亚	110573	95939	115975	129997	124827	125731	61110	62035	54727	78802	75348	66681
文莱达鲁萨兰国	481	691	865	776	568	173	−84	71	283	859	382	508
柬埔寨	1342	1372	1835	1872	1730	1701	21	29	36	46	43	47
印度尼西亚	13771	19241	19138	18817	22580	15508	2664	7713	5422	6647	7077	6250
老挝	279	301	294	427	721[d]	1220[b]	−1[b]	—	—	1[b]	2[b]	1[b]
马来西亚	9060	12198	9239	12115	10799	11121	13399	15249	17143	14107	16369	9899
缅甸	6669	1118	497	584	946	2824	—	—	—	—	—	—
菲律宾	1298	1852	2033	3737[c]	6201[c]	5234	616	339	1692	3647	6754	5602
新加坡	55076[d]	48329[d]	57150[d]	66067[d]	68496[d]	65262[d]	35407[d]	31459[d]	18341[d]	39592[d]	39131[d]	35485[d]
泰国	14568	3271	16517	16652	3537	10845	8162	6258	10597	11934	4409	7776
东帝汶	29	47	39	50	49	43	26	−33	13	13	13	13

（续）

地区/经济体	FDI流入量（百万美元）						FDI流出量（百万美元）					
	2010	2011	2012	2013	2014	2015	2010	2011	2012	2013	2014	2015
越南	8000	7519	8368	8900	9200	11800	900	950	1200	1956	1150	1100
南亚	35069	44352	32414	35629	41446	50484	16294	12860	8901	2156	12104	7762
阿富汗	211	83	94	69	54[b]	58[b]	72	70	65	—	—	—
孟加拉	913	1136	1293	1599	1551	2235	15	13	43	34	44	46
不丹	76	29	49	14	32	12	—	—	—	—	—	—
印度	27417	36190	24196	28199	34582	44208	15947	12456	8486	1679	11783	7501
伊朗	3649	4277	4662	3050	2105	2050[b]	170[b]	226[b]	161[b]	166[b]	89[b]	139[b]
马尔代夫	216	424	228	361	333	324	—	—	—	—	—	—
尼泊尔	87	95	92	71	30	51	—	—	—	—	—	—
巴基斯坦	2022	1162	859	1333	1865	865	47	35	82	212	121	23
斯里兰卡	478	956	941	933	894	681	43	60	64	65	67	53
西亚	63187	52831	47557	45518	43270	43362	17771	30407	22568	44665	21107	31310
巴林	156	98	1545	3729	1519	−1463	334	−920	516	532	−394	497
伊拉克	1396	1882	3400	5131	4782	3469	125	366	490	227	242	153
约旦	1689	1486	1513	1805	2009	1275	28	31	5	16	83	1

科威特	1305	3259	2873	1434	953	293	5890	10773	6741	16648	−10468	5407
黎巴嫩	3748	3177	3159	2701	2906	2341	487	958	1012	1965	1213	619
阿曼	1243[d]	1753[d]	850[d]	876[d]	739[d]	822[d]	1498[d]	1222[d]	884[d]	10[d]	1670[d]	855[d]
卡塔尔	4670	939	396	−840	1040	1071	1863	10109	1840	8021	6748	4023
沙特阿拉伯	29233	16308	12182	8865	8012	8141	3907	3430	4402	4943	5396	5520
巴勒斯坦	206	349	58	176	160	120	84	−128	29	−48	188	185
叙利亚	1469	804	—	—	—	—	—	—	—	—	—	—
土耳其	9086	16142	13284	12284	12134	16508	1469	2330	4105	3527	6658	4778
阿拉伯联合酋长国	8797	7152	8828	9491	10823	10976	2015	2178	2536	8828	9019	9264
也门	189	−518	−531	−134	−1787[b]	−1191[b]	71[b]	58[b]	8[b]	5[b]	12[b]	8[b]
拉丁美洲和加勒比地区	167118	193315	190509	176002	170285	167582	57251	48264	41501	32293	31435	32992
南美	131387	156500	151563	114930	128285	120930	41970	34310	1260	16709	21057	23036
阿根廷	11333	10840	15324	9822	5065	11655	965	1488	1055	890	1921	1139
玻利维亚	643	859	1060	1750	648	503	−29	—	—	—	—	—
巴西	83749	96152	76098	53060	73086	64648	22060	11062	−5301	−1180	2230	3072
智利	16583	16674	24977	17878	21231	20176	10534	13617	13040	8388	11803	15513
哥伦比亚	6430	14648	15039	16209	16325	12108	5483	8420	−606	7652	3899	4218

（续）

地区/经济体	FDI流入量（百万美元）						FDI流出量（百万美元）					
	2010	2011	2012	2013	2014	2015	2010	2011	2012	2013	2014	2015
厄瓜多尔	165	644	567	727	773	1060	131[b]	59[b]	41[b]	63[b]	77[b]	60[b]
圭亚那	198	247	294	214	255	122	—	—	—	—	—	—
巴拉圭	216	557	738	72	346	283	128[d]	-109[d]	8[d]	2[d]	-32[d]	-7[d]
秘鲁	8455	7665	11918	9298	7885	6861	266	147	78	137	96	127
苏里南	-248	70	174	188	163	276	—	3	-1	—	—	—
乌拉圭	2289	2504	2536	3032	2188	1647	-60	-7	-3	5	39	33
委内瑞拉	1574	5740	5973	2680	320	1591	2492	-370	4294	752	1024	-1119
中美洲	32752	32270	29649	56334	36574	41915	15427	12898	22963	13999	8928	8976
伯利兹	97[d]	95[d]	189[d]	95[d]	153[d]	65[d]	1[d]	1[d]	1[d]	1[d]	2[d]	—
哥斯达黎加	1466	2178	2258	3091	2746	2850	25	58	455	308	83	141
萨尔瓦多	-230	219	482	179	311	429	-5	—	-2	3	—	—
危地马拉	806	1026	1245	1295	1396	1208	24	17	39	34	106	93
洪都拉斯	969	1014	1059	1060	1144	1204	-1	2	208	68	24	91
墨西哥	26431	23649	20437	45855	25675	30285	15050	12636	22470	13138	8304	8072
尼加拉瓜	490	936	768	816	840	835	16	8	66	116	80	51

巴拿马	2723	3153	3211	3943	4309	5039	317	176	–274	331	329	528
加勒比地区	68672	83939	90492	137078	82185	76768	63114	68860	59296	116294	91821	80725
安圭拉	11	39	44	42	79	85	—	—	—	—	—	—
安提瓜和巴布达	101	68	138	101	155	154	5	3	4	6	6	6
阿鲁巴	237	489	–316	226	247	–23	6	3	3	4	9	10
巴哈马	1148	1533	1073	1111	1596	385	150	524	132	277	397	158
巴巴多斯	446	362	313	–35	486	254	343	389	–129	108	–22	86
英属维尔京群岛	51226[b]	57576[b]	74502[b]	112128[b]	49986[b]	51606[b]	53356[b]	59934[b]	54110[b]	103290[b]	81192[b]	71169[b]
开曼群岛	11948[b]	19026[b]	8104[b]	18176[b]	23731[b]	18987[b]	9400[b]	6971[b]	3222[b]	11029[b]	8738[b]	8273[b]
库拉索	89	69	57	18	69	175[b]	15	–30	12	–16	44	35[b]
多米尼克	43	35	59	25	35	36	1	—	—	2	2	2
多米尼加	2024	2277	3142	1991	2208	2222	–204	–79	274	–391	177	22
格林纳达	64	45	34	114	38	61	3	3	3	1	1	1
海地	178	119	156	160	99	104	—	—	—	—	—	—
牙买加	228[d]	218[d]	413[d]	595[d]	591[d]	794[d]	58[d]	75[d]	–18[d]	–86[d]	–2[d]	4[d]
蒙特塞拉特	4	2	3	4	6	4	—	—	—	—	—	—
圣基兹与尼维斯联邦	119	112	110	139	120	78	3	2	2	2	2	2

（续）

地区/经济体	FDI流入量（百万美元）						FDI流出量（百万美元）					
	2010	2011	2012	2013	2014	2015	2010	2011	2012	2013	2014	2015
圣卢西亚	127	100	78	95	93	95	5	4	4	3	3	3
圣文森特和格林纳丁斯	97	86	115	160	110	121	—	—	—	—	—	—
圣马丁	33	-48	14	34	47	11[b]	3	1	-4	4	-1	-1[b]
特立尼达和多巴哥	549	1831	2453	1994	2489	1619[b]	—	1060	1681	2061	1275	955[b]
大洋洲	2220	2347	3551	2831	1973	2229	620	935	1603	2186	1413	1795
库克群岛	—	—	1[b]	3[b]	—	1[b]	540[b]	814[b]	1307[b]	2033[b]	1304[b]	1548[b]
斐济	350	402	376	264	343	332[b]	6	1	2	4	38	-44[b]
法属波利尼西亚	64	131	155	99	45	83[b]	38	27	43	65	30	39[b]
基里巴斯	-7[d]	1[d]	-3[d]	1[d]	8[d]	2[d]	—	1[d]	—	—	8[d]	2[b]
马绍尔群岛	89[b]	150[b]	-18[b]	156[b]	-299[b]	-54[b]	-46[b]	29[b]	31[b]	13[b]	-46[b]	-1[b]
密克罗尼西亚联邦	1[b]	1[b]	1[b]	1[b]	1[b]	1[b]	—	—	—	—	—	—
新喀里多尼亚	1439	1715	2831	2171	1782	1879[b]	76	40	109	61	62	64[b]
帕劳	3	8	22	18	40	-9[b]	—	—	—	—	—	—
巴布亚新几内亚	29	-310	25	18	-30	-28	—	1	89	—	—	174
萨摩亚	—	15	26	14	23	16	—	1	11	—	4	2

所罗门群岛	166	120	24	53	21	21	2	4	3	3	1	5
汤加	25[b]	44[b]	31[b]	51[b]	56[b]	13[b]	3[b]	16[b]	7[b]	7[b]	11[b]	5[b]
图瓦卢	1[b]	—	2[b]	1[b]	1[b]	1[b]	—	—	—	—	—	—
瓦努阿图	60[d]	70[d]	78[d]	−19[d]	−18[d]	−29[d]	1[d]	1[d]	1[d]	—	1[d]	1[d]
转型经济体	63601	79275	64786	84500	54463	34988	50484	55622	33193	75784	72164	31112
东南欧	4126	7341	3312	4403	4437	4472	271	383	417	458	441	402
阿尔巴尼亚	1061	876	855	1266	1170	1003	6	30	23	40	33	38
波尼西亚和黑塞哥维那	406	496	395	302	502	249	46	18	62	42	15	21
黑山共和国	760	558	620	447	497	699	29	17	27	17	27	12
塞尔维亚	1686	4932	1299	2053	1996	2347	185	318	331	329	356	346
马其顿	213	479	143	335	272	174	5	—	−26	30	10	−15
独联体CIS	59001	71384	61181	79743	51888	30157	50167	55260	32756	75304	71687	30670
亚美尼亚	529	653	497	380	404	181	8	216	16	27	16	11
阿塞拜疆	563	1465	2005	2632	4430	4048	232	533	1192	1490	3230	3260
白俄罗斯	1393	4002	1429	2230	1828	1584	51	126	121	246	39	118
哈萨克斯坦	11551	13973	13337	10321	8406	4021	7885	5390	1481	2287	3639	616
吉尔吉斯斯坦	438	694	293	626	248	404	—	—	—	—	—	—

（续）

地区/经济体	FDI流入量（百万美元）						FDI流出量（百万美元）					
	2010	2011	2012	2013	2014	2015	2010	2011	2012	2013	2014	2015
摩尔多瓦	208	288	195	243	201	229	4	21	20	29	42	17
俄罗斯联邦	31668	36868	30188	53397	29152	9825	41116	48635	28423	70685	64203	26558
塔吉克斯坦	74	160	232	105	263	227[b]	—	—	—	—	—	—
土库曼斯坦	3632[b]	3391[b]	3130[b]	3732[b]	4170[b]	4259[b]	—	—	—	—	—	—
乌克兰	6495	7207	8401	4499	410	2961	736	192	1206	420	111	-51
乌兹别克斯坦	1636	1635	563	629	626	1068	—	—	—	—	—	—
格鲁吉亚	814	1048	911	949	1750	1350	135	147	297	120	407	141
备忘录												
最不发达国家（LDCs）[e]	23763	21917	23408	21366	26311	35107	3090	4081	4683	7527	5199	2599
内陆发展中国家（LLDCs）[f]	26187	36343	34968	30313	29674	24466	9529	6411	2320	3998	6895	3613
小岛屿发展中国家（SIDS）[g]	4742	6213	6625	5810	7056	4819	695	2247	2023	2587	1793	1436

注：a 包括加勒比海地区的金融中心（安圭拉岛、安提瓜和巴布达、阿鲁巴岛、巴哈马、巴巴多斯、英属维尔京群岛、开曼群岛、库拉索岛、多米尼加、格林纳达、蒙特塞拉特岛、圣基茨和尼维斯、圣卢西亚、圣文森特和格林纳丁斯、圣马丁和特克斯

和凯科斯群岛）。

b 直接投资的资金交易以资产/负债计算得出。

c 资产/负债的基础上计算。

d 估计量。

e 最不发达国家包括：阿富汗、安哥拉、孟加拉国、贝宁、不丹、布基纳法索、布隆迪、柬埔寨、中非共和国、乍得、科摩罗、刚果（金）、吉布提、赤道几内亚、厄立特里亚、埃塞俄比亚、冈比亚、几内亚、几内亚比绍、海地、基里巴斯、老挝、莱索托、利比里亚、马达加斯加、马拉维、马里、毛里塔尼亚、莫桑比克、缅甸、尼泊尔、尼日尔、卢旺达、萨摩亚、圣多美和普林西比、塞内加尔、塞拉利昂、所罗门群岛、索马里、南苏丹、苏丹、东帝汶、多哥、图瓦卢、乌干达、坦桑尼亚、瓦努阿图、也门和赞比亚。

f 内陆发展中国家包括：阿富汗、亚美尼亚、阿塞拜疆、不丹、玻利维亚、博茨瓦纳、布基纳法索、布隆迪、中非共和国、乍得、埃塞俄比亚、哈萨克斯坦、吉尔吉斯斯坦、老挝、莱索托、马其顿、马拉维、马里、摩尔多瓦、蒙古、尼泊尔、尼日尔、巴拉圭、卢旺达、南苏丹、斯威士兰、塔吉克斯坦、土库曼斯坦、乌干达、乌兹别克斯坦、赞比亚和津巴布韦。

g 小岛屿发展中国家包括安提瓜和巴布达、巴哈马、巴巴多斯、佛得角、科摩罗、多米尼加、斐济、格林纳达、牙买加、基里巴斯、马尔代夫、马绍尔群岛、毛里求斯、密克罗尼西亚联邦、瑙鲁、帕劳、巴布亚新几内亚、圣基茨和尼维斯、圣卢西亚、圣文森特和格林纳丁斯、萨摩亚、圣多美和普林西比、塞舌尔、所罗门群岛、东帝汶、汤加、特立尼达和多巴哥、图瓦卢和瓦努阿图。

资料来源：联合国贸易和发展会议《世界投资报报告2016》。

2.2000年、2010年和2015年按地区和经济体划分的FDI存量统计（见表2-2）

表2-2　2000年、2010年和2015年按地区和经济体划分的FDI存量统计

地区/经济体	FDI流入量（百万美元）			FDI流出量（百万美元）		
	2000	2010	2015	2000	2010	2015
世界[a]	7553015	20526068	25857469	7528263	21239287	25982272
发达国家	5791254	13398847	16007334	6682413	17424490	19386808
欧洲	2466199	8171968	8782483	3157136	10249006	10595251
欧盟	2345799	7357766	7772956	2890286	9007232	9341790
奥地利	31165	160615	164784	24821	181639	208263
比利时	—	873315	468710	—	950885	458794
比利时和卢森堡	195219	—	—	179773	—	—
保加利亚	2704	47231	42106	67	2583	3083
克罗地亚	2664	31510	26375	760	4472	5448
塞浦路斯	2846	212576	138263	557	197433	133134
捷克	21644	128504	113057	738	14923	18481
丹麦	73574	96984	100858[b]	73100	165375	190608[b]
爱沙尼亚	2645	15551	18914	259	5545	6063
芬兰	24273	86698	92340[b]	52109	137663	94852[b]
法国	184215	630710	772030[b]	365871	1172994	1314158[b]
德国	470938	955881	1121288[b]	483946	1364565	1812469[b]
希腊	14113	35026	17688	6094	42623	26487
匈牙利	22870	90845	92132	1280	22314	38503
爱尔兰	127089	285575	435490	27925	340114	739418
意大利	122533	328058	335335	169957	491208	466594
拉脱维亚	1691	10935	14549	19	895	1230
立陶宛	2334	13271	14440	29	2086	2235
卢森堡	—	172257	205029[b]	—	187027	169570[b]
马耳他	2263	129770	163522[b]	193	60596	67930[b]

（续）

地区/经济体	FDI流入量（百万美元）			FDI流出量（百万美元）		
	2000	2010	2015	2000	2010	2015
荷兰	243733	588078	707043	305461	968142	1074289
波兰	33477	187602	213071[b]	268	16407	27838[b]
葡萄牙	34224	114994	114220	19417	62286	63565
罗马尼亚	6953	68093	69112	136	1511	589
斯洛伐克	6970	50328	48163	555	3457	2562
斯洛文尼亚	2389	10667	11847	772	8147	5473
西班牙	156348	628341	533306	129194	653236	472116
瑞典	93791	347163	281876	123618	374399	345907
英国	463134	1057188	1457408	923367	1574707	1538133
欧洲其他发达国家	120400	814200	1009528	266850	1241775	1307459
直布罗陀	2834[b]	14247[b]	20153[b]	—	—	—
冰岛	497	11784	7273	663	11466	7153
挪威	30265	177318	149150	34026	188996	162124
瑞士	86804	610851	832952[b]	232161	1041313	1138182[b]
北美	3108255	4361182	6344007	3136637	5808053	7061120
加拿大	325020	938889	756038	442623	998466	1078333
美国	2783235	3422293	5587969	2694014	4809587	5982787
其他发达国家	216800	865699	880844	388640	1367430	1730437
澳大利亚	121686	527064	537351	92508	449740	396431
百慕大	265[b]	2837[c]	2432[c]	108[b]	925[c]	843[c]
以色列	20426	61180	104307	9091	68972	89347
日本	50322	214880	170698	278442	831076	1226554
新西兰	24101	59738	66056	8491	16717	17262
发展中经济体	1708780	6424574	9252291	826238	3444443	6287916
非洲	153710	594611	740432	38911	133034	249389
北非	45328	201069	244279	3198	25777	34608
阿尔及利亚	3379[b]	19504[b]	26232	205[b]	1513[b]	1822

（续）

地区/经济体	FDI流入量（百万美元）			FDI流出量（百万美元）		
	2000	2010	2015	2000	2010	2015
埃及	19955	73095	94266	655	5448	7731
利比亚	471[b]	16334[b]	17762[b]	1903[b]	16615[b]	20203[b]
摩洛哥	8842[b]	45082[c]	48696[c]	402[b]	1914[c]	4555[c]
苏丹	1136	15690	24412	—	—	—
突尼斯	11545	31364	32911	33	287	297
非洲其他国家	108382	393507	496153	35713	107257	214781
西非	33009	94756	158542	6392	10553	19514
贝宁	213	604	1666	11	21	168
布基纳法索	28	354	1682	—	8	283
佛得角	192[b]	1252	1486	—	1	—
科特迪瓦	2483	6978	7318	9	94	116
冈比亚	216	323	350[b]	—	—	—
加纳	1554[b]	10080	26397[b]		83	351[b]
几内亚	263[b]	486	2171[b]	12[b]	144	69[b]
几内亚比绍	38	63	134	—	5	7
利比里亚	3247[b]	4956	7056[b]	2188[b]	4714	4345[b]
马里	132	1964	2893	1	18	36
毛里塔尼亚	146[b]	2372[b]	6470[b]	4[b]	26[b]	86[b]
尼日尔	45	2251	5161	1	9	223
尼日利亚	23786	60327	89735	4144	5041	11694
塞内加尔	1295	1699	2808	22	263	375
塞拉利昂	284[b]	482[b]	1848[b]	—	—	—
多哥	87	565	1367	—	126	1761
中非	5963	40196	78799	723	1696	3034
布隆迪	47[b]	6[b]	70[b]	2[b]	1[b]	1[b]
喀麦隆	1600[b]	4488[b]	7621[b]	254[b]	679[b]	447[b]
中非共和国	104	511	626	43	43	43

（续）

地区/经济体	FDI流入量（百万美元）			FDI流出量（百万美元）		
	2000	2010	2015	2000	2010	2015
乍得	576[b]	3595[b]	4901[b]	70[b]	70[b]	70[b]
刚果（布）	1893[b]	9262[b]	23496[b]	40[b]	64[b]	82[b]
刚果（金）	617	9368	19982	34	229	1992
赤道几内亚	1060[b]	9413[b]	13739[b]	..[b.d]	3[b]	3[b]
加蓬	..[b.d]	2871[b]	6805[b]	280[b]	573[b]	352[b]
卢旺达	55	422	1183	—	13	15[b]
圣多美和普林西比	11[b]	260[b]	376[b]	—	21	29[b]
东非	7202	34687	63967	386	1480	2398
科摩罗	21[b]	60[b]	107[b]	—	—	—
吉布提	40	878	1629	—	—	—
厄立特里亚	337[b]	666[b]	886[b]	—	—	—
埃塞俄比亚	941[b]	4206[b]	10692[b]	—	—	—
肯尼亚	932	2282[b]	5878[b]	115[b]	290[b]	566[b]
马达加斯加	141	4383	6795[b]	9[b]	13[b]	14[b]
毛里求斯	683	4658	3706[b]	132[b]	864	1449[b]
塞舌尔	515	1701	2762[b]	130	247	288[b]
索马里	4[b]	566[b]	2172[b]	—	—	—
乌干达	807	5575	10887	—	66	81
坦桑尼亚	2781	9712	18453[b]	—	—	—
南非	62208	223868	194845	28212	93528	189835
安哥拉	7977	16063	9623	..[d]	6209	23232
博茨瓦纳	1827	3351	4760	517	1007	802
莱索托	330	3625	251	—	—	—
马拉维	358	1150	1486[b]	–[d]	90	10[b]
莫桑比克	1249	4606	28768	1	3	10
纳米比亚	1276	5334	3707	45	51	207
南非	43451[c]	179565[c]	124940[c]	27328[c]	83249[c]	162841[c]

（续）

地区/经济体	FDI流入量（百万美元）			FDI流出量（百万美元）		
	2000	2010	2015	2000	2010	2015
斯威士兰	536	927	799[b]	87	91	90[b]
赞比亚	3966	7433	16544[b]	—	2531	2134[b]
津巴布韦	1238	1814	3967	234	297	509
亚洲	1027661	3883877	5884456	590116	2434878	4592477
东亚和东南亚	927584	3016309	4794032	572799	2169787	4028989
东亚	695043	1872156	3089140	495205	1568720	3115641
中国大陆	193348	587817[b]	1220903[b]	27768[b]	317211	1010202[b]
中国香港	435417[e]	1067228[e]	1572606[e]	379285[e]	943646[e]	1485663[e]
朝鲜	55[b]	82[b]	664[b]	—	—	—
韩国	43738[c]	135500[c]	174573[c]	21497[c]	114032[c]	278395[c]
中国澳门	2801[b]	13603	31300[b]	—	550	4877[b]
蒙古	182	4949	16753	—	2901	377
中国台湾	19502[c]	62977[c]	72341[b]	66655[c]	190380[c]	336127[b]
东南亚	232541	1144153	1704892	77594	601067	913348
文莱达鲁萨兰国	3868	4140	6061	484[b]	543[b]	2645[b]
柬埔寨	1580	6162	14739	193	340	531
印度尼西亚	—	160735	224843	—	6672	30171
老挝	588[b]	1888[b]	4850[b]	20[b]	12[b]	16[b]
马来西亚	52747	101620	117644	15878	96964	136892
缅甸	3752[b]	14507[b]	20476[b]	—	—	—
菲律宾	13762[b]	25896	59303[c]	1032	6710	41100[c]
新加坡	110570[c]	632760[c]	978411[c]	56755[c]	466129[c]	625259[c]
泰国	30944	139286	175442	3232	21369	68058
东帝汶	—	155	332	—	94	86
越南	14730[b]	57004[b]	102791[b]	—	2234[b]	8590[b]
南亚	30743	269421	387182	2764	100385	143989
阿富汗	17[b]	1392[b]	1750[b]	—	—	—

（续）

地区/经济体	FDI流入量（百万美元）			FDI流出量（百万美元）		
	2000	2010	2015	2000	2010	2015
孟加拉	2162	6072	12912	68	98	188
不丹	4	52	215	—	—	—
印度	16339	205580	282273	1733	96901	138967
伊朗	2597	28953	45097[b]	414[b]	1673[b]	2455[b]
马尔代夫	128[b]	1114[b]	2784[b]	—	—	—
尼泊尔	72[b]	239[b]	579[b]	—	—	—
巴基斯坦	6919	19829	31600[b]	489	1362	1719[b]
斯里兰卡	2505	6190	9972	60	351	660
西亚	69334	598147	703242	14553	164706	419499
巴林	5906	15154	27660	1752	7883	14625
伊拉克	.[d]	7965	26630[b]	—	632	2109[b]
约旦	3135	28899	29958	44	473	609
科威特	608	11884	14604	1428	28189	31577
黎巴嫩	14233	44324	56608	352	6831	123599
阿曼	2577[b]	14987[b]	20027[b]	—	2796[b]	7438[b]
卡塔尔	1912[b]	30564[b]	33169[b]	74[b]	12545[b]	43287[b]
沙特阿拉伯	17577	176378	224050	5285	26528	63251
巴勒斯坦	1418[b]	2175[b]	2486	—	242	352
叙利亚	1244	9939[b]	10743[b]	—	5	5
土耳其	18812	187151	145471	3668	22509	44656
阿拉伯联合酋长国	1069[b]	63869	111139	1938[b]	55560	87386[b]
也门	843	4858[b]	697[b]	12[b]	513[b]	605[b]
拉丁美洲和加勒比地区	525253	1929181	2598561	196930	873549	1435062
南美洲	308949	1080751	1111253	95869	278193	383086
阿根廷	67601	87552	93871[b]	21141	30328	37289[b]
玻利维亚	5188	6890	11710	29	8	52
巴西	122250	640334	485998	51946	149337	181447

（续）

地区/经济体	FDI流入量（百万美元）			FDI流出量（百万美元）		
	2000	2010	2015	2000	2010	2015
智利	45753	154624	207827	11154	51161	87415
哥伦比亚	11157	82977	149692	2989	23717	47300
厄瓜多尔	6337	11857	15627	252[b]	561[b]	861[b]
马尔维纳斯群岛	58[b]	75[b]	75[b]	—	—	—
圭亚那	756	1784	2915	1	2	2
巴拉圭	1219	3096	5774	38[b]	244[b]	106[b]
秘鲁	11062	42976	86114	505	3319	2285
苏里南	—	—	1676	—	—	—
乌拉圭	2088	12479	21604	138	345	106
委内瑞拉	35480	36107	28370	7676	19171	26223
中美洲	139668	425494	533181	8598	126243	160663
伯利兹	294[c]	1461[c]	2055[c]	42[c]	49[c]	67[c]
哥斯达黎加	2709	14066	27172[b]	86	650	2094[b]
萨尔瓦多	1973	7284	9158	104	1	2
危地马拉	3420	6518	13176	93	382	671
洪都拉斯	1392	6951	12431	49	—	627
墨西哥	121691	363791	419956[b]	8273	121557	151924[b]
尼加拉瓜	1414	4681	8919	—	181	494
巴拿马	6775	20742	40314	—	3374	4784
加勒比地区	76636	422936	954127	92463	469113	891313
安圭拉岛	231[b]	968[b]	1257[b]	5[b]	31[b]	31[b]
安提瓜和巴布达	619[b]	2371[b]	2987[b]	5[b]	92[b]	118[b]
阿鲁巴	1161	4567	3952[b]	675	682	712[b]
巴哈马	3278[b]	13438[b]	19136[b]	452[b]	2538[b]	4026[b]
巴巴多斯	308	4240	6667	41	3623	4020
英属维尔京群岛	30313[b]	204934[b]	610731[b]	69818[b]	376160[b]	750855[b]
开曼群岛	25585[b]	136703[b]	224728[b]	20377[b]	82718[b]	120950[b]
库拉索	—	527	951[b]	—	32	137[b]

（续）

地区/经济体	FDI流入量（百万美元）			FDI流出量（百万美元）		
	2000	2010	2015	2000	2010	2015
多米尼克	275[b]	643[b]	833[b]	3[b]	33[b]	40[b]
多米尼加共和国	1673	18906	30978	68	743	751
格林纳多	348[b]	1273[b]	1565[b]	2[b]	45[b]	52[b]
海地	95	632	1270	2[b]	2[b]	2[b]
牙买加	3317[c]	10855	14102	709	176	319
蒙特塞拉特	83[b]	125[b]	144[b]	—	1[b]	1[b]
荷属安地列斯群岛	277	—	—	6	—	—
圣基茨和尼维斯	487[b]	1598[b]	2156[b]	3[b]	51[b]	62[b]
圣卢西亚	807[b]	2161[b]	2623[b]	4[b]	53[b]	69[b]
圣文森特和格林纳丁斯	499	1315	1906	—	4[b]	6[b]
圣马丁	—	256	331[b]	—	10	11[b]
特立尼达和多巴哥	7280[b]	17424[b]	27810[b]	293[b]	2119[b]	9151[b]
大洋洲	2156	16905	28842	281	2982	10988
库克群岛	66[b]	77[b]	82[b]	..[c, d]	2029[b]	9035[b]
斐济	356	2692	4077[b]	39	47	143[b]
法属波利尼西亚	139[b]	392[b]	905[b]	—	144[b]	349[b]
基里巴斯	—	5[c]	12[b]	—	2[c]	3[b]
马绍尔群岛	218	2260[b]	2195[b]	..[c, d]	64	90[b]
瑙鲁	..[b, d]	..[b, d]	..[b, d]	22[b]	22[b]	22[b]
新喀里多尼亚	..[b, d]	6047[b]	16425[b]	2[b]	321[b]	658[b]
纽埃	6[b]	..[b, d]	..[b, d]	10[b]	23[b]	22[b]
帕劳	173	238	317[b]	—	—	—
巴布亚新几内亚	935	3748	3318	194[b]	209[b]	473[b]
萨摩亚	77	220	73	—	13	14
所罗门群岛	106	552	522	—	27	50
汤加	19[b]	220[b]	415[b]	14[b]	58[b]	106[b]
瓦努阿图	61[b]	454[c]	501[c]	—	23[c]	23[c]

（续）

地区/经济体	FDI流入量（百万美元）			FDI流出量（百万美元）		
	2000	2010	2015	2000	2010	2015
转型经济体	52981	702647	597844	19612	370354	307548
东南欧	2254	40845	49293	16	2794	3932
阿尔巴尼亚	247	3255	4826[b]	—	154	259[b]
波斯尼亚和黑塞哥维那	450	6709	6726[b]	—	195	294[b]
塞尔维亚	1017	22299	28825	—	1960	2870
蒙特内格罗	—	4231	4344	—	375	390
马其顿	540	4351	4572	16	110	119
独联体	50727	661802	548551	19596	367560	303616
亚美尼亚	513	4405	4269	—	122	321
阿塞拜疆	1791	7648	22183	1	5790	15351
白俄罗斯	1306	9904	17972	24	205	687
哈萨克斯坦	10078	82648	119833	16	16212	23852
吉尔吉斯斯坦	432	3698	3887	33	2	2
摩尔多瓦	449	2964	3539	23	68	196
俄罗斯联邦	29738	464228	258402	19211	336355	251979
塔吉克斯坦	136	1164	2112[b]	—	—	—
土库曼斯坦	949[b]	13442[b]	32124[b]	—	—	—
乌克兰	3875	57985	61817	170	7958	9572
乌兹别克斯坦	698[b]	5366[b]	9888[b]	—	—	—
格鲁吉亚	762	8350	12525	118	848	1656
备忘录						
最不发达国家（LDCs）[g]	36833	151273	266047	2668	15735	36491
内陆发展中国家（LLDCs）[h]	35793	179375	309942	1127	29700	44689
小岛屿发展中国家（SIDS）[i]	20685	74890	102750	2032	10426	20626

注：a 包括加勒比海地区的金融中心（安圭拉岛、安提瓜和巴布达、阿鲁巴岛、

巴哈马、巴巴多斯、英属维尔京群岛、开曼群岛、库拉索岛、多米尼加、格林纳达、蒙特塞拉特岛、圣基茨和尼维斯、圣卢西亚、圣文森特和格林纳丁斯、圣马丁和特克斯和凯科斯群岛）。

b 直接投资的资金交易以资产/负债计算得出。

c 负存量值。然而，这个值是包含在地区和全球总和。

d 估计量。

e 资产负债的基础上计算。

f 该经济体于2010年10月10日解散。

g 最不发达国家包括：阿富汗、安哥拉、孟加拉国、贝宁、不丹、布基纳法索、布隆迪、柬埔寨、中非共和国、乍得、科摩罗、刚果（金）、吉布提、赤道几内亚、厄立特里亚、埃塞俄比亚、冈比亚、几内亚、几内亚比绍、海地、基里巴斯、老挝、莱索托、利比里亚、马达加斯加、马拉维、马里、毛里塔尼亚、莫桑比克、缅甸、尼泊尔、尼日尔、卢旺达、萨摩亚、圣多美和普林西比、塞内加尔、塞拉利昂、所罗门群岛、索马里、南苏丹、苏丹、东帝汶、多哥、图瓦卢、乌干达、坦桑尼亚、瓦努阿图、也门和赞比亚。

h 内陆发展中国家包括：阿富汗、亚美尼亚、阿塞拜疆、不丹、玻利维亚、博茨瓦纳、布基纳法索、布隆迪、中非共和国、乍得、埃塞俄比亚、哈萨克斯坦、吉尔吉斯斯坦、老挝、莱索托、马其顿、马拉维、马里、摩尔多瓦、蒙古、尼泊尔、尼日尔、巴拉圭、卢旺达、南苏丹、斯威士兰、塔吉克斯坦、土库曼斯坦、乌干达、乌兹别克斯坦、赞比亚和津巴布韦。

i 小岛屿发展中国家包括安提瓜和巴布达、巴哈马、巴巴多斯、佛得角、科摩罗、多米尼加、斐济、格林纳达、牙买加、基里巴斯、马尔代夫、马绍尔群岛、毛里求斯、密克罗尼西亚联邦、瑙鲁、帕劳、巴布亚新几内亚、圣基茨和尼维斯、圣卢西亚、圣文森特和格林纳丁斯、萨摩亚、圣多美和普林西比、塞舌尔、所罗门群岛、东帝汶、汤加、特立尼达和多巴哥、图瓦卢和瓦努阿图。

资料来源：联合国贸易和发展会议《世界投资报告2016》。

二、中国双向投资统计

（一）实际利用外资统计

1. 2015年部分国家/地区对华直接投资统计（见表2-3）

表2–3　2015年部分国家/地区对华直接投资统计

国别/地区	企业数	比重（%）	实际使用外资金额（万美元）	比重（%）
总计	26590	100	13557619	100
部分亚洲国家/地区	20405	76.74	10361333	76.42
中国香港	13146	49.45	8638672	63.72
印度尼西亚	49	0.18	10754	0.08
日本	643	2.42	319496	2.36
中国澳门	566	2.13	88540	0.65
马来西亚	224	0.84	48048	0.35
菲律宾	33	0.12	3867	0.03
新加坡	762	2.87	690407	5.09
韩国	1958	7.37	403401	2.98
泰国	56	0.21	4438	0.03
中国台湾	2968	11.14	153710	1.13
欧盟主要国家	1612	6.06	639565	4.72
比利时	30	0.11	7629	0.06
丹麦	42	0.16	10466	0.08
英国	342	1.29	49648	0.37
德国	425	1.60	155636	1.15

（续）

国别/地区	企业数	比重（%）	实际使用外资金额（亿美元）	比重（%）
法国	208	0.78	122390	0.90
爱尔兰	22	0.08	45157	0.33
意大利	204	0.77	24519	0.18
卢森堡	26	0.10	63011	0.46
荷兰	121	0.46	75179	0.55
希腊	3	0.01	7	0.00
葡萄牙	8	0.03	202	0.00
西班牙	80	0.30	19726	0.15
奥地利	35	0.13	7842	0.06
芬兰	14	0.05	5432	0.04
瑞典	52	0.20	52721	0.39
北美	1619	6.09	231281	1.71
加拿大	378	1.42	22392	0.17
美国	1241	4.67	208889	1.54
部分自由港	850	3.20	1120845	8.27
毛里求斯	24	0.09	34601	0.26
巴巴多斯	1	0.00	3911	0.03
开曼群岛	112	0.42	144446	1.07
英属维尔京群岛	373	1.40	738778	5.45
萨摩亚	340	1.28	199109	1.47
其他	2104	7.91	1204595	8.88

资料来源：商务部外资统计。

2. 截至2015年部分国家/地区对华直接投资统计（见表2-4）

表2-4　截至2015年部分国家/地区对华直接投资统计

国别/地区	企业数	比重（%）	实际使用外资金额（亿美元）	比重（%）
总计	833601	100	17409.03	100
部分亚洲国家/地区	642783	77.11	11708	67.25
中国香港	386213	46.16	8333.25	47.87
印度尼西亚	1852	0.22	24.79	0.14
日本	49840	5.96	1018.25	5.85
中国澳门	14398	1.72	127.85	0.73
马来西亚	5791	0.69	72.45	0.42
菲律宾	2905	0.34	32.28	0.19
新加坡	22481	2.69	792.21	4.55
韩国	59740	7.14	639.46	3.67
泰国	4259	0.51	40.57	0.23
中国台湾	95304	11.39	626.89	3.60
欧盟主要国家	38818	4.66	1016.56	5.84
比利时	960	0.11	15.14	0.09
丹麦	898	0.11	30.57	0.18
英国	8106	0.97	196.99	1.13
德国	9002	1.08	254.66	1.46
法国	4997	0.60	148.59	0.85
爱尔兰	324	0.04	16.52	0.09
意大利	5432	0.65	66.63	0.38
卢森堡	423	0.05	31.02	0.18
荷兰	3078	0.37	154.87	0.89
希腊	133	0.02	0.96	0.01
葡萄牙	213	0.03	1.89	0.01
西班牙	2203	0.26	33.19	0.19
奥地利	1183	0.14	18.57	0.11

（续）

国别/地区	企业数	比重（%）	实际使用外资金额（亿美元）	比重（%）
芬兰	509	0.06	10.98	0.06
瑞典	1357	0.16	35.98	0.21
北美	76385	9.16	873.54	5.02
加拿大	13538	1.62	98.84	0.57
美国	62847	7.51	774.70	4.45
部分自由港	37603	4.51	2223.59	12.77
毛里求斯	2421	0.29	133.15	0.76
巴巴多斯	311	0.04	43.57	0.25
开曼群岛	3168	0.38	301.72	1.73
英属维尔京群岛	23583	2.82	1491.74	8.57
萨摩亚	8120	0.97	253.41	1.46
其他	38012	4.56	1587.34	9.12

资料来源：商务部外资统计。

3. 截至2015年外商直接投资统计（见表2-5）

表2-5　截至2015年外商直接投资统计

年度	企业数	实际使用外资金额（亿美元）
总计	836595	17409.06
1979~1982	920	17.69
1983	638	9.16
1984	2166	14.19
1985	3073	19.56
1986	1498	22.44
1987	2233	23.14
1988	5945	31.94
1989	5779	33.93

（续）

年度	企业数	实际使用外资金额（亿美元）
1990	7273	34.87
1991	12978	43.66
1992	48764	110.08
1993	83437	275.15
1994	47549	337.67
1995	37011	375.21
1996	24556	417.26
1997	21001	452.57
1998	19799	454.63
1999	16918	403.19
2000	22347	407.15
2001	26140	468.78
2002	34171	527.43
2003	41081	535.05
2004	43664	606.30
2005	44019	724.06
2006	41496	727.15
2007	37892	835.21
2008	27537	1083.12
2009	23442	940.65
2010	27420	1147.34
2011	27717	1239.85
2012	24934	1210.73
2013	22819	1239.11
2014	23794	1285.02
2015	26584	1355.77

资料来源：商务部外资统计。

（二）对外直接投资统计

1.2007~2015年中国对外直接投资流量情况统计（分国家地区）（见表2-6）

表2-6　2007~2015年中国对外直接投资流量情况统计（分国家地区）　（单位：万美元）

国家（地区）	2007年	2008年	2009年	2010年	2011年	2012年	2013年	2014年	2015年
合计	2650409	5590141	5652899	6881131	7465404	8780353	10784371	12311985	14565713
亚洲	1659315	4354751	4040759	4489046	4549445	6478494	7560426	8498803	10836087
阿富汗	10	11391	1639	191	29554	1761	-122	2792	-326
阿拉伯联合酋长国	4915	12739	8890	34883	31458	10511	29458	70534	126868
阿曼	259	-2295	-624	1103	951	337	-74	1516	1095
巴基斯坦	91063	26537	7675	33135	33328	8893	16357	101426	31074
巴勒斯坦	—	—	—	—	—	2	2	—	—
巴林	—	12	—	—	—	508	-534	—	—
朝鲜	1840	4123	586	1214	5595	10946	8620	5194	4121
东帝汶	—	—	—	—	—	—	160	973	3381
菲律宾	450	3369	4024	24409	26719	7490	5440	22495	-2759
哈萨克斯坦	27992	49643	6681	3606	58160	299599	81149	-4007	-251027

（续）

国家（地区）	2007年	2008年	2009年	2010年	2011年	2012年	2013年	2014年	2015年
韩国	5667	9691	26512	-72168	34172	94240	26875	54887	132455
吉尔吉斯斯坦	1499	706	13691	8247	14507	16140	20339	10783	15155
柬埔寨	6445	20464	21583	46651	56602	55966	49933	43827	41968
卡塔尔	981	1000	-374	1114	3859	8446	8747	3579	14085
科威特	-625	244	292	2286	4200	-1188	-59	16191	14444
老挝	15435	8700	20324	31355	45852	80882	78148	102690	51721
黎巴嫩	—	—	—	42	—	—	68	9	—
马尔代夫	—	—	—	—	—	—	155	72	—
马来西亚	-3282	3443	5378	16354	9513	19904	61638	52134	48891
蒙古	19627	23861	27654	19386	45104	90403	38879	50261	-2319
孟加拉国	364	450	1075	724	1032	3303	4137	2502	3119
缅甸	9231	23253	37670	87561	21782	74896	47533	34313	33172
尼泊尔	99	1	118	86	858	765	3697	4504	7888
日本	3903	5862	8410	33799	14942	21065	43405	39445	24042
塞浦路斯	30	—	—	—	8954	348	7634	—	176
沙特阿拉伯	11796	8839	9023	3648	12256	15367	47882	18430	40479

（续）

国家（地区）	2007年	2008年	2009年	2010年	2011年	2012年	2013年	2014年	2015年
斯里兰卡	-152	904	-140	2821	8123	1675	7177	8511	1747
塔吉克斯坦	6793	2658	1667	1542	2210	23411	7233	10720	21931
中国台湾	-5	-6	4	1735	1108	11288	17667	18370	26712
泰国	7641	4547	4977	69987	23011	47860	75519	83946	40724
土耳其	161	910	29326	782	1350	10895	17855	10497	62831
土库曼斯坦	126	8671	11968	45051	-38304	1234	-3243	19515	-31457
文莱	118	182	581	1653	2011	99	852	-328	392
乌兹别克斯坦	1315	3937	493	-463	8825	-2679	4417	18059	12789
新加坡	39773	155095	141425	111850	326896	151875	203267	281363	1045248
叙利亚	-1126	-117	343	812	-208	-607	-805	955	-356
也门共和国	4347	1881	164	3149	-912	1407	33125	596	-10216
伊拉克	36	-166	179	4814	12244	14840	2002	8286	1231
伊朗	1142	-3453	12483	51100	61556	70214	74527	59286	-54966
以色列	222	-100	—	1050	201	1158	189	5258	22974
印度	2202	10188	-2488	4761	18008	27681	14857	31718	70525
印度尼西亚	9909	17398	22609	20131	59219	136129	156338	127198	145057

（续）

国家（地区）	2007年	2008年	2009年	2010年	2011年	2012年	2013年	2014年	2015年
约旦	60	-163	11	7	18	983	77	674	158
越南	11088	11984	11239	30513	18919	34943	48050	33289	56017
中国澳门	4731	64338	45634	9604	20288	1660	39477	59610	108065
中国香港	1373235	3864030	3560057	3850521	3565484	5123844	6282378	7086730	8978978
非洲	157431	548476	143887	211199	317314	251666	337064	320192	297792
阿尔及利亚	14592	4225	22876	18600	11434	24588	19130	66571	21057
埃及	2498	1457	13386	5165	6645	11941	2322	16287	8081
埃塞俄比亚	1328	971	7429	5853	7230	12156	10246	11959	17529
安哥拉	4119	-957	831	10111	7272	39208	22405	-44857	5774
贝宁	632	1456	9	176	75	506	844	744	1476
博茨瓦纳	187	1406	1844	4385	2186	2110	1019	5295	8608
布基纳法索	—	—	—	—	—	—	434	445	—
布隆迪	—	—	69	—	—	150	109	345	206
赤道几内亚	1282	-486	2088	2208	1247	13884	2241	3313	-1304
多哥	270	420	891	1177	904	2059	2359	699	-173
厄立特里亚	45	-49	23	294	330	196	90	129	991
佛得角	9	48	—	-46	—	—	13	10	—

（续）

国家（地区）	2007年	2008年	2009年	2010年	2011年	2012年	2013年	2014年	2015
冈比亚	—	—	—	—	—	—	—	5	—
刚果（布）	250	979	2807	3438	681	9880	10994	23860	15008
刚果（金）	5727	2399	22716	23619	7518	34417	12127	15756	21371
吉布提	100	—	340	423	566	—	200	953	2033
几内亚	1320	832	2698	974	2455	6444	10013	6770	−2572
几内亚（比绍）	—	—	—	—	—	—	—	172	224
加纳	185	1099	4935	5598	4007	20849	12251	7290	28322
加蓬	331	3205	1188	2344	193	3069	3210	2556	4879
津巴布韦	1257	−72	1124	3380	44003	28747	51753	10118	4675
喀麦隆	205	169	82	1488	187	1765	5720	2974	2467
科摩罗	—	—	—	−1	—	50	—	—	—
科特迪瓦	174	−702	151	−502	87	361	−479	2426	6024
肯尼亚	890	2323	2812	10122	6817	7873	23054	27839	28181
莱索托	—	62	10	56	3	21	—	46	8
利比里亚	—	256	112	2989	2109	1200	3034	4011	9818
利比亚	4226	1054	−3855	−1050	4788	−668	45	13	−4106
卢旺达	−41	1288	862	1272	969	502	−594	1494	406

（续）

国家（地区）	2007年	2008年	2009年	2010年	2011年	2012年	2013年	2014年	2015
马达加斯加	1324	6116	4256	3358	2310	843	1551	3676	3384
马拉维	20	544	—	986	120	1033	825	340	5
马里	672	–128	799	305	4758	4442	10801	2339	–3401
毛里求斯	1558	3444	1412	2201	41946	5783	6107	4943	15477
毛里塔尼亚	–498	–65	653	577	1969	3087	1527	–733	216
摩洛哥	264	688	1642	175	911	105	774	1144	2603
莫桑比克	1003	5	1585	28	2026	23052	13189	10251	6843
纳米比亚	91	759	1162	551	504	2512	705	802	1785
南非	45441	480786	4159	41117	–1417	–81491	–8919	4209	23317
南苏丹	—	—	—	—	5	780	1149	–682	1308
尼日尔	10083	–1	3987	19625	5163	–19594	11654	–4461	2369
尼日利亚	39035	16256	17186	18489	19742	33305	20913	19977	5058
塞拉利昂	285	1142	90	—	1075	769	4003	492	807
塞内加尔	24	360	1104	1896	19	447	1044	706	–794
塞舌尔	9	5	36	1228	434	5340	1769	756	4958
圣多美和普林西比	—	—	—	2	—	7	—	—	—
苏丹	6540	–6314	1930	3096	91186	–169	14091	17407	3171

（续）

国家（地区）	2007年	2008年	2009年	2010年	2011年	2012年	2013年	2014年	2015
坦桑尼亚	-382	1822	2158	2572	5312	11970	15064	16661	22632
突尼斯	-34	—	-130	-29	376	-65	706	71	564
乌干达	401	-670	129	2650	991	979	6060	6050	20534
赞比亚	11934	21397	11180	7505	29178	29155	29286	42485	9655
乍得	75	947	5121	213	-1248	8068	12095	8312	-1712
中非	—	—	—	2581	248	—	130	18224	30
欧洲	153843	87580	335272	676019	825108	703509	594853	1083790	711842
阿尔巴尼亚	—	—	—	8	—	—	56	—	—
阿塞拜疆	-115	-66	173	37	1768	34	-443	1683	136
爱尔兰	20	4233	-95	3288	1693	4888	11702	3711	1430
奥地利	8	—	—	46	2022	5343	15	4371	10432
白俄罗斯	—	210	210	1922	867	4350	2718	6372	5421
保加利亚	—	—	-243	1629	5390	5417	2069	2042	5916
比利时	491	—	2362	4533	3590	9840	2578	15328	2346
冰岛	—	—	—	-5	—	—	—	—	—
波黑	—	—	151	6	4	6	—	—	162

（续）

国家（地区）	2007年	2008年	2009年	2010年	2011年	2012年	2013年	2014年	2015年
波兰	1175	1070	1037	1674	4866	750	1834	4417	2510
丹麦	27	133	264	161	589	514	2739	5723	-2416
德国	23866	18341	17921	41235	51238	79933	91081	143892	40963
俄罗斯联邦	47761	39523	34822	56772	71581	78462	102225	63356	296086
法国	962	3105	4519	2641	348232	15393	26044	40554	32788
芬兰	1	266	111	1804	156	136	852	1042	3868
格鲁吉亚	821	1000	778	4057	80	6874	10962	22435	4398
荷兰	10675	9197	10145	6453	16786	44245	23842	102997	1346284
捷克	497	1279	1560	211	884	1802	1784	246	-1741
克罗地亚	120	—	26	3	5	5	—	355	—
拉脱维亚	-174	—	-3	—	—	—	—	—	45
立陶宛	—	—	—	—	—	100	551	—	—
列支敦士登	28	—	7	355	—	—	—	363	64
卢森堡	419	4213	227049	320719	126500	113301	127521	457837	-1145317
罗马尼亚	480	1198	529	1084	30	2541	217	4225	6332
马耳他	-10	47	22	-237	27	—	12	193	503

（续）

国家（地区）	2007年	2008年	2009年	2010年	2011年	2012年	2013年	2014年	2015年
马其顿共和国	—	—	—	—	—	6	—	—	-1
挪威	360	9	360	13473	1857	849	19629	5860	-167589
葡萄牙	—	—	—	—	—	515	1494	387	1072
瑞典	6806	1066	810	136723	4901	28522	17082	13001	31719
瑞士	121	1	2099	2725	1719	864	12826	3364	24677
塞尔维亚	—	—	—	210	21	210	1150	1169	763
斯洛伐克	—	—	26	46	594	219	33	4566	—
乌克兰	565	241	3	150	77	207	1014	472	-76
西班牙	609	116	5986	2926	13974	4624	-14575	9235	14967
希腊	3	12	—	—	43	88	190	—	-137
匈牙利	863	215	821	37010	1161	4140	2567	3402	2320
意大利	810	500	4605	1327	22483	11858	3126	11302	9101
英国	56654	1671	19217	33033	141970	277473	141958	149890	184816
拉丁美洲	490241	367726	732790	1053827	1193582	616974	1435895	1054739	1261035
阿根廷	13669	1082	-2282	2723	18515	74325	22141	26992	20832
安提瓜和巴布达	—	—	—	—	101	—	—	—	—
巴巴多斯	41	82	87	-211	—	81	92	-167	-28

（续）

国家（地区）	2007年	2008年	2009年	2010年	2011年	2012年	2013年	2014年	2015年
巴哈马	3899	-5591	100	—	—	—	—	—	—
巴拉圭	—	300	647	2783	557	142	18	—	—
巴拿马	833	652	1369	2606	116	72	18768	481	2382
巴西	5113	2238	11627	48746	12640	19410	31093	73000	-6328
玻利维亚	197	414	1801	306	867	4321	1440	2453	3432
伯利兹	—	6	—	-8	—	—	35	35	—
多米尼加	—	6	6	—	—	—	—	—	—
多米尼克	—	—	—	—	50	—	30	—	—
厄瓜多尔	358	-942	1790	2206	-3506	31139	47060	13781	11811
哥伦比亚	22	676	574	694	3325	8351	1793	18310	370
哥斯达黎加	—	—	—	8	1	—	117	-19	384
格林纳达	—	12	—	—	—	—	—	—	—
古巴	658	556	1293	-1635	7671	-557	-2437	-2222	4243
圭亚那	6000	—	—	2837	20	9884	3500	408	-389
洪都拉斯	-438	-90	—	—	—	—	—	—	—
开曼群岛	260159	152401	536630	349613	493646	82743	925340	419172	1021303

（续）

国家（地区）	2007年	2008年	2009年	2010年	2011年	2012年	2013年	2014年	2015年
秘鲁	671	2455	5849	13903	21425	-4937	11460	4507	-17776
墨西哥	1716	563	82	2673	4154	10042	4973	14057	-628
尼加拉瓜	—	—	—	—	—	—	217	101	55
圣卢西亚	—	—	—	—	—	—	—	—	15
圣文森特和格林纳丁斯	588	946	-946	905	—	—	—	332	303
苏里南	1757	242	110	635	—	-3323	2900	-1690	2009
特立尼达和多巴哥	—	—	—	—	10	19	23	3625	915
危地马拉	—	—	—	—	—	—	—	63	—
委内瑞拉	6953	978	11572	9439	8177	154176	42556	11608	28830
乌拉圭	48	—	498	36	36	950	967	108	3615
牙买加	—	214	—	221	3545	3586	474	11132	—
英属安圭拉	—	—	—	—	—	—	—	—	100
英属维尔京群岛	187614	210433	161205	611976	620833	223928	322156	457043	184900
智利	383	93	778	3371	1399	2622	1179	1629	685
北美洲	112571	36422	152193	262144	248132	488200	490101	920766	1071848
百慕大群岛	-10259	-10484	6	17086	11583	3899	1893	70769	112698

（续）

国家（地区）	2007年	2008年	2009年	2010年	2011年	2012年	2013年	2014年	2015年
加拿大	103257	703	61313	114229	55407	79516	100865	90384	156283
美国	19573	46203	90874	130829	181142	404785	387343	759613	802867
大洋洲	77008	195186	247998	188896	331823	241510	366032	433695	387109
澳大利亚	53159	189215	243643	170170	316529	217298	345798	404911	340131
巴布亚新几内亚	19681	2992	480	533	1665	2569	4302	3037	4177
斐济	249	797	240	557	1963	6832	5832	-3716	1240
库克群岛	—	—	—	—	—	12	17	-27	—
马绍尔群岛共和国	3416	800	2670	1318	-2743	—	-1210	—	-5682
密克罗尼西亚联邦	625	-16	—	—	-289	341	46	339	355
帕劳共和国	50	752	—	50	57	—	—	51	150
萨摩亚	-12	—	63	9893	11773	4759	-7793	3484	9586
汤加	—	—	—	—	—	—	—	10	98
瓦努阿图	—	—	—	—	79	293	—	604	2245
新西兰	-160	646	902	6375	2789	9406	19040	25002	34809

2.2007~2015年中国对外直接投资存量情况统计（分国家地区）（见表2-7）

表2-7　2007~2015年中国对外直接投资存量情况统计（分国家地区）

（单位：万美元）

国家（地区）	2007年	2008年	2009年	2010年	2011年	2012年	2013年	2014年	2015年
合计	11791050	18397071	24575539	31721059	42478067	53194058	66047840	88264242	109786459
亚洲	7921793	13131699	18554720	22814597	30343470	36440706	44640828	60096561	76890132
阿富汗*	77	11469	18132	16859	46513	48274	48742	51849	41993
阿拉伯联合酋长国	23431	37599	44029	76429	117450	133678	151457	233345	460284
阿曼	3717	1422	797	2111	2938	3335	17473	18972	20077
巴基斯坦	106819	132799	145809	182801	216299	223361	234309	373682	403593
巴勒斯坦	—	—	—	—	—	2	4	4	4
巴林	75	87	87	87	102	680	146	376	387
朝鲜*	6713	11863	26152	24010	31261	42236	58551	61157	62500
东帝汶	45	45	745	745	745	745	905	1578	10028
菲律宾	4304	8673	14259	38734	49427	59314	69238	75994	71105
哈萨克斯坦*	60993	140230	151621	159054	285845	625139	695669	754107	509546
韩国*	121414	85034	121780	63725	158268	308190	196308	277157	369804

（续）

国家（地区）	2007年	2008年	2009年	2010年	2011年	2012年	2013年	2014年	2015年
吉尔吉斯斯坦*	13975	14681	28372	39432	52505	66219	88582	98419	107059
柬埔寨	16811	39066	63326	112977	175744	231768	284857	322228	367586
卡塔尔*	3979	4979	3628	7705	13018	22066	25402	35387	44993
科威特	51	296	588	5087	9286	8284	8939	34591	54362
老挝	30222	30519	53567	84575	127620	192784	277092	449099	484171
黎巴嫩	44	44	157	201	201	301	369	378	378
马尔代夫	—	—	—	—	—	—	165	237	237
马来西亚*	27463	36120	47989	70880	79762	102613	166818	178563	223137
蒙古*	59217	89556	124166	143552	188662	295403	335396	376246	376006
孟加拉国	4330	4814	6030	6758	7668	11725	15868	16024	18843
缅甸	26177	49971	92988	194675	218152	309372	356968	392557	425873
尼泊尔	866	867	1413	1594	2480	3358	7531	13834	29193
日本*	55827	50969	69286	110563	136622	161991	189824	254704	303820
塞浦路斯	136	136	136	136	9090	9495	17126	10717	10915
沙特阿拉伯	40403	62068	71089	76056	88314	120586	174706	198743	243439
斯里兰卡	774	1678	1581	7274	16258	17858	29265	36391	77251
塔吉克斯坦	9899	22717	16279	19163	21674	47612	59941	72896	90909

（续）

国家（地区）	2007年	2008年	2009年	2010年	2011年	2012年	2013年	2014年	2015年
中国台湾	15	9	13	1819	2935	13532	34927	59862	96905
泰国	37862	43716	44788	108000	130726	212693	247243	307947	344012
土耳其*	1199	2236	38617	40363	40648	50251	64231	88181	132884
土库曼斯坦	142	8813	20797	65848	27648	28777	25323	44760	13304
文莱	438	651	1737	4566	6613	6635	7212	6955	7352
乌兹别克斯坦	3082	7764	8522	8300	15647	14618	19782	39209	88204
新加坡*	144393	333477	485732	606910	1060269	1238333	1475070	2063995	3198491
叙利亚	555	438	849	1661	1483	1446	641	1455	1100
也门共和国	10723	14054	14930	18466	19145	22130	54911	55507	45330
伊拉克	2245	2079	2258	48345	60591	75432	31706	37584	38812
伊朗	12235	9427	21780	71516	135156	207046	285120	348415	294919
以色列	1087	987	1137	2187	2388	3846	3405	8665	31718
印度*	12014	22202	22127	47980	65738	116910	244698	340721	377047
印度尼西亚	67948	54333	79906	115044	168791	309804	465665	679350	812514
约旦	1195	1032	1054	1263	1281	2254	2343	3098	3255
越南	39699	52173	72850	98660	129066	160438	216672	286565	337356
中国澳门	91067	156078	183723	222929	267589	292927	240914	393074	573912

（续）

国家（地区）	2007年	2008年	2009年	2010年	2011年	2012年	2013年	2014年	2015年
中国香港*	6878132	11584528	16449894	19905557	26151852	30637245	37709314	50991983	65685524
非洲	446183	851184	933227	1334212	1624432	2172972	2618577	3235061	3469440
阿尔及利亚*	39389	50882	75126	93726	105945	130533	149721	245157	253155
埃及*	13160	13135	28507	33672	40317	45919	51113	65711	66315
埃塞俄比亚	10888	12645	28344	36806	42679	60655	77184	91462	113013
安哥拉	7846	6889	19554	35177	40059	124510	163474	121404	126829
贝宁	3560	5315	5401	3933	4003	4760	4991	6917	8731
博茨瓦纳	4339	6526	11925	17852	20038	22015	23090	26213	32108
布基纳法索	—	—	—	—	—	—	434	878	—
布隆迪	165	165	464	651	720	870	979	1324	1237
赤道几内亚*	4463	4062	6150	8625	9868	40464	26085	20820	23163
多哥	1442	2312	3302	5811	6715	9839	12309	13581	12882
厄立特里亚	722	673	960	1254	1431	10378	10455	10671	11941
佛得角	465	513	504	458	458	1160	1523	1518	1518
冈比亚	119	119	119	119	119	119	119	124	124
刚果（布）*	6540	7542	11517	13588	14240	50490	69543	98876	108867
刚果（金）*	10440	13414	39743	63092	70926	97049	109176	216867	323935

（续）

国家（地区）	2007年	2008年	2009年	2010年	2011年	2012年	2013年	2014年	2015年
吉布提	160	160	703	1247	1813	1799	3055	4008	6046
几内亚	6997	9637	12932	13641	16843	23467	33858	41907	38272
几内亚（比绍）	—	—	2700	2700	2700	2700	2700	6682	6906
加纳	4187	5802	18504	20200	27015	50527	83484	105669	127449
加蓬	5559	8814	10005	12534	12710	12847	16848	18041	24442
津巴布韦	5915	6001	9975	13454	57644	87467	152083	169558	179892
喀麦隆	1851	2034	2505	5961	6154	7950	14840	17784	20734
科摩罗	405	405	405	404	404	454	454	454	453
科特迪瓦	2818	2116	3765	3299	3467	4004	3500	6429	12678
肯尼亚	5513	78636	12036	22158	30883	40273	63590	85371	109904
莱索托	760	822	832	888	891	913	913	1107	1115
利比里亚*	2978	3736	5639	8167	11474	15437	19610	22965	28899
利比亚	7083	8158	4269	3219	6778	6519	10882	10984	10577
卢旺达	730	2018	2880	4163	5852	6354	7333	11072	12357
马达加斯加*	7601	14652	19622	22987	25363	27455	28610	35261	34770
马拉维	116	659	1454	3240	3007	4930	25382	25762	25815
马里	3222	3095	4472	4777	16006	21143	31667	34286	30733

（续）

国家（地区）	2007年	2008年	2009年	2010年	2011年	2012年	2013年	2014年	2015年
毛里求斯	11590	23007	24284	28329	60594	70080	84959	57971	109658
毛里塔尼亚	1514	2476	3129	4588	7471	10615	10828	10095	10583
摩洛哥	2965	2806	4878	5585	8948	9522	10296	11444	15629
莫桑比克	3424	4300	7496	7524	9807	33691	50809	65386	72452
纳米比亚*	724	1995	4618	4711	6021	9453	34945	98184	38044
南非*	70237	304862	230686	415298	405973	477507	440040	595402	472297
南苏丹	—	—	—	—	5	1090	2647	1926	3598
尼日尔*	13453	13650	18420	37936	42957	12533	24187	19808	56544
尼日利亚	63032	79591	102596	121085	141561	194987	214607	232301	237676
塞拉利昂	3228	4370	5123	4148	5223	5771	10836	14774	19630
塞内加尔	439	1061	2607	4503	4520	10222	8325	13001	12602
塞舌尔	655	660	700	1936	2380	7719	10347	11440	16011
圣多美和普林西比	—	—	—	31	31	38	38	38	38
苏丹	57485	52825	56389	61336	152564	123660	150704	174712	180936
坦桑尼亚	11092	19022	28179	60751	40707	54080	71646	88518	113887
突尼斯	357	357	227	253	629	569	1386	1456	2084
乌干达	1868	1198	5856	11368	12621	14110	38376	46410	72215

（续）

国家（地区）	2007年	2008年	2009年	2010年	2011年	2012年	2013年	2014年	2015年
赞比亚*	42936	65133	84397	94373	119984	199811	216432	227199	233802
乍得*	1353	2536	7657	8000	10812	19412	32126	40461	42272
中非*	398	398	1671	4654	5102	5102	6038	5708	4622
欧洲	445490	513397	867681	1571031	2445002	3697513	5316156	6939985	8367897
阿尔巴尼亚	51	51	435	443	443	443	703	703	695
阿塞拜疆	1019	953	1200	1238	3006	3168	3834	5521	6370
爱尔兰*	2923	10777	10682	13991	15683	19377	32325	24972	24832
爱沙尼亚	126	126	750	750	750	350	350	350	350
奥地利	40	404	155	201	2454	7946	7666	20170	32799
白俄罗斯	29	239	449	2371	2907	7747	11590	25752	47589
保加利亚	474	474	234	1860	7256	12674	14985	17027	23597
比利时	3398	3330	5691	10101	14050	23069	31501	49347	51953
冰岛	5	5	5	—	—	—	—	—	110
波兰	9893	10993	12030	14031	20125	20811	25704	32935	35211
波黑	351	351	592	598	601	607	613	613	775
丹麦*	3675	3808	4079	4247	4913	5324	8437	20815	8217
德国*	84541	84550	108224	150229	240144	310435	397938	578550	588176

（续）

国家（地区）	2007年	2008年	2009年	2010年	2011年	2012年	2013年	2014年	2015年
俄罗斯联邦*	142151	183828	222037	278756	376364	488849	758161	869463	1401963
法国*	12681	16713	22103	24362	372389	395077	444794	844488	572355
芬兰	94	359	904	2725	3100	3403	4255	5899	9507
格鲁吉亚*	4293	6586	7533	13017	10935	17808	33075	54564	53375
荷兰*	13876	23442	33587	48671	66468	110792	319309	419408	2006713
黑山	32	32	32	32	32	32	32	32	32
捷克	1964	3243	4934	5233	6683	20245	20468	24269	22431
克罗地亚	784	784	810	813	818	863	831	1187	1182
拉脱维亚	57	57	54	54	54	54	54	54	94
立陶宛	393	393	393	393	393	697	1248	1248	1248
列支敦士登	28	28	36	391	391	391	391	1240	1304
卢森堡*	6702	12283	248438	578675	708197	897789	1042376	1566677	773988
罗马尼亚	7288	8566	9334	12495	12583	16109	14513	19137	36480
马耳他	187	481	503	266	337	337	349	542	1045
马其顿共和国	20	20	20	20	20	26	209	211	211
摩尔多瓦*	78	78	78	78	78	211	387	387	211
挪威*	375	385	1295	14776	16659	18813	477171	522350	347129

（续）

国家（地区）	2007年	2008年	2009年	2010年	2011年	2012年	2013年	2014年	2015年
葡萄牙	171	171	502	2137	3313	4039	5532	6069	7142
瑞典	14693	15759	11189	147912	153122	240817	273771	301292	338196
瑞士	888	891	3030	5854	9194	10132	29654	38766	60415
塞尔维亚	200	200	268	484	505	647	1854	2971	4979
塞尔维亚和黑山	—	—	—	—	—	—	—	—	—
斯洛伐克	510	510	936	982	2578	8601	8277	12779	12779
斯洛文尼亚	140	140	500	500	500	500	500	500	500
乌克兰	1351	1592	2079	2229	2929	3314	5198	6341	6890
西班牙	14285	14501	20523	24776	38931	43725	31571	42453	60801
希腊*	38	168	168	423	463	598	11979	12083	11948
匈牙利	7817	8875	9741	46570	47535	50741	53235	55635	57111
亚美尼亚*	125	125	132	132	132	132	751	751	751
意大利	12713	13360	19168	22380	44909	57393	60775	71969	93197
英国*	95031	83766	102828	135835	253058	893427	1179790	1280465	1663246
拉丁美洲	2470091	3224015	3211548	4387566	5517175	6821163	8609593	10608113	12561415
阿根廷	15719	17336	168905	21899	40525	89719	165820	179152	194892
安提瓜和巴布达	125	125	125	125	484	544	630	630	630

（续）

国家（地区）	2007年	2008年	2009年	2010年	2011年	2012年	2013年	2014年	2015年
巴巴多斯	242	325	600	388	313	395	497	330	289
巴哈马	5651	60	160	160	160	60	60	60	60
巴拉圭	—	478	1125	3907	4465	4606	4624	4791	4791
巴拿马	5531	6738	8109	23658	33078	19662	47864	20493	22815
巴西*	18955	21705	36089	92365	107179	144951	173358	283289	225712
玻利维亚*	2303	2862	5565	6485	6632	15619	11892	13217	31746
伯利兹	2	8	8	—	—	—	35	70	70
多米尼加	—	6	12	12	12	112	100	101	101
多米尼克	70	70	70	415	815	815	845	315	315
厄瓜多尔	4918	8860	10660	12958	9524	40763	100879	91460	105635
哥伦比亚	677	1371	2050	2297	5980	34615	36869	54730	55443
哥斯达黎加	—	—	200	208	209	209	326	398	782
格林纳达	753	765	765	1452	1454	1454	1454	2367	2367
古巴	6649	7205	8532	6898	14637	13569	11134	6255	12062
圭亚那	6860	6950	14961	18317	13513	15188	22518	24757	25601
洪都拉斯	90	—	—	—	—	—	—	—	—
开曼群岛*	1681068	2032745	1357707	1725627	2169232	3007200	4232406	4423672	6240408

（续）

国家（地区）	2007年	2008年	2009年	2010年	2011年	2012年	2013年	2014年	2015年
秘鲁*	13711	19434	28454	65449	80224	75287	86778	90798	70.549
墨西哥*	15144	17308	17390	15287	26388	36848	40987	54121	52476
尼加拉瓜	—	—	—	—	—	—	217	318	367
萨尔多瓦	—	—	—	—	—	—	—	1	1
圣卢西亚	—	—	—	—	—	—	—	—	15
圣文森特和格林纳丁斯	2080	3249	2303	3619	3620	3620	3620	3900	4204
苏里南	6528	6770	6880	7884	7884	4561	11193	9393	11352
特立尼达和多巴哥*	80	80	80	80	90	109	386	102531	60463
危地马拉	—	—	—	—	—	—	—	99	99
委内瑞拉	14388	15596	27196	41652	50100	204276	236338	249323	280029
乌拉圭*	211	211	715	751	815	1765	2593	21081	18273
牙买加*	2	216	216	439	3907	7493	7968	18837	22568
英属安圭拉	—	—	—	—	—	—	—	—	100
英属维尔京群岛	662654	1047733	1506069	2324276	2926141	3085095	3390298	4932041	5167214
智利	5680	5809	6602	10958	9794	12628	17904	19583	20464
北美洲	324089	365978	518470	782926	1347243	2550299	2860974	4795149	5217926
百慕大群岛*	10584	145	17594	35267	75184	337250	51399	215144	286106

（续）

国家（地区）	2007年	2008年	2009年	2010年	2011年	2012年	2013年	2014年	2015年
加拿大*	125452	126843	167034	260260	372756	505072	619619	778908	851625
美国*	188053	238990	333842	487399	899303	1707977	2189956	3801097	4080195
大洋洲	183040	381600	641895	860729	1200744	1511407	1901712	2586425	3209171
澳大利亚	144401	335529	586310	786775	1104125	1387305	1744968	2388226	2837385
巴布亚新几内亚*	25811	28993	31511	32326	34152	36548	42230	46002	191183
斐济*	2242	3060	3300	3943	6107	17091	20841	11998	9792
基里巴斯	—	—	—	—	—	—	82	82	293
库克群岛	—	—	—	—	—	12	29	7	7
马绍尔群岛共和国	3616	4416	8086	7352	10737	11687	11687	11687	6005
密克罗尼西亚联邦	741	725	725	725	436	777	823	1162	1517
帕劳共和国	50	850	852	902	959	959	959	1010	1160
萨摩亚	78	78	240	10133	22979	26601	18808	22308	30691
汤加	711	711	711	711	711	711	711	721	819
瓦努阿图*	273	273	775	1284	1992	2331	6401	6981	9447
新西兰	5117	6965	9385	15911	18546	27385	54173	96241	120872
大洋洲其他国家地区	—	—	—	667	—	—	—	—	—

注："*"表示该国家（地区）2015年年末存量数据中包含对以往历史数据进行调整部分。

3.2015年中国企业对“一带一路”相关国家地区投资情况统计（见表2-8）

表2–8　2015年中国企业对“一带一路”相关国家地区投资情况统计

（单位：万美元）

国家（地区）	2015年流量	2015年年底存量
合计	1892890	11559147
阿尔及利亚	—	695
阿富汗	–326	41993
阿联酋	126868	460284
阿曼	1095	20077
阿塞拜疆	136	6370
埃及	8081	66315
爱沙尼亚	—	350
巴基斯坦	32074	403593
巴勒斯坦	—	4
巴林	—	387
白俄罗斯	5421	47589
保加利亚	5916	23597
波黑	162	775
波兰	2510	35211
东帝汶	3381	10028
俄罗斯联邦	296086	1401963
菲律宾	–2759	71105
格鲁吉亚	4398	53375
哈萨克斯坦	–251027	509546
黑山	—	32
吉尔吉斯斯坦	15155	107059
柬埔寨	41968	367586
捷克	–1741	22431
卡塔尔	14085	44993
科威特	14444	54362
克罗地亚	—	1182

（续）

国家（地区）	2015年流量	2015年底存量
拉脱维亚	45	94
老挝	51721	484171
黎巴嫩	—	378
立陶宛	—	1248
罗马尼亚	6332	36480
马尔代夫	—	237
马来西亚	48891	223137
马其顿	-1	211
蒙古	-2319	376006
孟加拉	3119	18843
缅甸	33172	425873
摩尔多瓦	—	211
尼泊尔	7888	29193
塞尔维亚	763	4979
沙特阿拉伯	40479	243439
斯里兰卡	1747	77251
斯洛伐克	—	12779
斯洛文尼亚	—	500
塔吉克斯坦	21931	90909
泰国	40724	344012
土耳其	62831	132884
土库曼斯坦	-31457	13304
文莱	392	7352
乌克兰	-76	6890
乌兹别克斯坦	12789	88204
新加坡	1045248	3198491
匈牙利	2320	57111
叙利亚	-356	1100
亚美尼亚	—	751
也门	-10216	45330
伊拉克	1231	38812

（续）

国家（地区）	2015年流量	2015年底存量
伊朗	–54966	294919
以色列	22974	22974
印度	70525	377047
印度尼西亚	145057	812514
约旦	158	3255
越南	56017	337356

三、中国分地区双向投资统计

（一）外商投资统计

1. 2015年东部、中部、西部地区外商直接投资情况统计（见表2-9）

表2–9　2015年东部、中部、西部地区外商直接投资情况统计

地方名称	企业数	比重（%）	实际使用外资金额（亿美元）	比重（%）
总计	26584	100	1355.77	100
东部地区	23502	88.41	1058.68	78.09
中部地区	1872	7.04	104.44	7.70
西部地区	1201	4.52	99.55	7.34
有关部门	9	0.03	93.10	6.87

注：有关部门项下包含银行、证券、保险行业吸收外商直接投资数据。

东部地区：北京、天津、河北、辽宁、上海、江苏、浙江、福建、山东、广东、海南。

中部地区：山西、吉林、黑龙江、安徽、江西、河南、湖北、湖南。

西部地区：内蒙古、广西、四川、重庆、贵州、云南、陕西、甘肃、青海、宁夏、新疆、西藏。

资料来源：商务部外资统计。

2. 截至2015年东部、中部、西部地区外商直接投资情况统计（见表2-10）

表2–10　截至2015年东部、中部、西部地区外商直接投资情况统计

地区名称	企业数	比重（%）	实际使用外资金额（亿美元）	比重（%）
总计	836595	100	17409.06	100
东部地区	700587	83.74	13991.19	80.37
中部地区	87443	10.45	1338.86	7.69
西部地区	48374	5.78	1093.14	6.28
有关部门	191	0.02	985.87	5.66

注：有关部门项下包括银行、证券、保险行业吸收外商直接投资数据。

资料来源：商务部外资统计。

（二）对外投资统计

1.2015年年末中国对外直接投资企业在全球的地区分布统计（见表2-11）

表2–11　2015年年末中国对外直接投资企业在全球的地区分布统计

洲别	国家（地区）总数	中国境外企业覆盖的国家（地区）数量	投资覆盖率（%）	境外企业数量（家）	比重（%）
亚洲	48	46	97.9	17108	55.5
欧洲	49	43	87.8	3548	11.5
非洲	60	51	85.0	2949	9.6
北美洲	4	3	75.0	4433	14.4
拉丁美洲	49	33	67.3	1769	5.7
大洋洲	24	12	50.0	1007	3.3
合计	234	188	80.3	30814	100.0

注：1.亚洲国家地区数量包括中国，覆盖率计算基数未包括。

2.覆盖率为中国境外企业覆盖国家数量与国家地区总数的比率。

2. 2007~2015年中国非金融类对外直接投资流量情况统计（分省市区）（见表2-12）

表2-12　2007～2015年中国非金融类对外直接投资流量情况统计

（单位：万美元）

地区	2007年	2008年	2009年	2010年	2011年	2012年	2013年	2014年	2015年
一、中央合计	1958488	3598284	3819275	4243698	4502314	4352693	5632447	5247617	2781752
二、地方合计	525341	587631	960250	1774543	2366036	3420576	3641307	5472588	9360412
北京市	15295	47299	45185	76614	117503	168855	413010	727353	1228033
天津市	7993	8200	20992	34132	40706	67495	112020	414637	252654
河北省	5394	5363	21993	53237	46363	57809	92575	121865	94030
山西省	8347	2702	33295	7926	18319	30966	56483	30491	18611
内蒙古自治区	4235	6190	15547	8042	12825	51845	40880	110969	40447
辽宁省	12833	10600	75786	193566	114384	276260	129499	147902	212204
其中：大连市	6542	4427	46384	163229	74591	203087	104450	57481	134920
吉林省	8322	10673	29814	21340	20493	29641	75240	33310	65823
黑龙江省	17851	22797	12131	23780	23834	72405	77338	65531	42388
上海市	52266	33714	120869	158468	183802	331618	267524	499225	2318288
江苏省	51899	49384	85061	137119	225383	313050	302001	406983	725000

（续）

地区	2007年	2008年	2009年	2010年	2011年	2012年	2013年	2014年	2015年
浙江省	40346	38768	70226	267915	185287	236023	255276	386170	710816
其中：宁波市	5253	22515	21097	39460	75573	63839	84468	103663	251456
安徽省	5079	6051	5782	81365	53089	71043	91055	38029	206747
福建省	36847	16169	36582	53495	53028	85705	95249	105064	275743
其中：厦门市	19099	4159	12389	22881	15276	23400	26463	26523	99523
江西省	1536	2587	2265	9470	18833	37316	38091	73853	100457
山东省	18928	47478	70441	189001	247339	345621	426472	391590	710983
其中：青岛市	4898	1547	10472	46197	23466	91985	102267	121749	127774
河南省	7036	13128	12075	11864	28251	34117	58971	54692	131284
湖北省	903	350	4116	8061	70903	49687	52011	67161	63596
湖南省	14088	25446	100568	27477	117628	99499	56970	78449	112370
广东省	114101	124251	92298	159977	363350	528821	594288	1089671	1226250
其中：深圳市	92433	76375	41447	60878	113306	336833	300814	598933	645920
广西壮族自治区	2620	3844	8169	18682	16714	27240	8134	22864	45091
海南省	122	82	6072	22179	121999	32012	81731	88708	120119

（续）

地区	2007年	2008年	2009年	2010年	2011年	2012年	2013年	2014年	2015年
重庆市	8713	10448	4747	36109	40125	52960	34655	76676	149638
四川省	29120	8107	10740	69097	56341	59509	58447	138223	118730
贵州省	51	25	522	289	2033	2025	20815	8764	6539
云南省	13641	28467	27008	51339	24845	104046	83036	126195	94648
西藏自治区	—	—	—	29	216	2	22	385	29681
陕西省	2058	14063	22462	26055	44816	60784	30789	41411	62408
甘肃省	15364	35808	1852	10179	64917	138209	43182	27321	12293
青海省	110	202	209	138	173	1280	3596	1601	7826
宁夏回族自治区	569	502	1509	711	1295	6421	8626	33883	108959
新疆维吾尔自治区	8535	6934	18057	4776	31474	43123	31579	54832	61077
新疆生产建设兵团	21139	7999	3877	12111	9768	5189	1742	8780	7679
合计	2483829	4185915	4779525	6018241	6858350	7773269	9273754	10720205	12142164

3. 2007~2015年年末中国非金融类对外直接投资存量情况统计（分省市区）（见表2-13）

表2-13　2007~2015年年末中国非金融类对外直接投资存量情况统计

（单位：万美元）

地区	2007年	2008年	2009年	2010年	2011年	2012年	2013年	2014年	2015年
一、中央合计	7944376	11974085	16014326	20178790	27246046	31142414	37850016	50958051	59372681
二、地方合计	2174684	2753597	3961809	6016945	8502697	12406307	16490005	23543706	34447768
北京市	159195	251019	375865	480882	603380	757792	1276456	2848870	3879895
天津市	25200	32161	58116	96729	138678	211513	359331	923379	1094193
河北省	38248	52415	88692	137724	195470	238710	349045	453094	572481
山西省	27200	18159	53339	63654	93021	106047	153865	170579	211051
内蒙古自治区	13984	20405	40100	47055	56517	122260	167880	239148	313155
辽宁省	44395	60554	149230	340696	435698	695281	773117	925619	1131945
其中：大连市	25539	34888	83094	247520	296903	480316	529818	589730	709425
吉林省	21554	37929	70767	89958	111548	145396	213924	243138	313412
黑龙江省	71144	99353	106235	128044	172792	252993	335010	402167	421397
上海市	302538	218611	358937	609433	637473	1395106	1784361	2548479	5836165
江苏省	116499	172677	249872	388814	570194	783185	1116311	1560997	2261424

（续）

地区	2007年	2008年	2009年	2010年	2011年	2012年	2013年	2014年	2015年
浙江省	116259	154716	295923	584528	718913	854864	1098848	1537359	2236478
其中：宁波市	23510	46039	65048	106430	187524	212067	323064	451785	674225
安徽省	15351	20379	27594	110842	165408	237120	379559	426945	626696
福建省	91608	113231	158800	196773	244754	323701	396778	487290	820253
其中：厦门市	21242	31666	38813	60443	80557	99578	109623	133149	243270
江西省	5478	9126	12905	22136	39751	78934	119180	201352	259524
山东省	161360	208025	262255	495823	862620	1197009	1604738	1970097	2730544
其中：青岛市	69325	59636	46487	123774	149036	245339	322806	447530	585277
河南省	21703	33001	57655	70689	97460	144188	195352	249444	399496
湖北省	4972	5600	9992	17794	88351	137579	173318	228305	286068
湖南省	29344	67427	204782	271626	329577	413331	454724	551500	810442
广东省	724311	868514	954523	1162951	1798111	2517617	3423375	4947939	6865495
其中：深圳市	400271	480619	473986	615287	832918	1320198	1856799	2966948	3868694
广西壮族自治区	9629	13780	30111	52505	68701	86688	106168	147792	184597
海南省	4342	4423	11260	33566	165262	332820	343423	375642	489395

（续）

地区	2007年	2008年	2009年	2010年	2011年	2012年	2013年	2014年	2015年
重庆市	16071	27674	30323	65565	110572	170951	193959	265660	390825
四川省	44322	39758	53524	125352	192478	224573	265593	352409	465901
贵州省	445	1866	2229	2035	4952	8746	32708	34178	42894
云南省	26113	56996	94784	155504	182914	295805	386567	514204	602619
西藏自治区	100	152	152	180	377	1033	1227	1610	31441
陕西省	5667	19299	41518	69786	113806	179387	200287	246511	285525
甘肃省	24550	59291	61085	71158	133950	268562	315985	320403	321156
青海省	340	492	751	890	1304	3149	9062	10132	22292
宁夏回族自治区	2645	3729	3979	4672	5956	11934	19624	49733	160026
新疆维吾尔自治区	14212	38419	51601	68983	103390	145444	174951	234030	296592
新疆生产建设兵团	35905	44416	44910	50598	59319	64589	65279	75701	84391
合计	10119060	14727683	19976135	26195735	35748743	43548721	54340021	74501757	93820449

四、中国分行业双向投资统计

（一）外商投资统计

1. 2015年外商直接投资分行业情况统计（见表2-14）

表2-14 2015年外商直接投资分行业情况统计

行业名称	企业数	比重（%）	实际使用外资金额（亿美元）	比重（%）
总计	26584	100	1355.77	100
农、林、牧、渔业	609	2.29	15.34	1.13
采矿业	34	0.13	2.43	0.18
制造业	4507	16.95	395.43	29.17
电力、燃气及水的生产和供应业	264	0.99	22.50	1.66
建筑业	176	0.66	15.59	1.15
交通运输、仓储和邮政业	449	1.69	41.86	3.09
信息传输、计算机服务和软件业	1311	4.93	38.36	2.83
批发和零售业	9156	34.44	120.23	8.87
住宿和餐饮业	611	2.30	4.34	0.32
金融业	2012	7.57	242.79	17.91
房地产业	387	1.46	289.95	21.39
租赁和商务服务业	4465	16.80	100.50	7.41
科学研究、技术服务和地质勘查业	1970	7.41	45.29	3.34
水利、环境和公共设施管理业	84	0.32	4.33	0.32
居民服务和其他服务业	222	0.83	7.22	0.52
教育	38	0.14	0.29	0.02
卫生、社会保障和社会福利业	51	0.19	1.43	0.11
文化、体育和娱乐业	238	0.90	7.89	0.58

资料来源：商务部外资统计。

2.截至2015年外商直接投资分行业情况统计（见表2-15）

表2-15 截至2015年外商直接投资分行业情况统计

行业名称	企业数	比重（%）	合同外资金额（亿美元）	比重（%）
总计	835965	99.99	33369.05	99.99
农、林、牧、渔业	24094	2.88	782.63	2.25
采矿业	2093	0.25	168.50	0.49
制造业	510904	61.12	18092.39	54.22
电力、燃气及水的生产和供应业	4067	0.49	472.78	1.36
建筑业	13336	1.60	570.19	1.71
交通运输、仓储和邮政业	11280	1.35	961.57	2.88
信息传输、计算机服务和软件业	14305	1.71	600.47	1.80
批发和零售业	95380	11.41	1794.12	5.38
住宿和餐饮业	8114	0.97	226.47	0.68
金融业	4507	0.54	837.86	2.51
房地产业	52681	6.30	5181.38	15.52
租赁和商务服务业	55458	6.63	2071.80	6.2
科学研究、技术服务和地质勘查业	19504	2.33	765.50	2.29
水利、环境和公共设施管理业	1616	0.19	208.29	0.62
居民服务和其他服务业	13016	1.56	381.48	1.14
教育	1796	0.21	34.81	0.10
卫生、社会保障和社会福利业	1446	0.17	76.88	0.23
文化、体育和娱乐业	2368	0.28	141.93	0.43

资料来源：商务部外资统计。

（二）对外投资统计

1. 2007~2015年中国对外直接投资流量行业分布情况统计（见表2-16）

表2-16　2007~2015年中国对外直接投资流量行业分布情况统计　（单位：万美元）

	行业分类	2007年	2008年	2009年	2010年	2011年	2012年	2013年	2014年	2015年
A	农、林、牧、渔业	27171	17183	34279	53398	79775	146138	181313	203543	257208
B	采矿业	406277	582351	1334309	571486	1444595	1534380	2480779	1654939	1125261
C	制造业	212650	176603	224097	466417	704118	866741	719715	958360	1998629
D	电力、热力、燃气及水的生产和供应业	15138	131349	46807	100643	187543	193534	68043	176463	213507
E	建筑业	32943	73299	36022	162826	164817	324536	436430	339600	373501
F	批发和零售业	660418	651413	613575	672878	1032412	1304854	1464682	1829071	1921785
G	交通运输、仓储和邮政业	406548	265574	206752	565545	256392	298814	330723	417472	272682
H	住宿和餐饮业	955	2950	7487	21820	11693	13663	8216	24472	72319
I	信息运输、软件和信息技术服务业	30384	29875	27813	50612	77646	124014	140088	316965	682037
J	金融业	166780	1404800	873374	862739	607050	1007084	1510532	1591782	2424553

（续）

行业分类		2007年	2008年	2009年	2010年	2011年	2012年	2013年	2014年	2015年
K	房地产业	90852	33901	93814	161308	197442	201813	395251	660457	778656
L	租赁和商务服务业	560734	2171723	2047378	3028070	2559726	2674080	2705617	3683059	3625788
M	科学研究和技术服务业	30390	16681	77573	101886	70658	147850	179221	166879	334540
N	水利、环境和公共设施管理业	271	14145	434	7198	25529	3357	14489	55139	136773
O	居民服务、修理和其他服务业	7621	16536	26773	32105	32863	89040	112918	165175	159948
P	教育	892	154	245	200	2008	10283	3566	1355	6229
Q	卫生和社会工作	75	—	191	3352	639	538	1703	15338	8387
R	文化、体育和娱乐业	510	2180	1976	18648	10498	19634	31085	51915	174751
S	公共管理、社会保障和社会组织	—	—	—	—	—	—	—	—	160
	合计	2650609	5590717	5652899	6881131	7465404	8780353	10784371	12311984	14566714

2.2007~2015年年末中国对外直接投资存量行业分布情况统计（见表2-17）

表2-17　2007~2015年年末中国对外直接投资存量行业分布情况统计　（单位：万美元）

	行业分类	2007年	2008年	2009年	2010年	2011年	2012年	2013年	2014年	2015年
A	农、林、牧、渔业	120605	146762	202844	261208	341664	496443	717912	969179	1147580
B	采矿业	1501381	2286840	4057969	4466064	6699537	7478420	10617092	12372524	14238131
C	制造业*	954425	966188	1359155	1780166	2696443	3414007	4197684	5235194	7852826
D	电力、热力、燃气及水的生产和供应业*	59539	184676	225561	341068	714056	899210	1119660	1504289	1566310
E	建筑业	163434	268070	341322	617328	805110	1285604	1944574	2258325	2712412
F	批发和零售业	2023288	2985866	3569499	4200645	4909363	6821188	8764768	10295680	12194086
G	交通运输、仓储和邮政业*	1205904	1452002	1663133	2318780	2526131	2922653	3222778	3468163	3990552
H	住宿和餐饮业	12067	13669	24329	44986	60386	76327	94743	130704	223334
I	信息运输、软件和信息技术服务业	190089	166696	196724	840624	955324	481971	738440	1232599	2092752
J	金融业*	1671991	3669388	4599403	5525321	6739329	9645337	11707983	13762485	15966010
K	房地产业	451386	409814	534343	726642	898616	958141	1542126	2464903	3349305
L	租赁和商务服务业*	3051503	5458303	7294900	9724605	14229002	17569795	19573354	32244391	40956771
M	科学研究和技术服务业	152103	198189	287413	396712	438838	679276	866973	1087324	1443083

（续）

	行业分类	2007年	2008年	2009年	2010年	2011年	2012年	2013年	2014年	2015年
N	水利、环境和公共设施管理业*	92121	106289	106508	113343	240196	7056	34242	133365	254191
O	居民服务、修理和其他服务业*	129885	71468	96137	322974	161558	358124	768855	904271	1427660
P	教育	1740	1749	2123	2394	6657	16479	20105	18464	28662
Q	卫生和社会工作*	369	369	610	3616	1715	4676	6484	23060	17536
R	文化、体育和娱乐业*	9220	10733	13565	34583	54142	79351	110067	159522	325098
S	公共管理、社会保障和社会组织	—	—	—	—	—	—	—	—	160
	合计	11791050	18397071	24575538	31721059	42478067	53194058	66047840	88264442	109786459

注：带*行数据表示2015年年末存量中包含对以往历史数据进行调整部分。

第三篇

大事记录篇

2015年全年重大双向投资大事记

2015-1-6　中国—巴基斯坦伊斯兰自贸区第二阶段谈判第三次会议在伊斯兰堡成功举行

中国—巴基斯坦伊斯兰自贸区第二阶段谈判第三次会议于2015年1月6~8日在伊斯兰堡成功举行。本次会议中巴双方就中巴自贸区第一阶段降税实施效果、第二阶段货物贸易降税模式、服务和投资领域扩大开放等议题进行了磋商，谈判取得积极进展。双方还讨论了下一步工作安排，同意加快谈判进程，早日结束第二阶段谈判。

中巴自贸协定于2006年11月签署，并于2007年7月1日生效实施。协定实施以来，双边贸易快速增长。按中国海关统计，中巴双边贸易从2006年协定实施前的52.48亿美元增长至2013年的142.2亿美元。中巴自贸区对加深两国经贸关系发挥了积极作用。

2015-1-8　商务部、国家统计局、国家外汇管理局关于印发《对外直接投资统计制度》的通知

根据《部门统计调查管理暂行办法》（国家统计局令1999年第4号）的规定，商务部、国家统计局、国家外汇管理局结合近两年我国对外投资的实际及特点，并按照经济合作与发展组织（OECD）《关于外国直接投资基准定义》（第四版，以下简称定义）的相关要求，对2012年12月印发的《对外直接投资统计制度》进行了修订和补充。

主要调整内容如下：

一、对统计指标名称进行了规范。按照定义要求，将对外直接投资构成中的“股本”调整为“股权”，“利润再投资”调整为“收益再投资”，“其他投资”调整为“债务工具”。

二、将“境内投资者与境外企业间投资、收益分配情况”表拆分为

“对外直接投资流量、存量情况”表（FDIN3表）和“对外直接投资收入情况”表（FDIN5表），并将“对外直接投资收入情况”中相关指标及内容根据定义进行了调整。

三、增加反映境内投资者与境外成员企业间债务工具情况的“成员企业间债务工具情况”年报表（FDIN4表）。

四、增加反映境内投资者通过境外企业最终返程投资到中国内地企业的“境外企业返程投资情况”年报表（FDIN7表）。

五、增加反映我国文化及相关产业对外投资情况的年报表（FDIN10表）和月报表（FDIY6表）。

六、增加按投资方式分组的对外直接投资月报表（FDIY2表）。

七、将“境外企业基本情况”表（FDIN2表）的统计对象由全部境外企业调整为中方控股50%以上的境外企业。

八、将“金融业对外直接投资情况”表（FDI金融Y1表、FDI金融Y2表）的报告期由季度调整为月度。

九、根据基准定义，将“对外直接投资月度情况”表（FDIY1表）中实现直接投资的方式由“新设、收购、股权置换”调整为“新设、并购、增资、财务重组”，同时加入“境内投资者对境外成员企业的直接投资”；在“对外投资并购基本事项”表（FDIY3表）中增加“并购后中方所占股权金额”指标。

十、对国家(地区)的统计界定作如下修改：对外直接投资的国家(地区)按首个投资目的国家（地区)进行统计。如果直接投资的首个流入国家（地区）是英属维尔京群岛、开曼群岛、百慕大群岛，需将下一个有实体境外企业（有雇员、办公室）存在的国家（地区）作为直接投资的国家（地区）进行统计，但当下属实体企业是中国大陆企业时，应将英属维尔京群岛、开曼群岛、百慕大群岛作为首个投资目的国家（地区）进行统计。

十一、在统计原则的界定中增加了分支机构的界定。

十二、取消了附录中“关于统计机构和统计人员及统计奖惩办法的说明”，增加国家统计局2012年发布的“文化及相关产业分类”（附录五）。

2015-1-13　中国人民银行关于外资银行结售汇专用人民币账户管理有关问题的通知

根据《银行办理结售汇业务管理办法》（中国人民银行令〔2014〕第2号发布），为方便未开办人民币业务的外资银行办理结售汇业务，中国人民银行下发了关于外资银行结售汇专用人民币账户管理有关问题的通知。

一、尚未获准开办人民币业务的外资银行（以下简称外资银行），经国家外汇管理局分支局批准取得即期结售汇业务经营资格后，可以持批复文件向所在地中国人民银行分支机构申请开立结售汇人民币专用账户，并可根据业务需要持批复文件选择所在地商业银行开立一个结售汇人民币专用账户。

二、外资银行在中国人民银行和商业银行均开立结售汇人民币专用账户的，两个账户之间人民币资金可自由划转。在商业银行开立的结售汇人民币专用账户可以进行人民币现金存取。

三、结售汇人民币专用账户收支范围如下：

收：出售本行外汇资本金或者营运资金的人民币款项；客户购汇所划入的人民币款项或存入的人民币现金；在银行间外汇市场卖出外汇所得人民币款项。

支：客户结汇划出的人民币款项或支取的人民币现金；在银行间外汇市场买入外汇所需人民币款项；出售本行外汇资本金或者营运资金所得的人民币划出至该行一般人民币账户的款项。

四、结售汇人民币专用账户实行余额管理。账户余额不得超过该银行注册外汇资本金或者营运资金的20%，余额内银行可自行进行人民币与外币的转换。

五、外资银行应严格按照相关规定使用结售汇人民币专用账户，并与银行日常开支账户等其他人民币账户分开管理。

六、外资银行应在获准开办人民币业务并获批银行结售汇综合头寸限额后，持国家外汇管理局分支局的批准文件，及时向所在地人民银行分支机构申请关闭在该机构开立的结售汇人民币专用账户，账户内资金转入该外资银行在人民银行开立的人民币准备金账户。

2015-1-16　中日韩自贸区第六轮谈判首席谈判代表会议在日本东京举行

1月16日，中日韩自贸区第六轮谈判首席谈判代表会议在日本东京举行，三方就货物贸易降税模式、服务贸易和投资开放方式及协定范围与领域等议题进行磋商。中方代表团由商务部部长助理王受文率领，谈判为期两天。此前在2014年11月24~28日，中日韩自贸区第六轮谈判司局级磋商在日本东京举行。

中日韩自贸区谈判于2012年11 启动，目前已举行5轮谈判。中、日、韩三国是全球重要的经济体，建立中日韩自贸区不仅将使三国间贸易投资更加便利，经贸往来更加密切，而且对推进东亚和亚太区域经济一体化进程和促进世界经济增长具有重要意义。

2015-1-19　国务院近日正式批复同意设立贵安综合保税区

贵州省人民政府1月19日公布，国务院近日正式批复同意设立贵安综合保税区，这是贵州省第二个获准设立的综合保税区。根据国务院批复，贵安综合保税区规划面积为2.2平方公里，东至东纵线、南至新寨村、西至凯掌水库、北至黔中大道。其功能和有关税收、外汇政策按照《国务院关于设立洋山保税港区的批复》的有关规定执行。

2015-1-20　商务部就《中华人民共和国外国投资法（草案征求意见稿）》公开征求意见

为贯彻落实党的十八届三中、四中全会精神，根据《十二届全国人大常委会立法规划》和《国务院2014年立法工作计划》，商务部启动了《中外合资经营企业法》《外资企业法》《中外合作经营企业法》的修改工作，形成了《中华人民共和国外国投资法（草案征求意见稿）》。

2015-1-22　2015中外投资促进机构工作会在京举行

为适应国际经济形势新变化、国内经济发展新常态和扩大对外开放新要求，总结2014年投资促进工作情况，研讨未来工作思路，创新投资促进理念和工作方式，拓展和深化中外投资促进机构和企业的务实合作，2015年1月22日，商务部投资促进事务局在北京举办了中外投资促进机构工作会。商务部部长助理童道驰出席会议并讲话。来自澳大利亚、古巴、德国、韩国、墨西哥、波兰、俄罗斯等20多个国家的驻华使节和国外投资促进机构代表，国内大部分省市商务主管部门、投资促进机构和部分开发区负责人，国内外知名企业代表200余人出席会议。

2015-1-26　中印尼高层经济对话第一次会议举行

中印尼高层经济对话第一次会议1月26日在北京举行。国务委员杨洁篪与印度尼西亚经济统筹部长（副总理级）索菲安•查利尔共同主持会议，落实两国领导人达成的共识，就双方经贸和投资等重大合作议题深入交换意见。

2015-1-30　国务院印发《关于推广中国（上海）自由贸易试验区可复制改革试点经验的通知》

国务院印发《关于推广中国（上海）自由贸易试验区可复制改革试点经验的通知》，对中国（上海）自由贸易试验区可复制改革试点经验在全国范围内的推广工作进行了全面部署。

2015-1-30　中国—白俄罗斯工业园协调工作组第三次会议在白俄罗斯明斯克市举行

1月30日，中国—白俄罗斯工业园协调工作组第三次会议在白俄罗斯明斯克市举行。工作组中方副组长、商务部部长助理张向晨与白方组长、总统办公厅副主任斯诺普科夫共同主持会议。中白双方有关部门及企业代表参会。

2015-2-3　中国—东盟自贸区联委会第七次会议暨中国—东盟自贸区第二轮升级谈判在北京举行

2015年2月3日，中国—东盟自贸区联委会第七次会议暨中国—东盟自贸区第二轮升级谈判在北京举行。由商务部、外交部、国家发展改革委、工业和信息化部、财政部、农业部、海关总署、质检总局、中国钢铁工业协会、广西壮族自治区政府、云南省商务厅等部门和地方组成的中方代表团与东盟十国组成的东盟代表团进行谈判。

2015-2-4　第18轮中美投资协定谈判在美国华盛顿举行

2015年2月4日，第18轮中美投资协定谈判在美国华盛顿举行。本轮谈判为期4天，双方将继续就协定文本进行谈判。

本轮谈判是中美双方在2015年举行的首场谈判。截至目前，双方已进行了8轮文本谈判。双方谈判团队将力争就核心问题和主要条款达成一致，为下一步启动负面清单谈判奠定坚实基础。

2015-2-5　商务部在京召开2015年全国进出口工作会议

2015年2月5日，商务部在京召开2015年全国进出口工作会议。会议的主要任务是，传达贯彻中央领导同志关于外贸工作的重要指示，贯彻落实中央经济工作会议和全国商务工作会议精神，总结2014年外贸工作，分析当前和今后一段时期外贸形势，部署2015年工作任务。商务部部长高虎城参加会议并讲话，国际贸易谈判代表兼副部长钟山做工作报告。

2015-2-25　中韩双方完成“中韩自贸协定”全部文本的草签

2015年2月25日，中韩双方完成“中韩自贸协定”全部文本的草签，对协定内容进行了确认。至此，中韩自贸区谈判全部完成。

中韩自贸区谈判于2012年5月启动。2014年11月，中韩两国元首在北京共同宣布结束实质性谈判。“中韩自贸协定”是我国迄今为止涉及国别贸易额最大、领域范围最为全面的自贸协定。

2015-2-28　国家外汇管理局发布《国家外汇管理局关于进一步简化和改进直接投资外汇管理政策的通知》

国家外汇管理局网站2月28日发布消息称，为进一步深化直接投资外汇管理改革，促进和便利企业跨境投资资金运作，日前，国家外汇管理局发布《国家外汇管理局关于进一步简化和改进直接投资外汇管理政策的通知》。

2015-3-24　全国市场体系建设工作会议在北京召开

3月24~26日，全国市场体系建设工作会议在北京召开。会议以贯彻落实党的十八届三中、四中全会，中央经济工作会议和全国商务工作会议精神为主线，总结2014年全国市场体系建设工作，交流工作经验，部署下一步工作。商务部部长助理王炳南出席会议并讲话。

2015-3-24　中国—新西兰自贸区联委会第六次会议在新西兰惠灵顿举行

2015年3月24~25日，中国—新西兰自贸区联委会第六次会议在新西兰惠灵顿举行。中国代表团成员由商务部、财政部、农业部、海关总署、驻新西兰大使馆、驻克赖斯特彻奇总领馆等单位人员组成。双方就货物贸易、服务贸易、自然人移动、原产地规则等领域的实施情况进行了审议，并同意启动中新自贸区升级谈判联合评估机制。

2015-3-28　国家主席习近平在海南出席博鳌亚洲论坛2015年年会开幕式

3月28日，国家主席习近平在海南博鳌出席博鳌亚洲论坛2015年年会开幕式并发表主旨演讲。

2015-3-28　《推动共建丝绸之路经济带和21世纪海上丝绸之路的愿景与行动》公布

2015年3月28日，国家发展和改革委员会、外交部、商务部联合发布了《推动共建丝绸之路经济带和21世纪海上丝绸之路的愿景与行动》。

2015-3-30　国家发展和改革委员会、商务部发布《外商投资产业指导目录（2015年修订）》

《外商投资产业指导目录（2015年修订）》已经国务院批准，自2015年4月10日起施行。2011年12月24日国家发展和改革委员会、商务部发布的《外商投资产业指导目录（2011年修订）》同时废止。

2015-3-31　中国—巴基斯坦自贸区第二阶段谈判第四次会议在北京举行

3月31日至4月1日，中国—巴基斯坦自贸区第二阶段谈判第四次会议在北京举行。双方就中巴自贸区第二阶段货物贸易和服务、投资领域扩大开放等议题进行了充分的磋商交流。

中巴自贸区自2007年建成以来，为两国企业带来了更多商机和便利，也为两国消费者带来了更多实惠，双边贸易额保持快速增长，从2007年的69亿美元增加至2014年的160亿美元，年均增长约15.3%。

2015-4-8　国务院关于印发中国（福建）自由贸易试验区总体方案的通知

国务院批准《中国（福建）自由贸易试验区总体方案》，予以印发。

2015-4-21　天津自由贸易试验区正式挂牌运行

4月21日上午10时，中国（天津）自由贸易试验区在其下辖的天津港片区正式挂牌运行，这是我国长江以北的第一个自贸区。

2015-4-22　亚非领导人峰会在雅加达召开

4月22日，纪念印尼亚非会议60周年系列活动的亚非领导人峰会在雅加达国际会议中心开幕。来自亚洲和非洲的34个国家领袖出席峰会。印尼总统佐科、中国国家主席习近平、新加坡总理李显龙、日本首相安倍晋三等亚非国家领导人与会并发表演讲。

2015-4-24　第16次商务部与日本经济产业省副部级定期磋商举行

2015年4月24日，商务部副部长高燕与日本经济产业省经济产业审议官石黑宪彦在日本东京共同主持召开第16次商务部与日本经济产业省副部级定期磋商。

2015-4-24　中国—格鲁吉亚自贸区联合可行性研究第一次工作组会议召开

2015年4月24日，中国—格鲁吉亚自贸区联合可行性研究第一次工作组会议召开。双方就联合可行性研究的工作机制和双方分工、研究报告的框架及主要内容、研究工作下一步安排等议题深入交换了意见。

近年来，中国—格鲁吉亚经贸关系持续健康发展，2014年双边贸易额达9.6亿美元，中方对格非金融类直接投资5.3亿美元，中国已成为格第三大贸易伙伴和第一大投资来源国。

2015-5-5　商务部在京召开2015年全国外资工作会议

2015年5月5日，商务部在京召开2015年全国外资工作会议。会议的主要任务是，贯彻落实党的十八大和十八届三中、四中全会及中央经济工作会议精神，研判当前利用外资的趋势，部署2015年外资工作。商务部部长助理王受文出席会议并讲话。

2015-5-5　商务部发布了《中国对外贸易形势报告（2015年春季）》

2015年5月5日，商务部发布了《中国对外贸易形势报告（2015年春季）》。《报告》回顾了2014年及2015年一季度中国外贸运行情况。2014年，中国外贸总体保持平稳增长，国际市场份额进一步提高，贸易大国地位更加巩固，结构继续优化，质量和效益不断改善。2015年一季度，在全球贸易总体下滑的背景下，中国出口保持增长势头，但受进口价格大幅下降、部分重要产品进口数量减少影响，进口降幅较大。

2015-5-8　中华人民共和国与俄罗斯联邦发表《中华人民共和国与俄罗斯联邦关于丝绸之路经济带建设和欧亚经济联盟建设对接合作的联合声明》

2015年5月8日，中俄双方共同签署并发表了《中华人民共和国与俄罗斯联邦关于丝绸之路经济带建设和欧亚经济联盟建设对接合作的联合声明》，“一带一路”战略与“欧亚经济联盟”战略实现对接。

2015-5-25　商务部等10部门联合印发《全国流通节点城市布局规划（2015—2020年）》

5月25日，商务部等10部门联合印发《全国流通节点城市布局规划（2015—2020年）》，目的是加快构建全国骨干流通网络，努力提升流通节点城市功能，更好发挥流通产业的基础性和先导性作用，进一步释放消费潜力。

《规划》根据国家区域发展总体战略及“一带一路”、京津冀协同发展和长江经济带战略等战略部署，结合国家新型城镇化规划、全国主体功能区规划等，确定2015—2020年“3纵5横”全国骨干流通大通道体系，明确划分国家级、区域级和地区级流通节点城市，并提出完善流通大通道基础设施、建设公益性流通设施、提升流通节点城市信息化水平、建设商贸物流园区、完善城市共同配送网络、发展国家电子商务示范基地、提升沿边节点城市的口岸功能、促进城市商业适度集聚发展、强化流通领域标准实施和推广等九项重点任务。

2015-6-1　《交通运输部落实“一带一路”战略规划实施方案（送审稿）》已于近日审议通过

交通运输部部长杨传堂主持、召开部务会议，审议通过了《交通运输部落实“一带一路”战略规划实施方案(送审稿)》。

2015-6-1　中韩两国政府正式签署《中华人民共和国政府和大韩民国政府自由贸易协定》

中国商务部部长高虎城和韩国产业通商资源部长官尹相直6月1日在韩国首尔分别代表两国政府正式签署《中华人民共和国政府和大韩民国政府自由贸易协定》，并于签署仪式后共同会见记者。

中韩自贸协定是我国迄今为止对外签署的覆盖议题范围最广、涉及国别贸易额最大的自贸协定，对中韩双方而言是一个互利、双赢的协定，实现了“利益大体平衡、全面、高水平”的目标。根据协定，在开放水平方面，双方货物贸易自由化比例均超过税目90%、贸易额85%。协定范围涵盖货物贸易、服务贸易、投资和规则共17个领域，包含了电子商务、竞争政策、政府采购、环境等“21世纪经贸议题”。同时，双方承诺在协定签署生效后将以负面清单模式继续开展服务贸易谈判，并基于准入前国民待遇和负面清单模式开展投资谈判。

2015-6-8　第十九轮中美投资协定谈判在北京举行

2015年6月8日至12日，第十九轮中美投资协定谈判在北京举行。本轮谈判中，双方首次交换了负面清单出价，并正式开启负面清单谈判，标志着谈判进入到新阶段。

中美投资协定谈判于2008年启动，迄今已进行了19轮谈判。2013年7月，双方同意以“准入前国民待遇加负面清单”的模式进行实质性谈判。双方均将中美投资协定谈判作为双边经贸关系的最重要事项，愿意为谈判投入所有必要资源，以期达成一项互利共赢、高水平的投资协定。

2015-6-8　首届中国—中东欧国家投资贸易博览会将在浙江省宁波市举行

由商务部和浙江省人民政府共同主办的首届中国—中东欧国家投资贸

易博览会在浙江省宁波市举行，这是落实中国和中东欧16国领导人于2014年12月共同发表的《中国—中东欧国家合作贝尔格莱德纲要》的重要举措之一，也是中国和中东欧国家第一个以投资贸易为主题的综合性博览会。

2015-6-11 第七届大湄公河次区域经济走廊论坛通过《部长联合声明》

第七届大湄公河次区域（GMS）经济走廊论坛6月11日在云南昆明举行。本届论坛就推动落实《经济走廊战略行动计划》、制定经济走廊具体项目试点概念计划、搭建跨境电子商务合作平台、促进交通与贸易便利化合作、推动次区域经济合作区发展等议题进行了讨论，取得了广泛共识，通过了《大湄公河次区域经济走廊论坛部长联合声明》及《加强经济走廊论坛机制建设的行动纲领》和《跨境电子商务合作平台框架文件》两个附件。下届论坛将于2016年在柬埔寨举行。

2015-6-15 中国—乌兹别克斯坦政府间合作委员会第三次会议在山东日照举行

中国—乌兹别克斯坦政府间合作委员会第三次会议6月15日在山东日照举行。其间，商务部国际贸易谈判代表兼副部长钟山与乌兹别克斯坦对外经济关系、投资和贸易部部长加尼耶夫共同签署了《关于在落实建设“丝绸之路经济带”倡议框架下扩大互利经贸合作的议定书》。

2015-6-17 中国与澳大利亚正式签署自由贸易协定

中国商务部部长高虎城与澳大利亚贸易与投资部部长安德鲁·罗布6月17日在澳大利亚堪培拉分别代表两国政府正式签署《中华人民共和国政府和澳大利亚政府自由贸易协定》。澳大利亚总理阿博特出席签字仪式。“中澳自贸协定谈判”于2005年 4 月启动，历时十年。经过双方共同努力，国家主席习近平2014年11月对澳大利亚进行国事访问期间，与澳大利亚总理阿博特共同确认并宣布实质性谈判结束。此次协定正式签署，为两国分别履行各自国内批准程序、使协定尽快生效奠定了基础。

2015-6-25　2015年中非区域航空合作论坛在京举行

6月25日下午，由中国商务部和中国民用航空局共同主办的中非区域航空合作论坛在北京召开。商务部副部长钱克明、民航局副局长王志清、中国航空运输协会副理事长李江民出席并致辞。科摩罗交通旅游部副部长马苏迪、南苏丹交通路桥部副部长米约克、坦桑纳尼亚交通部常秘姆文加卡和非洲民航委员会主席阿卜杜拉出席并致辞。

2015-6-28　李克强总理出席第十七次中欧领导人峰会

经中欧双方商定，并应比利时王国首相米歇尔、法兰西共和国总理瓦尔斯、经济合作与发展组织秘书长古里亚邀请，国务院总理李克强于6月28日至7月2日赴布鲁塞尔出席第十七次中国欧盟领导人会晤并顺访比利时，对法国进行正式访问并访问经济合作与发展组织总部。

2015-06-29　《亚洲基础设施投资银行协定》正式签约

国家主席习近平6月29日在人民大会堂会见出席《亚洲基础设施投资银行协定》签署仪式的各国代表团团长。签署《亚洲基础设施投资银行协定》，标志着亚洲基础设施投资银行筹建迈出具有历史意义的步伐，展示了各方对成立亚洲基础设施投资银行的庄严承诺，体现了各方团结合作、开放包容、共谋发展的务实行动。

2015-6-29　中欧举行知识产权合作对话10周年纪念活动

6月29日，中欧第17次领导人峰会期间，中欧知识产权对话机制10周年纪念活动在布鲁塞尔同期举行。中国商务部部长助理童道驰代表高虎城部长，与欧盟委员会贸易委员马尔姆斯特伦共同出席会议并致辞。双方共同决定将中欧知识产权对话机制提升为副部级。

2015-7-8　国家主席习近平将赴俄罗斯乌法出席7月8日至9日举行的金砖国家领导人第七次会晤和7月9日至10日举行的上海合作组织成员国元首理事会第十五次会议

应俄罗斯联邦总统普京邀请，国家主席习近平将赴俄罗斯乌法出席7月8日至9日举行的金砖国家领导人第七次会晤和7月9日至10日举行的上海合作组织成员国元首理事会第十五次会议。

2015-8-3　中国—巴基斯坦自由贸易区第二阶段谈判第五次会议在巴基斯坦首都伊斯兰堡举行

8月3~5日，中国—巴基斯坦自由贸易区第二阶段谈判第五次会议在巴基斯坦首都伊斯兰堡举行，双方就第二阶段货物贸易降税模式、服务贸易领域进一步扩大开放、海关数据交换合作和巴方部分产品输华的检验检疫措施等议题进行了磋商，谈判取得积极进展。

2015-8-23　第14次中国—东盟（10+1）经贸部长会议在马来西亚首都吉隆坡举行

8月23日上午，第14次中国—东盟（10+1）经贸部长会议在马来西亚首都吉隆坡举行。中国商务部部长高虎城率团出席会议，强调中国愿意按照“共商、共建、共享”原则，继续与东盟共同推进21世纪海上丝绸之路建设，加强互联互通合作，推动建立更为紧密的命运共同体，并落实领导人共识，如期完成中国—东盟自贸区升级谈判。

2015-8-25　中国省与美国密歇根州工作组谅解备忘录签署

8月25日，商务部国际贸易谈判代表兼副部长钟山在京会见美国密歇根州州长斯奈德，并共同签署《中国省与美国密歇根州贸易投资联合工作组谅解备忘录》。

2015-8-31　中老签署磨憨—磨丁经济合作区建设共同总体方案

8月31日，在中国国家主席习近平和老挝国家主席朱马里·赛雅颂的见证下，中国商务部部长高虎城与老挝副总理宋沙瓦·凌沙瓦在京分别代表两国政府正式签署《中国老挝磨憨—磨丁经济合作区建设共同总体方案》。

2015-9-8　中国与马尔代夫签署启动自贸谈判的谅解备忘录

中马经贸联委会第二次会议9月8日在马尔代夫库伦巴岛召开。会后，双方共同签署了启动中马自由贸易协定谈判的谅解备忘录。

会议由中国商务部副部长高燕和马尔代夫经济发展部部长穆罕默德·萨伊德共同主持，中马双方就扩大双边贸易投资、启动中马自贸区谈判、加强基础设施领域建设、推进人力资源合作等议题深入地交换了意见，达成广泛共识。

2015-9-11　世界经济论坛夏季达沃斯年会在大连举行

9月9~11日，2015年夏季达沃斯论坛在辽宁省大连市举行。夏季达沃斯论坛是世界经济论坛新领军者年会的简称，主要针对世界501强至1000强企业，即世界500强企业与最有发展潜力的增长型企业的对话、各国和地区政府间的对话。2015年的论坛主题为“描绘增长新蓝图”，共有来自90多个国家的1700余位各界精英参与，其中包括超过900名商业领袖，40位技术先锋，150位学术带头人，120位全球青年领袖和全球杰出青年，45位青年科学家和60位社会企业家。

2015-9-18　第12届中国—东盟博览会在广西南宁成功举办

第12届中国—东盟博览会于9月18~21日在广西南宁成功举办。据相关部门统计，2015中国—东盟博览会、中国—东盟商务与投资峰会期间，各国企业参展报名申请展位总数5563个，超过规划展位数21%。实际参展企业2207家，安排总展位数4600个。其中，东盟十国和区域外安排展位1296个，占南宁国际会展中心展位数的38.1%。参展参会客商6.5万人，采购商团组85家，参会人数突破52万人。

2015-9-22　中美省州经贸合作研讨会在西雅图市举行

9月22日，在习近平主席对美国进行国事访问期间，中国商务部和美国华盛顿州政府在西雅图共同举办“中美省州经贸合作研讨会暨中国省与美国华盛顿州贸易投资合作联合工作组成立仪式”，商务部国际贸易谈判副代表张向晨和华盛顿州副州长布拉德•欧文共同出席开幕式并致辞。

2015-9-25　中美签署发展合作谅解备忘录

美国当地时间9月25日，在习近平主席对美进行国事访问期间，中国商务部高虎城部长与美国国际发展署负责人伦哈特在华盛顿签署了《中华人民共和国商务部和美国国际发展署关于中美发展合作及建立交流沟通机制谅解备忘录》。这提升了两国在国际发展领域的交流与合作水平，丰富了中美双边关系的内涵。

2015-9-25　2015年上海合作组织国家经贸投资推介会在西安举行

9月25日上午，由商务部、陕西省政府主办的2015年上海合作组织国家经贸投资推介会在西安举行，副省长王莉霞出席并致辞。来自上海合作组织成员国、观察员国、对话伙伴国的200多名嘉宾和企业代表参加了此次大会，并做了推介发言。

2015-9-25　中国西部国际电子商务大会在西安召开

9月25日，欧亚经济论坛分会——“中国西部国际电子商务大会”在西安国际港务区召开，300多位国家相关部门、国内外优秀电商企业领袖、行业专家共聚中国内陆港，300多位电商行业的政、企、学界嘉宾齐聚中国内陆港，热议“西部电商新机遇”。当天会上签约9大项目，其中，京东集团与西安市政府签署了战略合作协议，将共同推进西安电子商务发展。

2015-9-26　习近平主席在纽约联合国总部出席联合国发展峰会

9月26日，习近平主席在纽约联合国总部出席联合国发展峰会并发表题为《谋共同永续发展 做合作共赢伙伴》的重要讲话。同时，国家主席习近平在纽约出席联合国成立70周年系列峰会，提出唱响中国声音，放飞人类共同进步、永续发展的梦想。

2015-9-26　2015欧亚经济论坛圆满闭幕

9月26日，备受关注的2015欧亚经济论坛圆满完成各项议程，在西安圆满闭幕。会议吸引全球53个国家和地区的2180名政商学界代表参加各项活动，举办了28项56场次会议活动，达成了一系列重要共识。本届论坛促成了“一带一路”科技园区的战略启动，推介签署了多个重大项目，特别是上合组织国家商品展引起了广泛关注。

2015-9-28　第五次中欧经贸高层对话在京举行

国务院副总理马凯与欧盟委员会副主席卡泰宁9月28日在北京共同主持第五次中欧经贸高层对话。马凯与卡泰宁共同出席有关文件签字仪式和联合记者会。

2015-10-16　中巴自贸区第二阶段谈判在北京举行

10月14~16日，中巴自贸区第二阶段谈判在北京举行，双方就第二阶段货物贸易降税模式、服务贸易领域进一步扩大开放、巴调节税、原产地直接运输、海关数据交换合作等议题进行了磋商。

2015-10-21　中英签署地方贸易投资合作和发展合作两个谅解备忘录

10月21日，在习近平主席和英国首相卡梅伦的见证下，中国商务部部长高虎城分别与英国商业、创新与技能大臣贾维德、英国国际发展大臣格里宁签署了《中华人民共和国商务部和大不列颠及北爱尔兰联合王国商业、创新与技能部关于加强中英两国地方贸易投资合作的谅解备忘录》和《中华人民共和国商务部和大不列颠及北爱尔兰联合王国国际发展部关于加强发展合作、有效落实可持续发展目标的伙伴关系谅解备忘录》。其中，中英地方合作谅解备忘录是我国与欧盟国家签署的第一个加强地方间经贸合作的谅解备忘录。

2015-11-5　商务部发布《中国对外贸易形势报告（2015年秋季）》

11月5日，商务部发布《中国对外贸易形势报告（2015年秋季）》（以下简称《报告》）。《报告》回顾了2015年前三季度中国外贸运行情况，并展望了2015年全年和2016年中国外贸发展趋势。

2015-11-7　中新两国正式启动第三个政府间项目合作

2015年11月7日，在习近平主席访问新加坡期间，双方领导人宣布正式启动面向中国西部地区的中新第三个政府间项目合作。中国国务委员杨洁篪和新加坡副总理张志贤、中国商务部部长高虎城和新加坡总理公署部长陈振声分别代表两国政府签署了关于建设该项目的框架协议及补充协议。项目合作的启动成为习近平主席访新的重要成果之一。

2015-11-10　中俄经贸合作分委会第18次会议在京举行

11月10日，中俄总理定期会晤委员会经贸合作分委会第18次会议在北京举行。中国商务部部长高虎城与俄罗斯经济发展部部长乌柳卡耶夫共同主持会议。双方商定，将共同采取措施，发展双边贸易，扩大市场准入，深化地方间合作，加强多边和区域合作协调配合，推动双边经贸关系稳步发展。

2015-11-12　中巴经济走廊远景规划联合合作委员会(联委会)第五次会议

中巴经济走廊远景规划联合合作委员会(联委会)第五次会议11月12日在巴基斯坦卡拉奇召开。此次会议的重点是进一步落实中国国家主席习近平2015年4月访问巴基斯坦的成果，推动中巴经济走廊建设。会议由联委会双方主席——中国国家发展改革委副主任王晓涛与巴基斯坦计划和发展部部长阿赫桑·伊克巴尔·乔杜里共同主持，中巴两国政府部门、金融机构和企业代表约100人参加了会议。

2015-11-16　国家主席习近平赴土耳其安塔利亚出席二十国集团领导人第十次峰会

2015年11月14~16日，国家主席习近平赴土耳其安塔利亚出席二十国集团领导人第十次峰会。

2015-11-17　亚太经合组织第27届部长级会议在菲律宾马尼拉

2015年11月16~17日，亚太经合组织第27届部长级会议在菲律宾马尼拉举行。受中国商务部部长高虎城委托，商务部副部长王受文出席了会议，并就“推动区域经济一体化，促进包容性增长”进行了重点发言。

2015-11-17　中国—塔吉克斯坦政府间经贸合作委员会第七次会议在京举行

11月17日，中国—塔吉克斯坦政府间经贸合作委员会第七次会议在京举行。商务部国际贸易谈判代表兼副部长钟山与塔吉克斯坦经济发展和贸易部部长希克玛杜罗佐达共同主持会议。

2015-11-22　中美企业家圆桌会、省州和城市间经贸合作会、卫生保健合作研讨会、农业与食品合作研讨会等系列合作性活动在广州举行

11月22日，中美企业家圆桌会、省州和城市间经贸合作会、卫生保健合作研讨会、农业与食品合作研讨会等系列合作性活动在广州举行，国务院副总理汪洋与美国商务部长普里茨克、贸易代表弗罗曼、农业部长维尔萨克等出席。

2015-11-22　李克强出席《区域全面经济伙伴关系协定》领导人联合声明发布仪式

国务院总理李克强当地时间11月22日上午在吉隆坡国际会议中心出席《区域全面经济伙伴关系协定》（RCEP）领导人联合声明发布仪式。东盟十国以及韩国、日本、澳大利亚、新西兰、印度领导人共同出席。马来西亚总理纳吉布宣读声明内容。

2015-11-22　中国与东盟结束自贸区升级谈判并签署升级《议定书》

11月22日，在李克强总理和东盟十国领导人的共同见证下，中国商务部部长高虎城与东盟十国部长分别代表中国政府与东盟十国政府，在马来西亚吉隆坡正式签署中国—东盟自贸区升级谈判成果文件——《中华人民共和国与东南亚国家联盟关于修订〈中国—东盟全面经济合作框

架协议〉及项下部分协议的议定书》。

2015-11-23　第26届中美商贸联委会成功举行

11月21~23日，国务院副总理汪洋与美国商务部长普利兹克和贸易代表弗罗曼共同主持的第26届中美商贸联委会在广州举行。

2015-11-24　第四次中国—中东欧国家领导人会晤在苏州举行

11月24~25日，李克强总理出席第四次中国—中东欧国家领导人会晤并发表讲话。

2015-11-24　第五届中国—中东欧国家经贸论坛在苏州举行

2015年11月24日，在中国—中东欧国家领导人会晤期间，由商务部主办的第五届中国—中东欧国家经贸论坛在苏州举行。经贸论坛系领导人会晤的重要组成部分。本次论坛系首次在中国举办，主题是“新起点、新领域、新愿景”。国务院总理李克强出席开幕式，并作主旨发言。

2015-11-25　第23轮中美投资协定谈判在美国华盛顿举行

2015年11月22日至25日，第23轮中美投资协定谈判在美国华盛顿举行。双方同意，将继续落实两国领导人就谈判达成的重要共识，推动谈判取得积极进展。

2015-11-26　国家主席习近平会见来华出席第四次中国－中东欧国家领导人会晤的中东欧16国领导人

国家主席习近平26日在人民大会堂集体会见来华出席第四次中国—中东欧国家领导人会晤的中东欧16国领导人。

2015-11-29　丝绸之路(敦煌)国际文化博览会组织委员会第一次会议在北京人民大会堂举办

11月29日上午，丝绸之路（敦煌）国际文化博览会组织委员会第一次会议在北京人民大会堂举办，会议宣布将于2016年在甘肃省敦煌市举办首届文博会。会议审议通过组委会组成机构及人员名单、工作规程和活动方案，启动各项筹备工作。文化部部长雒树刚主持会议。

2015-11-29　第九届中日节能环保综合论坛在东京举行

11月29日，商务部副部长高燕出席在日本东京举办的第九届中日节能环保综合论坛，并作主旨发言。

2015-11-30　中韩产业园合作机制第一次会议在韩国的首尔举行

11月30日，中韩产业园合作机制第一次会议在韩国的首尔举行。中国商务部副部长高燕与韩国产业通商资源部次官李官燮共同主持会议。山东省商务厅、江苏省商务厅、烟台市人民政府、盐城市人民政府以及韩国新万金开发厅、国土交通部等有关政府和部门代表出席了会议。

2015-11-30　第八轮中欧投资协定谈判在比利时布鲁塞尔举行

11月30日，第八轮中欧投资协定谈判在比利时布鲁塞尔举行，本轮谈判为期五天。双方将努力完成领导人设定的“争取在2015年年底前就协定范围达成一致，并形成谈判文本”的目标。

2015-12-3　“一带一路”人民币汇率指数首发

在人民币“入篮”IMF特别提款权（SDR）之际，中国银行12月3日首次向全球发布“一带一路”人民币汇率指数及系列子指数，这也是全球金融市场上首个跟踪人民币与“一带一路”地区有效汇率变动的综合性指数。

2015-12-3　中非合作论坛第六届部长级会议在南非比勒陀利亚举行

12月3日，中非合作论坛第六届部长级会议在南非比勒陀利亚举行。中国商务部部长高虎城出席会议并发言，强调中国在论坛第五届部长级会议上宣布的经贸新举措已全面如期落实，习近平主席即将宣布的未来3年加强中非务实合作新举措引人期待。

2015-12-10　中国与格鲁吉亚正式启动自由贸易协定谈判

中国与格鲁吉亚于12月10日正式启动自由贸易协定谈判。商务部国际贸易谈判代表兼副部长钟山与格鲁吉亚经济与可持续发展部长库姆西什维利在中格政府间经贸合作委员会第七次会议后，签署了《中华人民共和国商务部和格鲁吉亚经济与可持续发展部关于启动中格自由贸易协定谈判的谅解备忘录》，正式启动中格自贸协定谈判。

2015-12-15　中国加入欧洲复兴开发银行，将力推“一带一路”倡议与欧洲投资计划对接

欧洲复兴开发银行理事会12月14日通过接受中国加入该行的决议。在履行国内相关法律程序后，中国将正式成为该行成员。欧洲复兴开发银行成立于1991年，总部设在英国伦敦，是欧洲地区最重要的开发性金融机构之一。

2015-12-19　世贸组织第十届部长级会议在肯尼亚共和国内罗毕举行

2015年12月15日至19日，世贸组织第十届部长级会议在肯尼亚共和国内罗毕举行。商务部部长高虎城率由商务部、外交部、发展改革委、财政部、农业部、海关总署、中国进出口银行和驻世贸组织代表团组成的中国代表团出席会议。

2015-12-27　全国商务工作会议在京召开

2015年12月27日，全国商务工作会议在京召开。会议的主要任务是，全面贯彻党的十八大、十八届三中、四中、五中全会和中央经济工作会议精神，总结“十二五”特别是党的十八大以来的商务工作，深入分析国际国内形势，研究部署2016年工作，明确“十三五”商务发展总体思路。商务部党组书记、部长高虎城同志做工作报告。

编 后 语

为了加强对“引进来”和“走出去”双向投资工作的宏观指导和服务，更好地为中国企业“走出去”、跨国公司“进入中国”提供政策和资讯等方面的信息，在国家发展和改革委员会领导的关怀和指导下，国际合作中心组织编辑了“一带一路双向投资丛书”（以下简称“丛书”）。

“丛书”以促进“一带一路”建设和中国的双向投资为宗旨，由《2016 中国双向投资发展报告》《中国双向投资政策指南 2016》《“一带一路”与国际产能合作——行业布局研究》《“一带一路”与国际产能合作——地方发展破局》《“一带一路”与国际产能合作——企业生存之道》和《“一带一路”与国际产能合作——国别合作指南》等 6 本书组成，以达到务实指导和服务社会各界开展交流合作的目的。

“丛书”编辑团队，经过走访、调研、征稿、网上搜集、分析等多种方式，历时 8 个月完成了“丛书”编辑工作。在“丛书”编辑过程中，编辑组得到了国家发展和改革委员会办公厅、利用外资和境外投资司、西部开发司、国际合作司等有关司局的支持，有关省区市发展改革委为“丛书”提供了大量丰富的信息资料；得到了商务部办公厅、外国投资管理司、对外投资和经济合作司的支持与帮助；同时，“丛书”也得到了有关外国驻华大使馆的大力协助与支持。最后，机械工业出版社对“丛书”的出版也给予了大力协助，在此一并致以最诚挚的谢意。

曹文炼

国家发展和改革委员会国际合作中心主任

“一带一路双向投资丛书”执行主编

国家发展和改革委员会国际合作中心组织编写的

一带一路双向投资丛书(国际产能合作)

由时任国家发展改革委主任徐绍史担任主编并作序，国家发展改革委主任何立峰，副主任宁吉喆、王晓涛为副主编，国家发展改革委国际合作中心组织编写的“一带一路双向投资丛书（国际产能合作）”，已全面出版发行。

“丛书”编辑部继2014、2015年出版了反映“一带一路”和双向投资状况的大型丛书后，在2016年推出重点配合宣传“一带一路”建设和推进国际产能和装备制造合作的权威性大型丛书。

“丛书”特点

权威性：“丛书”编委成员为推进“一带一路”建设工作领导小组成员单位（国家发展改革委有关司局、国际合作中心）、各地方发展改革委工作人员；同时还得到商务部有关司局、外国驻华大使馆以及各行业协会、企业的支持与帮助，使本套书资料全面且丰富。

政策性：“丛书”深度解读“一带一路”与国际产能合作相关政策，以及各地方落实推进方案，向境内外投资者展示中国开放的新政策及投资导向。

务实性：“丛书”内容结合大量“一带一路”与国际产能合作案例，总结并研究中国企业海外合作前景、方式、方法，是切实具有指导意义的一套丛书。

可观性：“丛书”图文并茂地展开“一带一路”与国际产能合作的探讨与研究，语言平实易懂。

书号	书名	定价
978-7-111-56353-2	2016中国双向投资发展报告	120元
978-7-111-56308-2	中国双向投资政策指南2016	180元
978-7-111-56688-5	“一带一路”与国际产能合作——行业布局研究	180元
978-7-111-56658-8	“一带一路”与国际产能合作——地方发展破局	150元
978-7-111-56506-2	“一带一路”与国际产能合作——企业生存之道	180元
978-7-111-56592-5	“一带一路”与国际产能合作——国别合作指南	180元

一带一路双向投资丛书（国际产能合作）

扫描二维码立即购买

机械工业出版社
China Machine Press

国家发展和改革委员会国际合作中心组织编写的

一带一路双向投资丛书（2015）

“一带一路双向投资丛书”是由时任国家发展改革委主任徐绍史担任主编，国家发展改革委主任何立峰、副主任王晓涛为副主编，国家发展改革委国际合作中心具体组织编写的权威性大型丛书。

该“丛书”是继2014年组织出版了全面反映我国双向投资状况的权威报告之后，在2015年重点结合推进“一带一路”倡议的权威性大型丛书。

“丛书”分为《2015中国双向投资发展报告》《中国双向投资政策指南》《一带一路国外投资指南》（上、下）和《一带一路双向投资研究与案例分析》五册。

本套书特点可概括为四点：

一是收集了国家与各地方2014年双向投资的发展情况，对国内外更多了解中国双向投资发展情况提供了大量信息；

二是收集了有关双向投资的政策，特别是关于“一带一路”的政策，向外国投资者展示中国开放的新政策及投资导向；

三是收集了“一带一路”沿线重点国家的国外投资指南，对中国企业对外投资提供一定的指导；

四是收集了国内外专家对“一带一路”国家和地区双向投资的分析与研究报告，以及不同行业“走出去”“引进来”的典型案例分析。

书号	书名	定价
978-7-111-52961-3	一带一路国外投资指南（上）	180元
978-7-111-52954-5	一带一路国外投资指南（下）	180元
978-7-111-52925-5	一带一路双向投资研究与案例分析	80元
978-7-111-52924-8	2015中国双向投资发展报告	100元
978-7-111-52883-8	中国双向投资政策指南	120元

一带一路双向投资丛书（2015）

扫描二维码立即购买